고급 C# 데이터베이스 프로그래밍

홍동권 저

비*을여는*책방

고급 C# 데이터베이스 프로그래밍

초판1쇄 발행 2015년 2월 27일
초판5쇄 발행 2023년 8월 31일

지 은 이 홍동권
펴 낸 이 신일희
펴 낸 곳 계명대학교출판부
출판등록 제347-1998-1호(1970. 9. 1.)
주 소 대구광역시 달서구 달구벌대로 1095
대표전화 053-580-6233
팩 스 053-580-6235

ISBN 978-89-7585-701-0 93000 정가 14,000원

• 이 도서의 국립중앙도서관 출판시도서목록(CIP)은 서지정보유통지원시스템 홈페이지(http://seoji.nl.go.kr)와 국가자료공동목록시스템(http://www.nl.go.kr/kolisnet)에서 이용하실 수 있습니다.(CIP제어번호: CIP2015005832)

본 과제(결과물)는 교육과학기술부의 재원으로 한국연구재단의 지원을 받아 수행된 산학협력 선도대학(LINC) 육성사업의 연구결과입니다.

머리말

IT분야는 다른 분야에 비해서 매우 급속도로 변화하는 분야입니다. 이런 변화 속에서 꾸준히 중요한 역할을 하는 분야가 데이터베이스이며 오라클, IBM DB2, MS SQL Server 등과 같이 대용량의 데이터를 다루는 DBMS부터 SQLite, MS Access와 같이 스마트폰과 같은 개인 단말기의 데이터를 다루는 DBMS까지 데이터베이스의 영역은 IT 분야의 변화와 함께 계속 확장되고 있습니다. 따라서 우수한 데이터베이스 전문가가 되는 일은 매우 현명한 선택이라고 확신합니다.

지금까지의 많은 데이터베이스 교육은 데이터베이스 이론에 치중되어 왔습니다. 이런 문제를 해결하기 위하여 최근 실용적인 데이터베이스 교육에 대한 필요성이 많이 요구되어 왔으며 본교재도 이 흐름에 맞추어 만들어졌습니다. 최근 가장 널리 사용되는 SQLite, 오라클, C#과 ADO.NET을 이용한 실질적인 응용 개발 방법에 초점을 맞추어 본 교재의 내용을 구성하였습니다.

이 책은 ER 모델, 관계형 모델, SQL 등의 기본 지식을 갖춘 후 좀 더 실질적인 데이터베이스 응용 프로그램을 작성하고자하는 독자를 위한 책입니다. C#에 대한 기초적인 지식을 보유한 상태에서 오라클과 Visual Studio .NET을 이용하여 데이터베이스 응용 프로그램을 직접 실습할 수 있게 구성하였습니다. 데이터베이스 이론에 대한 기초 지식을 가진 많은 독자들이 이 책을 사용하여 C#과 오라클, SQLite 등의 DBMS를 이용하여 실질적인 DB 응용 프로그램을 작성하는 방법을 익힐 수 있기를 바랍니다. 많은 실질적인 내용을 실으려고 했으나 여전히 많은 점이 부족하며 이를 계속 수정, 보완하여 실질적인 데이터베이스 응용 프로그램을 배우려고 하는 많은 독자들에게 이 책이 좋은 가이드가 될 수 있게 노력하였습니다. 끝으로 이 책이 나오기까지 많은 지원을 아끼지 않은 관계자 모두에게 감사를 드립니다.

2014년 12월

지은이

차례

Chapter

Chapter 01

ERwin을 사용한 데이터베이스 개념적 설계

1

ERwin을 사용한 데이터베이스 개념적 설계

고객의 요구사항을 만족하는 관계형 데이터베이스를 직접 설계하는 것은 매우 어려운 일이다. 따라서 데이터베이스 설계는 중간 과정에 개념적 설계를 거치게 되고, 개념적 설계를 실제 관계형 테이블로 변환하여 사용하는 것이 일반적인 방식이다.

데이터베이스의 개념적 설계 표현 방법 중 가장 대표적인 것은 ER 모델이다. ER 모델은 개체(Entity)와 관계(Relatinship)로 데이터베이스 설계를 나타내며, 그 설계 결과는 ER 다이아그램으로 표현된다.

1.1 ERwin 표기법

ERwin은 데이터베이스 설계에 사용되는 ER 다이아그램을 생성하는 프로그램이다. ERwin은 ER 다이아그램을 다음의 2가지 표기법을 사용하여 나타낸다.

1) IDEF1X 방법: 1981년 미공군에서 개발한 방법
2) IE(Information Engineering): 정보공학방법론, 국내에서 많이 사용

ERwin을 사용한 설계 작업시 [Model]→[Model Properties]→Notation에서 표기법을 선택할 수 있으며 본 교재에서는 2)번의 IE 표기법을 사용한다.

1.2 ER 다이아그램 작성

ERwin에서 [File]→[New]→[Logical]을 선택하여 새로운 ER 다이아그램을 생성한다. 이때 [logical]의 의미는 ERWin에서 [logical model] 즉 ER 다이아그램만 생성하며, 자동으로 관계형 테이블로 변환하여 생성하는 과정은 생략하는 것을 의미한다.

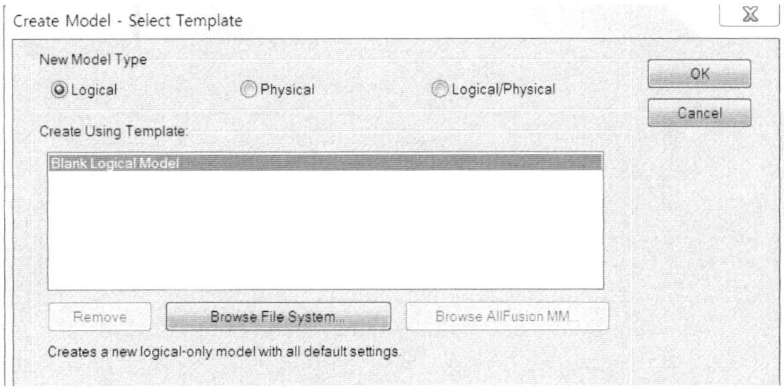

그림 1-1. Logical을 선택하여 ER 다이아그램만 작성

1.2.1 개체집합

생성된 ER 다이이그램의 [그림 1-2]의 속성 메뉴 중에서 [Entities]의 팝업메뉴에서 [New]를 선택하여 개체집합 (Entity Set)을 생성한다.

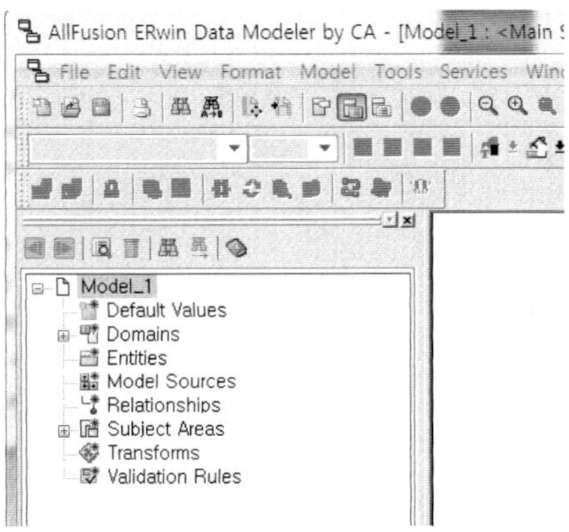

그림 1-2. ER 다이아그램 속성 메뉴

개체집합의 이름, 키 속성, 일반 속성을 입력할 수 있게 되어 있다. 탭을 사용하여 이름에서 키 속성, 그리고 일반 속성으로 이동하면서 입력한다.

1.2.2 관계(Relationship)

개체들 사이의 관계를 표현한다. 생성하는 방법은 [그림 1-2]의 메뉴에서 [Relationship]의 팝업메뉴에서 [New]를 선택하여 필요한 관계를 추가한다.

[그림 1-3]은 ER extended 모델[1]의 표기법을 사용한 ER 다이아그램이다. ERwin의 개체집합과 관계를 이용하여 ER extended 모델로 표현된 다이아그램을 변경해보자.

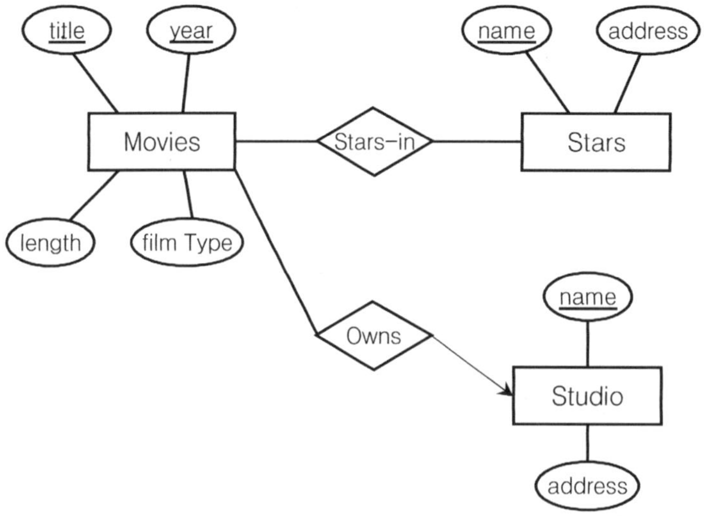

그림 1-3. Movie 데이터베이스 ER 다이아그램[1]

[그림 1-3]에서 Stars-in 관계는 many-to-many (다대다) 관계를 나타내며, Owns는 many-to-one (다대일) 관계를 표시한다. [그림 1-3]을 ERwin에서 나타내기 위해서는 먼저 3개의 개체집합 (Movies, Stars, Studio)을 표현한다. 개체 이름, 키, 그리고 일반 속성을 각각 표시한다. 그 다음 각각의 개체 집합 사이의 관계를 [그림 1-4]와 같이 추가한다.

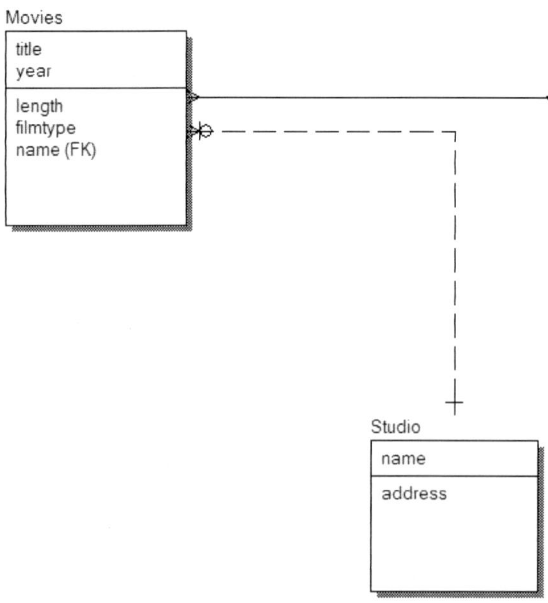

그림 1-4. IE 표기법으로 나타낸 Movie ER 다이아그램

IE 표기법의 설명에서 관계를 나타낼 때 parent-child 관계란 many-to-one 관계에서 one 쪽을 의미한다. 따라서 Movies와 Studio사이의 관계에서 Studio쪽이 parent가 된다. 생성된 관계에서 [Relationship Property] 팝업 메뉴를 선택하면 다음의 [그림 1-5]와 같이 관계의 속성을 더 자세히 설정할 수 있다.

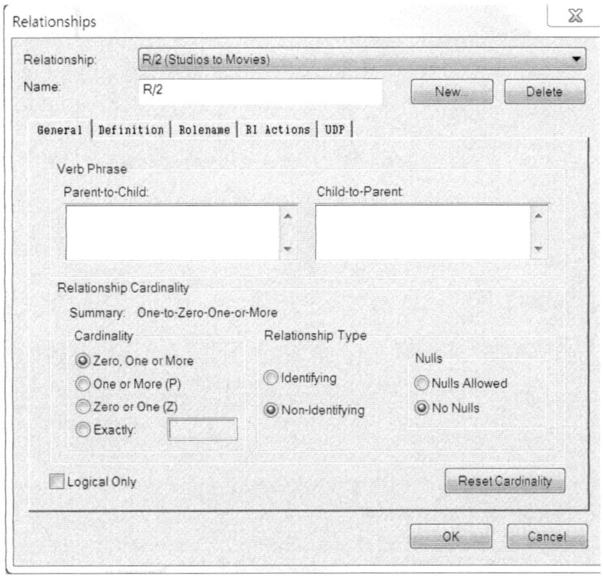

그림 1-5. Relationship Property 설정 화면

[그림 1-5]에서 각각의 설명은 다음과 같다.

Cardinality : Child쪽의 특성을 나타낸다.
relationship type : Parent쪽의 특성을 나타낸다.
Type: Idenifying 약개체집합
Non-identifying 일반 개체 집합

1.2.3 약개체 집합의 표현

약개체 집합은 개체 집합의 키가 부족하므로 다른 개체 집합에 의존적인 형태가 된다. ER extended 방식으로 표현된 [그림 1-6]에서 Crews는 약개체 집합으로 Studios에 의존적인 형태를 가지고 있다.

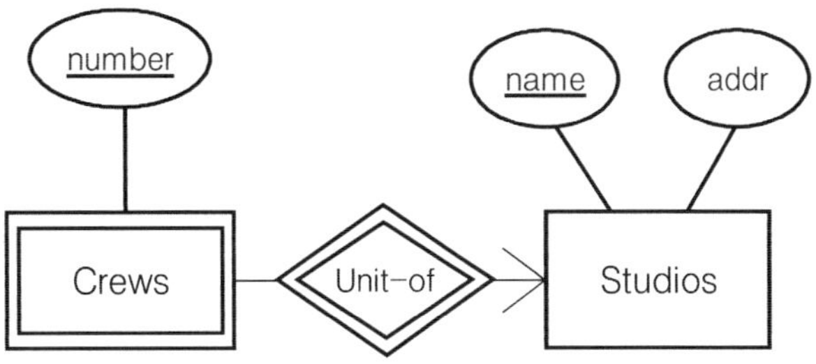

그림 1-6. 약개체 집합의 표현 [1]

ER IE 모델에서 약개체 집합은 식별관계(identifying relationship)로 표시한다. 여기서 many-to-one 관계의 one 부분인 Studios가 parent가 된다. 식별관계를 사용하면 [그림 1-7]과 같이 Studios 개체의 속성 name이 키가 부족한 Crews 개체의 키 속성에 자동으로 추가되는 것을 볼 수 있다.

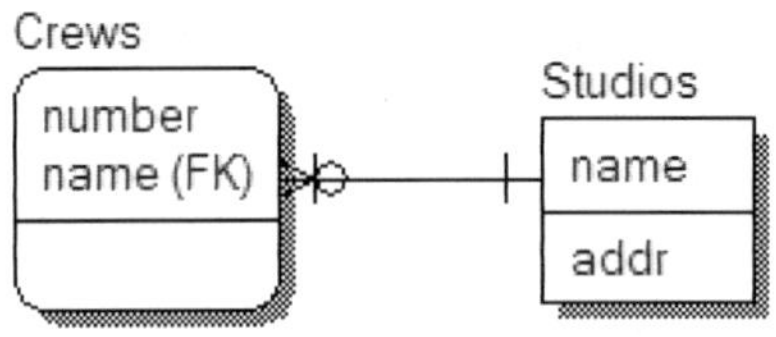

그림 1-7. IE 모델에서 약개체 집합의 표현

1.2.4 같은 개체집합을 사용하는 관계

다음의 [그림 1-8]은 같은 개체 집합을 사용하는 관계를 표현한 그림이다. 1개의 오리지날 영화에 대해 여러 개의 속편이 존재하는 상황을 나타낸 설계이다.

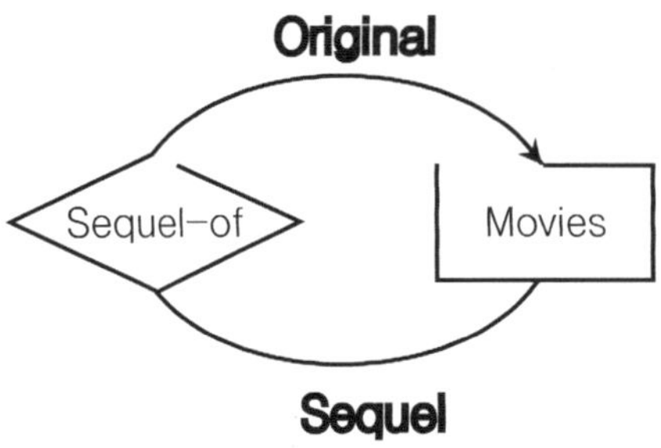

그림 1-8. 같은 개체집합 사이의 관계[1]

[그림 1-8]을 IE 모델에서 표현하기 위해서는 IE 모델의 재귀적 관계 (Recursive Relationship)을 사용하여 나타낸다. 먼저 개체집합 Movies를 표현한다. 그 다음 non-identifying 타입으로 parent와 child를 전부 Movies로 선택한 관계를 추가한다.

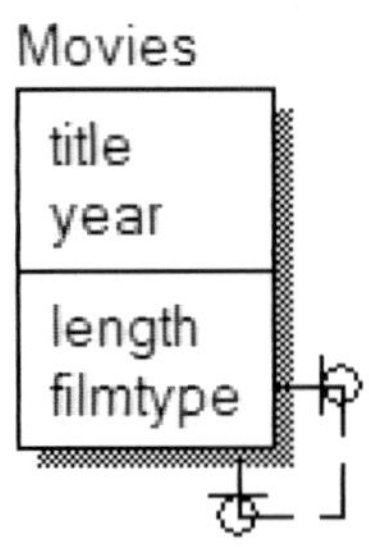

그림 1-9. 재귀적 관계

그 다음 관계의 속성을 변경하기 위하여 팝업 메뉴에서 [Relationship Properties]를 선택한다. Child쪽이 many가 되어야 하므로 [Cardinality]를 [Zero,One or More]로 변경한다. 그리고 Parent부분은 [Nulls]를 [No Null]로 변경한다.

그 다음 [Rolename]탭에서 키에 대한 Rolename을 추가하여 (title→org_title, year→org_year) 다음의 [그림 1-10]과 같이 완성한다. 그리고 [Relationship Properties]-[General]의 Verb Phrase에서 Parent-to-Child에 "sequel", Child-to-Parent에 "org"를 입력한다. [Format]-[Relationship Display]를 Verb Phrase로 선택하면 관계의 롤 내용이 보인다.

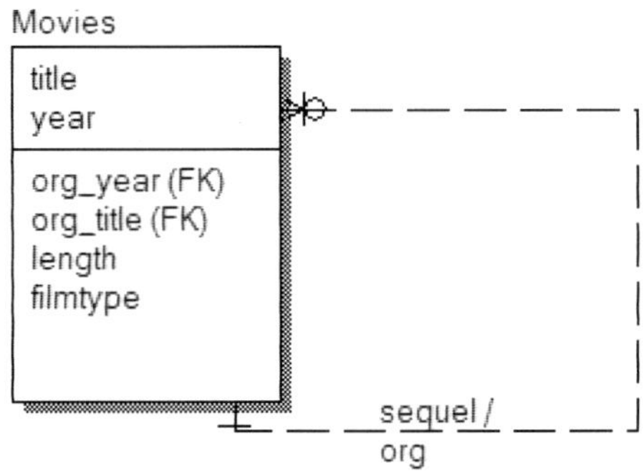

그림 1-10 재귀적 관계의 표현

1.2.5 서브 클래스의 표현

다음의 [그림 1-11]은 만화영화 (Cartoons)와 살인미스테리 (Murder Mystery) 영화를 포함하는 영화 데이터베이스의 일부분을 나타낸 ER 다이아그램이다. 만화영화와 살인미스테리는 영화의 서브클래스로 만들어져 있다.

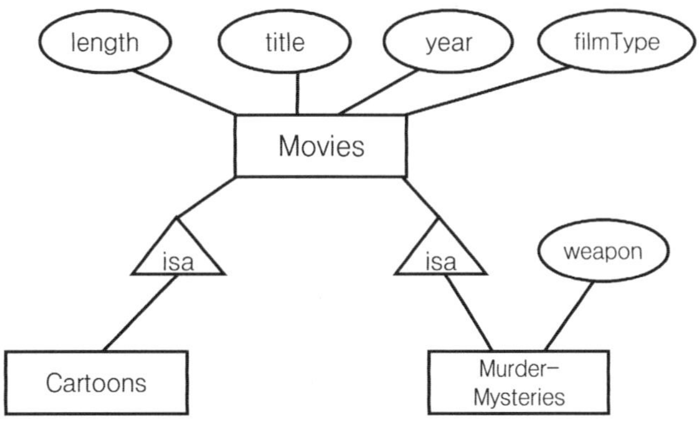

그림 1-11. 클래스-서브 클래스 ER 다이아그램[1]

IE 방식에서 클래스, 서브 클래스를 입력하는 방법은 먼저 [그림 1-12]와 같이 개체집합을 입력한다. Cartoons는 다른 속성이 없어 속성 영역이 비어 있으며, 살인미스테리를 나타내는 MurderM은 일반 속성만 가지고 있게 개체를 생성하였다.

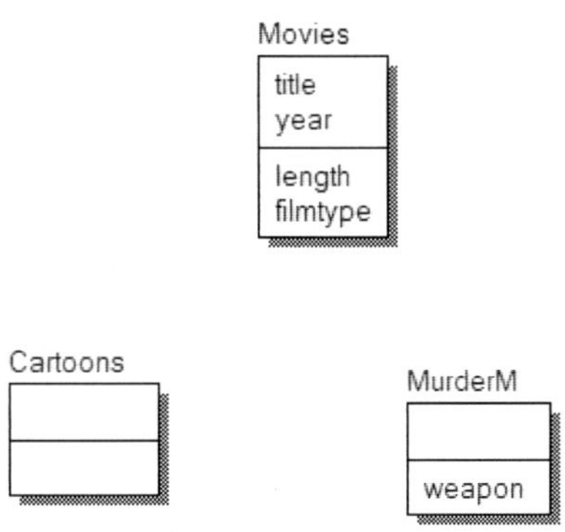

그림 12. 클래스와 서버클래스 개체 생성

2개의 개체 집합을 클래스, 서브클래스로 만들기 위하여 [그림 1-13]의 기호를 선택한 후 슈퍼클래스, 서브 클래스 순서로 마우스를 클릭한다.

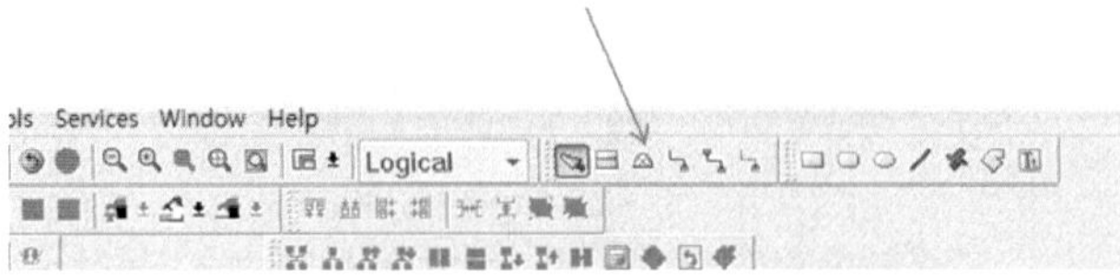

그림 1-13. 클래스-서브클래스 생성

같은 방법을 계속 적용하여 [그림 1-14]의 그림을 완성할 수 있다.

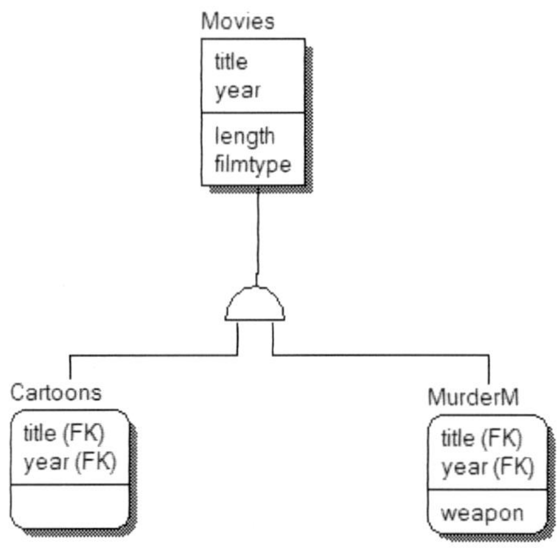

그림 1-14. IE 방식의 서브 클래스 (inclusive 경우)

서브 클래스는 inclusive와 exclusive의 2가지 경우가 존재한다. [그림 1-14]는 inclusive의 예제로 영화가 Cartoons와 MurderM에 동시에 속하는 경우가 존재할 수 있다는 것을 의미한다. 반면에 [그림 1-15]와 같이 exclusive로 변경하면 영화는 Cartoons 또는 MurderM 중에서 1개로만 분류된다는 것을 의미한다.

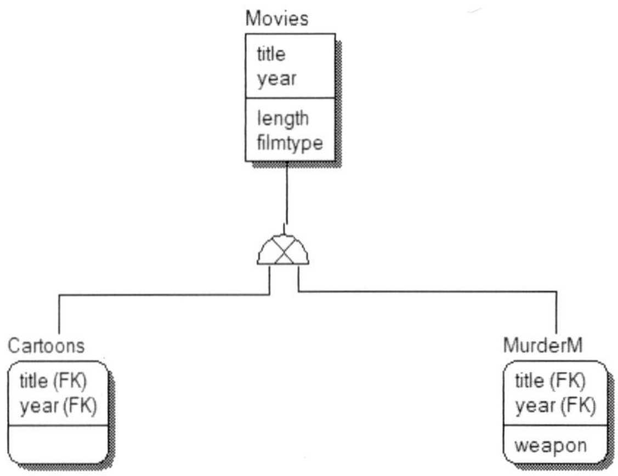

그림 1-15. Exclusive의 표현

앞의 [그림 1-15]의 설계에서는 어떤 영화가 만화영화인지, 아니면 살인미스테리 영화인지를 구분하기 위해서 어느 서브클래스에 그 영화가 있는지를 살펴보는 과정이 필요하다. [그림 1-15]와 같은 클래스-서브클래스 구조를 가지는 영화 데이터베이스에서는 모든 영화가 Movies에 입력되며 그 중에서 Cartoons에도 그 영화가 있으면 그 영화를 만화 영화로 간주하게 된다. 따라서 어떤 영화가 Cartoons에 있는지, 아니면 MurderM에 있는지를 확인해야만 그 영화가 만화영화인지 또는 살인미스테리 영화인지를 알 수 있게 된다. 이런 문제점을 해결하기 위하여 영화 분류에 대한 식별 속성을 추가하여 사용하는 방법이 있다. [그림 1-16]과 같이 슈퍼클래스에 분류를 위한 속성(여기서는 category)을 추가하고, 그 값을 판단 기준으로 하여 영화가 어느 서브클래스에 속하는지를 판단하는 방법이다.

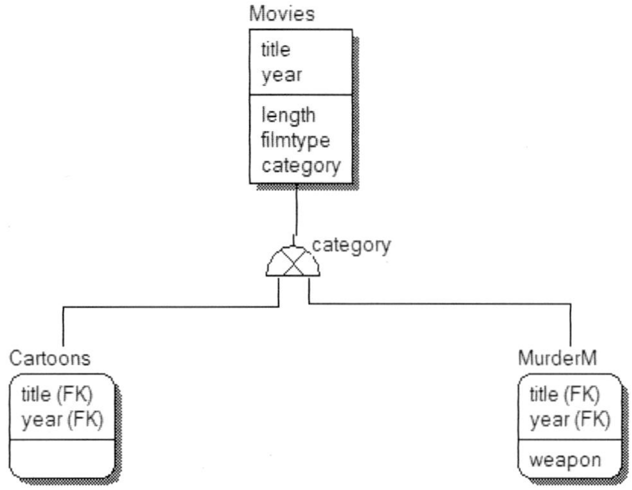

그림 1-16. 서브 클래스 식별자 사용

1.2.6 Exactly one의 표현

many-to-one에서 one의 의미는 "exactly-one"과 "at most one"의 2가지의 의미를 가진다. 다음의 [그림 1-17]에서 one은 2가지의 의미를 나타내고 있다.

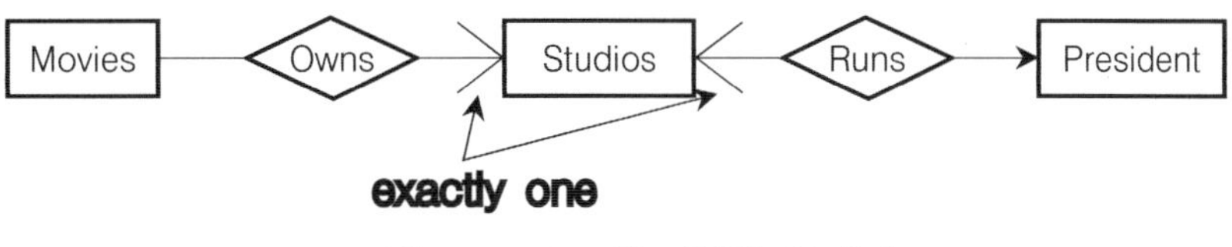

그림 1-17. One의 다양한 의미[1]

ERwin의 IE방식에서 "exactly-one"과 "at most one"의 구별은 동그라미 기호로 나타낸다. 동그라미 기호가 있는 것은 0을 포함한다는 의미이므로 "at most one"의 의미를 나타내며, 없는 곳은 "exactly one"을 나타낸다.

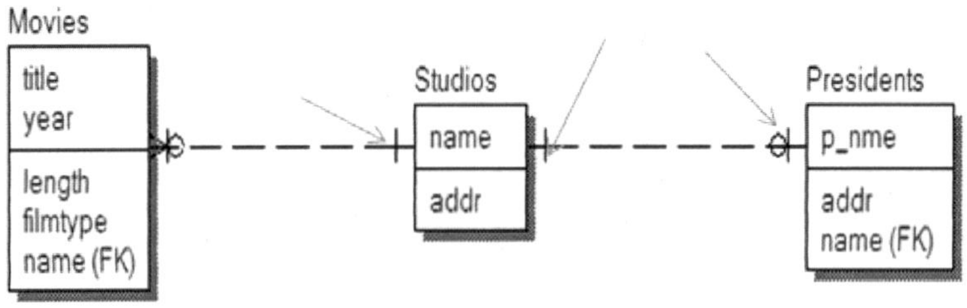

그림 1-18. one의 서로 다른 의미

1.2.7 다대다 변환하기

다음의 [그림 1-19]에서 Movies와 Stars 사이에는 다대다 관계가 형성되어 있다. ER 다이아그램을 관계형 테이블로 변환하는 과정에서 다대다 관계는 연결하는 양쪽의 개체집합에서 키가 되는 속성들로 새로운 테이블을 만든다. ERwin에서는 이 과정을 더 쉽게 나타내기 위해 다대다 관계를 새로운 개체 집합과 관계로 표현하는 방식을 제공한다.

[그림 1-19]의 다대다 관계에서 [Create Association Entity]를 선택하면 [Many-to-Many Transform Wizard]가 동작하여 [그림 1-20]과 같은 형태로 변환된다. 다대다 관계를 2개의 다대일 관계로 변환함으로써 관계형 테이블로 변환하는 과정이 매우 간단하게 이루어진다.

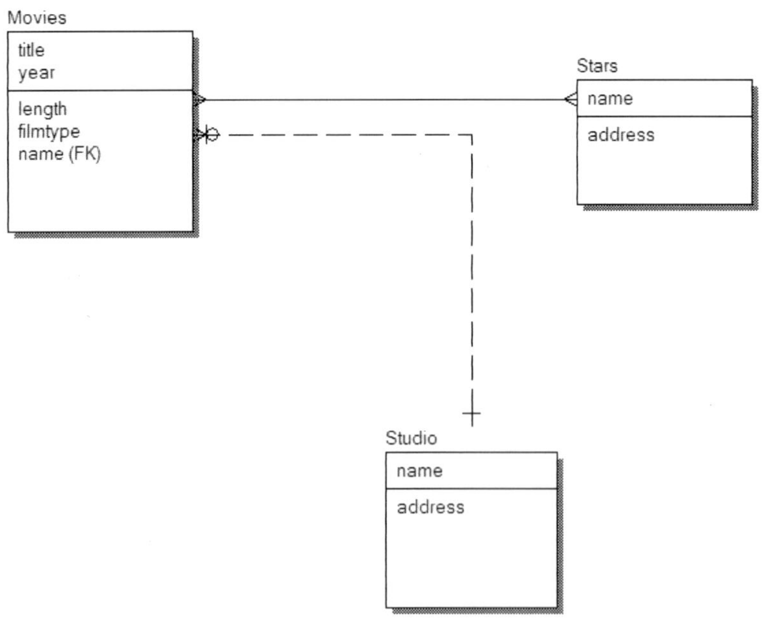

그림 1-19. IE 표기법으로 나타낸 Movie ER 다이아그램

[그림 1-20]은 앞의 ER extended 모델로 표현된 [그림 1-3]을 ERwin의 ER IE 방식으로 표현한 것이다. [그림 1-20]의 다이아그램을 관계형 테이블로 변환하는 것은 쉽게 이루어지는 것을 발견할 수 있을 것이다.

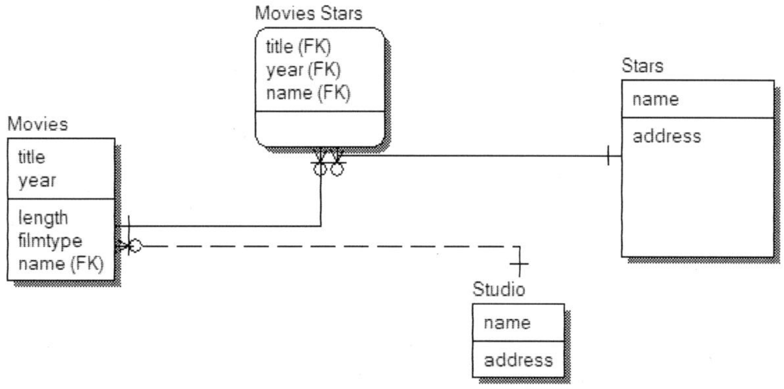

그림 1-20. 다대다 관계의 다대일 변환

앞의 ER extended 모델의 [그림 1-3]과 ER IE 모델의 [그림 1-20]은 ER 모델의 표현 방식에 영향 받지 않고 다음의 4개의 관계형 테이블로 만들어진다. [그림 1-20]이 관계형 테이블로 변환하기에 훨씬 더 쉽다.

Movies (title, year, length, filmtype, studioname)

Stars (name, address)

Studios (name, address)

MovieStars (title, year, starname)

연습문제

1. 다음의 ER 다이아그램을 ERwin의 IE 모델로 작성하시오. 정규직과 계약직은 서로 exclusive하다.

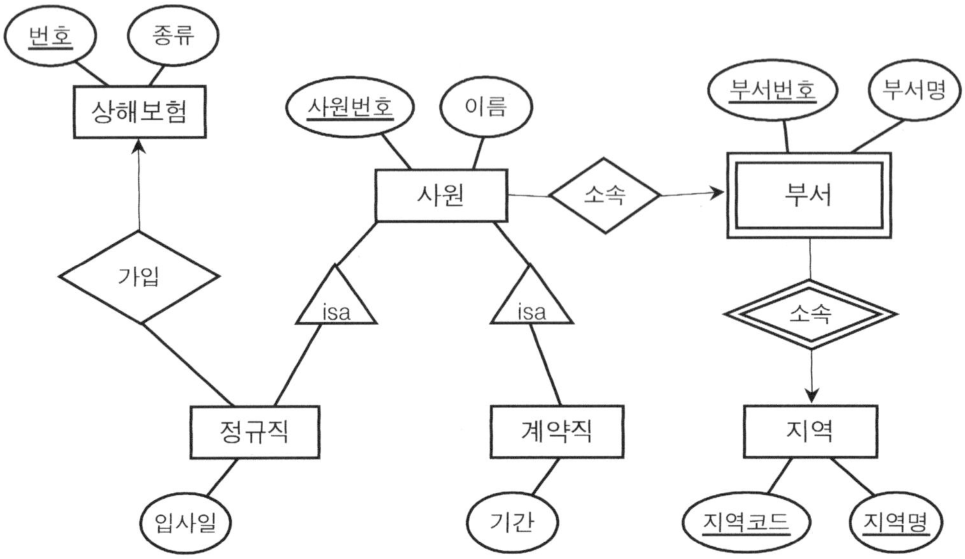

2. 다음의 ER 다이아그램을 ERwin의 IE 모델로 작성하시오.

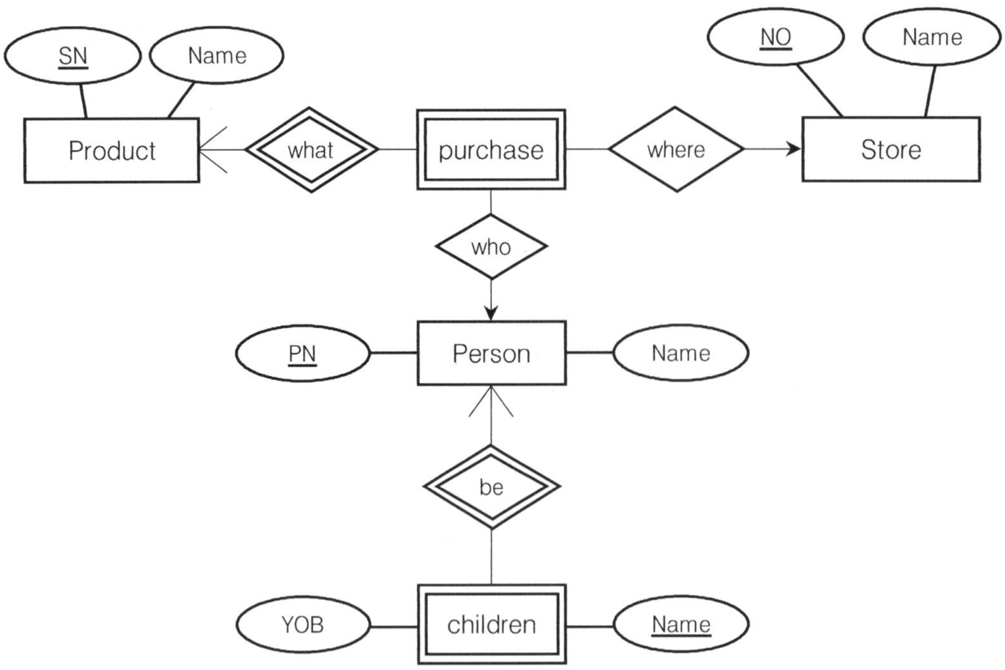

3. 다음의 ER 다이아그램을 ERwin의 IE 모델로 작성하시오.

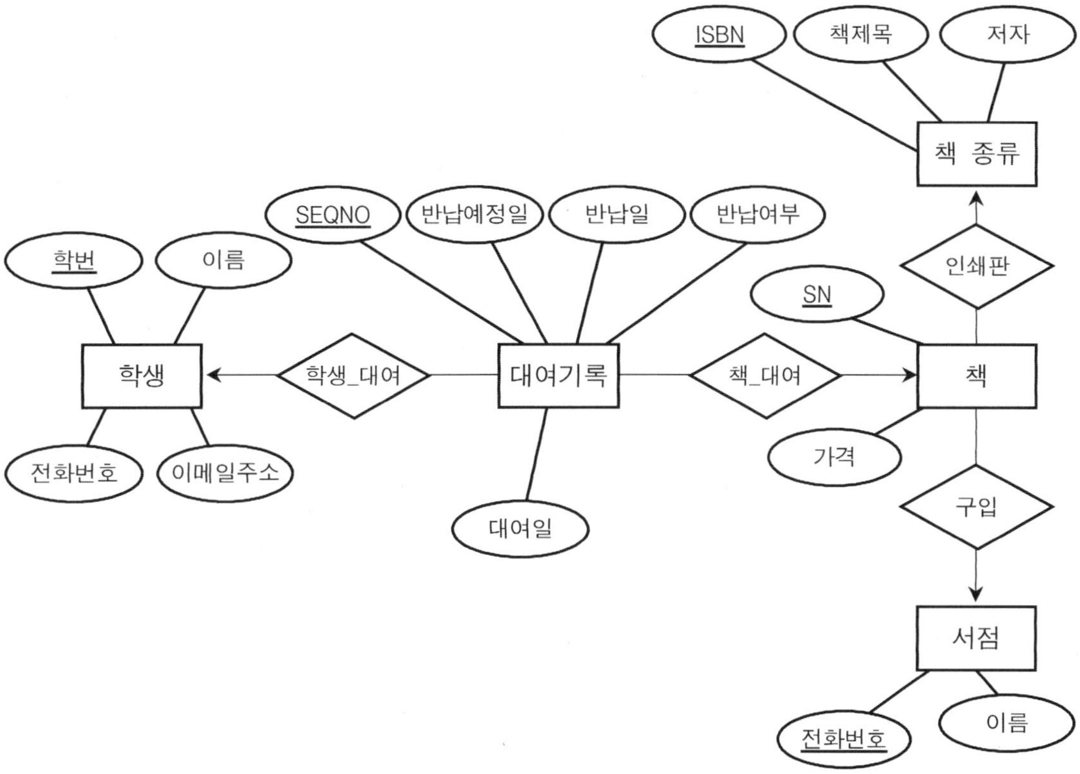

참고문헌

[1] Jeffrey D. Ullman and Jennifer Widom, 데이터베이스 시스템 개론 (A first course in Database Systems), 도서출판 그린.

[2] AllFusion ERwin Data modeler r7 사용자 매뉴얼.

Chapter 02

관계형 데이터베이스 구현

2

관계형 데이터베이스 구현

먼저 MS Acess와 SQLite 등 쉽게 사용할 수 있는 단일 사용자를 위한 관계형 DBMS를 이용하여 데이터베이스를 생성해보고 그 다음 다중 사용자를 위한 오라클 서버에서 데이터베이스를 생성해 본다. MS Access와 SQLite는 데이터베이스가 1개의 파일에 만들어지며, 오라클 서버의 경우 공용 데이터베이스 내부에 각 사용자들의 테이블들이 만들어진다.

2.1 MS Access 데이터베이스 생성

MS Access는 오피스 패키지에 포함되어 있는 단일 사용자용 관계형 DBMS로 쉽게 사용할 수 있는 장점이 있다. 설계 과정을 거쳐 생성된 다음의 데이터베이스와 테이블을 만들어보자.

Movies (title, year, length, filmtype, studioname)

Stars (name, address)

Studios (name, address)

MovieStars (title, year, starname)

단계 1 먼저 메뉴에서 [새로만들기]를 선택하고 [새 데이터베이스]에서 데이터베이스가 생성될 파일의 이름과 위치를 지정한다. (데이터베이스 이름을 MovieDB로 설정할 경우 다음의 파일이 생성된다.)

그림 2-1. Access 데이터베이스 생성

단계 2 데이터베이스에 테이블을 추가하는 과정을 수행한다. [보기]-[디자인보기]를 선택하여 다음과 같이 필드 이름과 데이터형식을 입력한다. (주의 : 테이블 이름과 필드 이름에 예약어는 사용할 수 없다. 예를 들면 year는 예약어이므로 대신 m_year를 사용하였다.) 그리고 title, m_year 앞의 열쇠 모양은 2개의 필드가 합쳐서 1개의 키를 형성한다는 의미이다.

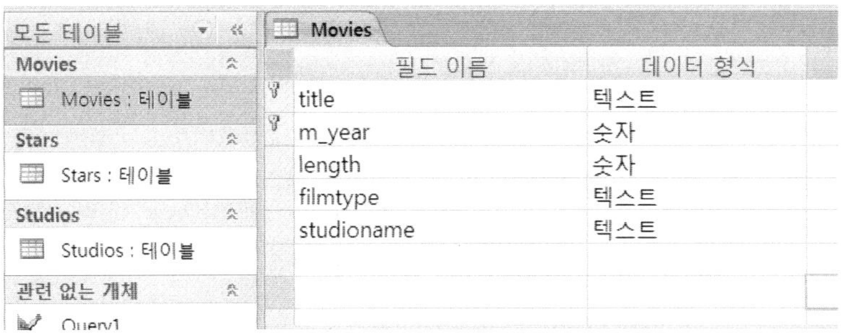

그림 2-2. Movies 테이블의 스키마 구현

단계 3 테이블을 생성하는 다른 방법으로 SQL을 직접 사용하는 방법이 있다. [만들기]-[쿼리 디자인]을 선택하면 SQL을 입력할 수 있게 된다.

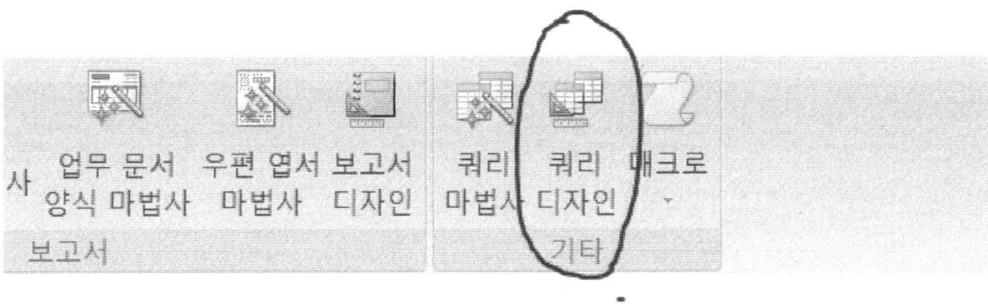

그림 2-3. 쿼리 디자인 사용

단계 4 다음과 같이 SQL을 입력하고 [실행] 버튼을 눌러 Studios 테이블을 생성할 수 있다.

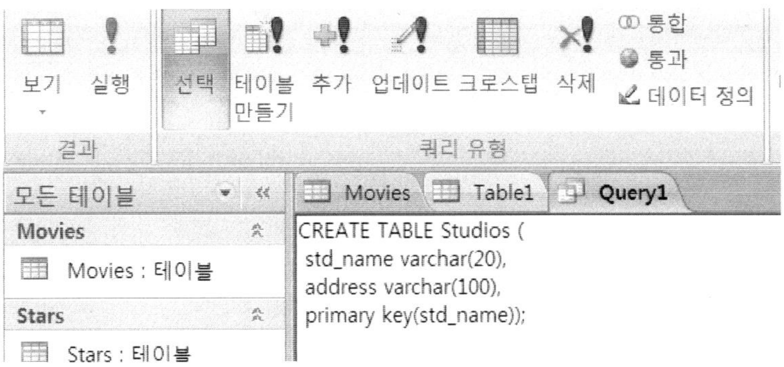

그림 2-4. 쿼리 디자인에서 SQL 입력

MS Access는 다음의 10개의 데이터 타입을 지원한다. 따라서 앞의 SQL에서 사용한 std_name 컬럼의 데이터 타입 varchar(20)은 MS Access의 Text 타입으로 변환된다.

표 2-1. MS Access의 데이터 타입

데이터 타입	데이터 타입 설명
Text	255자 이하의 짧은 문자열
Number	숫자
Date/Time	날짜와 시간
Yes/No	불리언 값
Currency	화폐
AutoNumber	자동으로 증가하는 숫자
OLE Object	OLE 객체
Memo	255자 이상의 문자열
Hyperlink	하이퍼링크
Attachment	파일

데이터의 입력은 SQL에서 INSERT INTO 구문을 사용해야 하지만 Movies 테이블을 [열기] 하여 나타나는 다음의 화면에 직접 입력할 수도 있다.

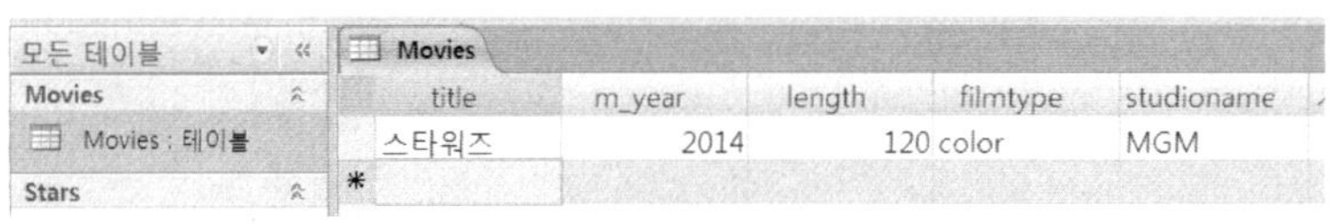

그림 2-5. MS Access 데이터의 입력

2.2 SQLite 데이터베이스 생성

2000년에 발표된 SQLite는 관계형 모델의 내장형(Embedded) DBMS이다. 내장형 DBMS이므로 그 크기가 매우 작고 간단해서 현재 iOS, 안드로이드 등을 사용하는 대부분의 모바일 기기에서 사용되고 있다. 주로 서버 컴퓨터에서 대용량의 데이터를 다루는 오라클, MS SQL 서버 등과는 달리 SQLite는 간단한 기능으로 인하여 따로 DBMS를 관리할 필요가 없이 쉽게 사용할 수 있는 장점이 있다. SQLite에 대한 자세한 정보는 www.sqlite.org에서 구할 수 있다.

2.2.1 SQLite 주요 함수

처음 만들어진 후 계속 기능이 추가되어 현재 SQLite에 구현된 함수는 180개가 넘지만 그 중에서 가장 중요하게 사용되는 기능을 요약하면 다음과 같다.

sqlite3_open( ): 첫 번째 매개변수로 제공된 파일에 있는 데이터베이스를 오픈한다. 만약 데이터베이스가 없으면 새로 생성한 후 오픈한다. 오픈된 데이터베이스에 대해서는 2번째 매개변수에 그 데이터베이스를 다룰 핸들을 넘겨준다.

```
if (sqlite3_open(DB, &handle) == SQLITE_OK)
```

sqlite3_close( ): 오픈된 SQLite 데이터베이스와의 연결을 종료할 때 사용된다. 데이터베이스 연결에 사용된 모든 자원을 반환한다.

```
sqlite3_close(handle);
```

sqlite3_prepare_v2( ): SQL을 실행하기 위해서는 먼저 SQL 구문을 바이트코드로 컴파일하는 과정이 필요하다. 이 함수는 문자열로 되어 있는 SQL을 실행 가능한 코드로 변환하는 작업을 수행하며 함수의 자세한 형식은 다음과 같다.

```
int sqlite3_prepare_v2(
  sqlite3 *handle,              /* Database handle */
  const char *query,            /* SQL statement, UTF-8 encoded */
  int nByte,                    /* Maximum length of zSql in bytes. */
  sqlite3_stmt **statement,     /* OUT: Statement handle */
  const char **pzTail           /* OUT: Pointer to unused portion of query */
);
```

```
if (sqlite3_prepare_v2(handle, query, -1, &statement, NULL) == SQLITE_OK)
```

nByte값이 음수 이면 query 문자열에서 첫 번째 만나는 zero terminator까지 변환한다.

sqlite3_step( ): 이 함수는 sqlite3_prepared_v2에서 생성된 SQL 바이트코드를 실행한다. 반환 결과가 없는 SQL인 경우 이 함수는 SQL을 실행하고 결과를 나타내는 코드를 반환한다.

```
if (sqlite3_step(statement) == SQLITE_DONE)
```

그러나 SELECT와 같이 질의 결과를 반환하는 경우 sqlite3_step( )함수의 첫 번째 실행은 결과의 첫 번째 레코드에 커서를 위치시키는 역할을 한다. 그리고 sqlite3_step( )함수의 그 다음 실행은 커서를 이동시키면서 레코드의 끝에 도달할 때까지 SQLITE_ROW를 반환하고 마지막에 도달하면 SQLITE_DONE을 반환한다.

```
while (sqlite3_step(statement) == SQLITE_ROW)
```

sqlite3_finalize( ): 컴파일된 (prepared) SQL을 메모리에서 제거한다.

sqlite3_exec( ): sqlite3_prepare_v2( ), sqlite3_step( ), sqlite3_finalize( ) 3개의 함수를 통합해서 1개의 함수로 만들어 놓은 것이다.

sqlite3_column_<type>( ): 질의의 현재 결과에서 1개의 컬럼값을 가져온다. <type>으로 많이 사용되는 것은 text와 int이다. 그리고 모든 컬럼 색인은 0부터 시작한다.

```
sqlite3_column_text(statement, 0)
```

2.2.2 SQLite의 자료형

대부분의 관계형 DBMS는 정적 자료형을 사용하지만 SQLite는 훨씬 더 유연한 동적 자료형을 사용한다. 즉 컬럼의 데이터는 컬럼의 자료형에 의해 결정되는 것이 아니라 컬럼의 값에 따라 자료형이 결정되는 동적 자료형 방식이다. 따라서 저장된 값은 다음 [표 2-2]의 자료형 중 1가지를 가지게 된다. SQLite는 5가지 데이터 타입을 지원한다. 다른 이름을 가진 데이터 타입은 5가지 중에서 가장 비슷한 데이터 타입으로 매칭된다.

표 2-2. SQLite 데이터 타입

데이터 타입	데이터 타입 설명
NULL	NULL값
INTEGER	정수
REAL	실수
TEXT	문자열
BLOB	BLOB 데이터

따라서 CHAR, VARCHAR 등은 전부 TEXT 자료형이 된다. 그리고 VARCAHR(255) 등과 같은 길이의 제한은 SQLite에서 의미가 없다.

2.2.3 SQLite 실행 GUI 도구

SQLite는 라이브러리 형태로 프로그램에서 앞의 함수를 호출하여 사용할 수도 있지만 명령모드에서 실행할 수도 있게 되어 있다. 명령 모드에서 텍스트 형태로 실행하기도 하지만 대부분의 경우 좀 더 쉬운 사용자 인터페이스를 가진 도구를 사용하여 편리하게 사용할 수 있다. 대표적인 SQLite GUI 도구는 FireFox 브라우저의 부가기능으로 존재하는 "SQLite Manager"와 프리웨어인 "SQLite Database Browser"가 있다. 전부 무료로 사용할 수 있는 도구이다.

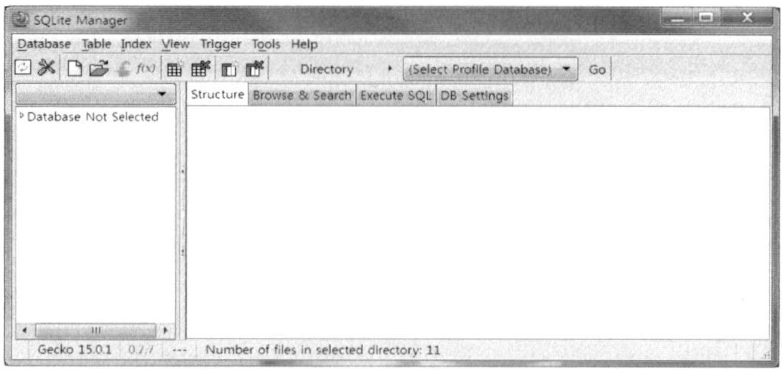

그림 2-6. Firefox "SQLite Manager"

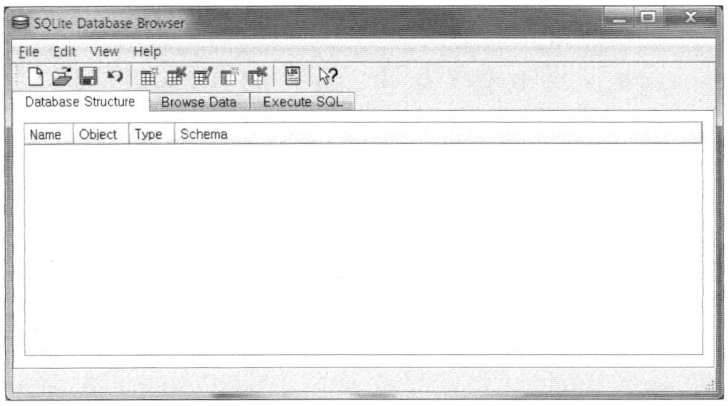

그림 2-7. "SQLite Database Browser" 초기 화면

"SQLite Database Browser"를 사용하는 방법을 간략히 설명하면 다음과 같다.

단계 1 SQLite Database Browser에서 [File]-[New Database]에서 데이터베이스를 생성한다 (예, Mycompany). 이때 생성된 데이터베이스는 Mycompany 파일에 생성된다. 파일의 확장자는 다른 파일들과 구분하기 위하여 .sqlite로 생성하는 것이 일반적이다.

단계 2 그 다음 이어서 나타나는 화면에서 테이블과 필드를 생성한다.
(예, EMP 테이블을 추가)

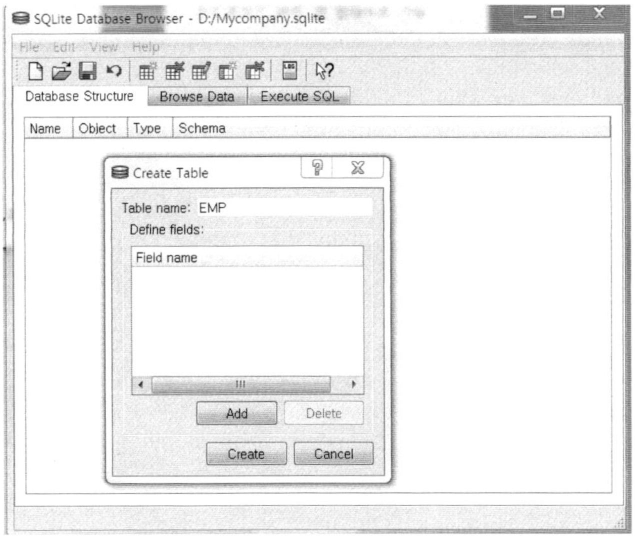

그림 2-8. 테이블 및 필드 생성

2.3 Oracle 데이터베이스 생성

다중 사용자용 오라클은 DBMS 설치시 데이터베이스를 생성한다. 따라서 각 사용자는 관리자가 생성한 데이터베이스 내부에 각 사용자의 스키마를 생성하여 사용하면 된다. 이때 필요한 클라이언트 도구가 SQLDeveloper이다. SQLdeveloper는 오라클사에서 개발한 오라클 클라이언트 도구로

윈도우, 리눅스, 맥 OS X 등에서 실행되는 도구이다. Oracle SQLDeveloper를 사용하면 데이터베이스 스키마에서 모든 객체들을 살펴볼 수 있으며, SQL문을 편집, 테스트, 포맷할 수 있으며, 데이터베이스를 변경하고 PL/SQL 블록을 디버그하고 실행할 수 있다.

2.3.1. 데이터베이스와 접속 설정

오라클과 접속을 만들기 위한 방법으로 [그림 2-9]의 화면에서 [접속]→[새 접속]을 선택하여 오라클 접속을 위한 설정을 시작한다.

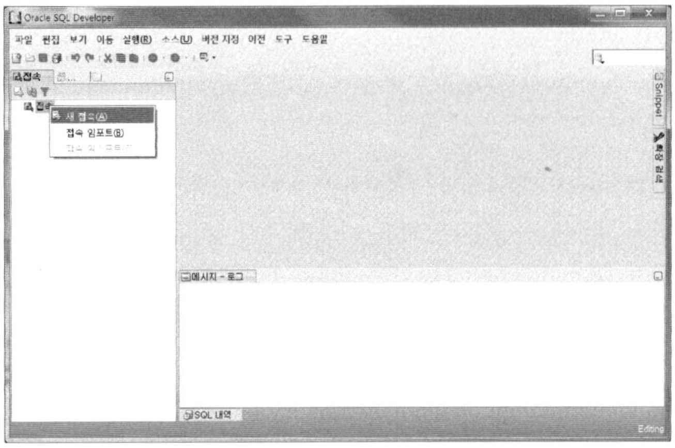

그림 2-9. 데이터베이스와 접속 설정

먼저 접속이름을 결정하고(자유롭게 결정, 여기서는 dkhong_ora로 선택) 그 다음 오라클 사용자 이름과 비밀번호를 입력한다. 그 다음 오라클과 Access(MS Access) 중에서 오라클을 선택한다. (SQLDeveloper로 MS Access도 사용 가능하다)

접속유형에는 다음의 2가지가 있으며 어떤 방식을 사용해도 무방하다.

Basic : 호스트이름, 포트, SID로 접속
TNS : tnsnames를 이용한 네트워크 별칭 또는 접속 식별자를 사용하여 접속

그림 2-10. Basic 방식의 연결

Basic 방식은 [그림 2-10]과 같이 오라클 서버가 설치되어 있는 호스트, 포트, 그리고 SID의 필요한 정보를 입력하고 테스트를 실행한 후 상태가 "성공"으로 바뀌면 연결이 완성된 것이다. 그 다음 저장을 하면 [그림 2-11]과 같이 접속에 접속 이름이 생성된 것을 확인할 수 있다.

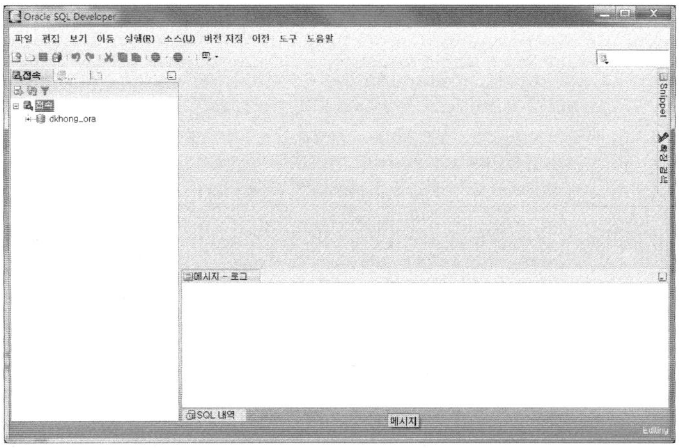

그림 2-11. 연결된 상태

TNS 방식은 tnsnames.ora 파일에 생성되어 있는 "서비스" 이름을 사용한다. 서비스는 오라클의 "Net Configuration Assistant" 프로그램으로 설정하며, tnsnames.ora에 설정된 내용은 SQLDeveloper 외에 Visual Studio 등 다른 프로그램도 이 파일을 사용한다.

tnsnames.ora 파일 내용

```
# tnsnames.ora Network Configuration File: D:\app\user\product\11.2.0\client_5\network\admin\tnsnames.ora
# Generated by Oracle configuration tools.

ORA9 =
  (DESCRIPTION =
   (ADDRESS_LIST =
     (ADDRESS = (PROTOCOL = TCP)(HOST = dbserver.kmu.ac.kr)(PORT = 1521))
  )
  (CONNECT_DATA =
    (SERVICE_NAME = ORCL)
  )
)
...
```

tnsnames.ora 파일에 설정된 내용을 사용하여 [그림 2-12]와 같이 SQLDeveloper에서 접속 유형을 TNS로 하고, 그 다음 네트워크 별칭에 생성된 서비스를 입력하여 오라클 서버에 접속할 수 있다.

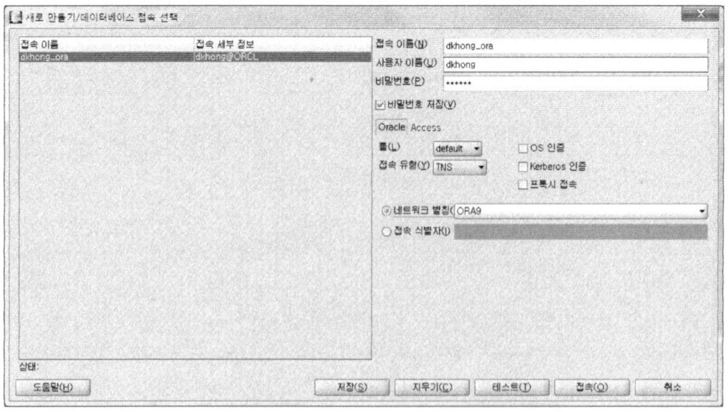

그림 2-12. TNS 방식의 연결 설정

2.3.2 테이블 검색, 생성, 변경, 데이터 입력

SQLDeveloper를 사용하여 오라클 서버에 접속하면 다음의 [그림 2-13]과 같은 리스트를 볼 수 있다. [테이블]의 + 기호를 클릭하면 현재 스키마에 존재하는 테이블 리스트를 볼 수 있다.

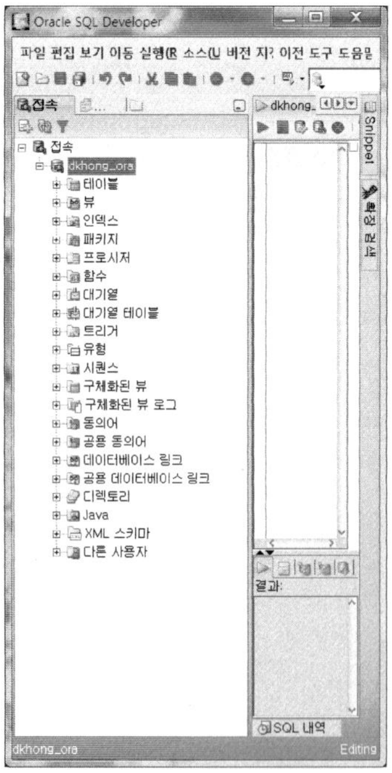

그림 2-13. 접속 화면

2.3.3 메뉴를 이용한 테이블 생성

테이블 생성은 SQL을 사용하는 방법 (CREATE TABLE)과 리스트의 [테이블] 팝업메뉴에서 생성하는 방법이 있다.

테이블 메뉴에서 테이블을 생성하는 방법을 알아보자. [테이블]→[새 테이블]을 실행하면 [그림 2-14]와 같은 테이블 생성 화면이 만들어진다. [테이블] 또는 [DDL] 탭을 이용하여 각각의 형식을 볼 수 있다. [테이블] 탭을 선택하면 SQL을 사용하지 않고도 편리하게 테이블을 만들 수 있으며, [DDL]탭을 선택하면 그에 해당하는 SQL 구문을 확인할 수 있다.

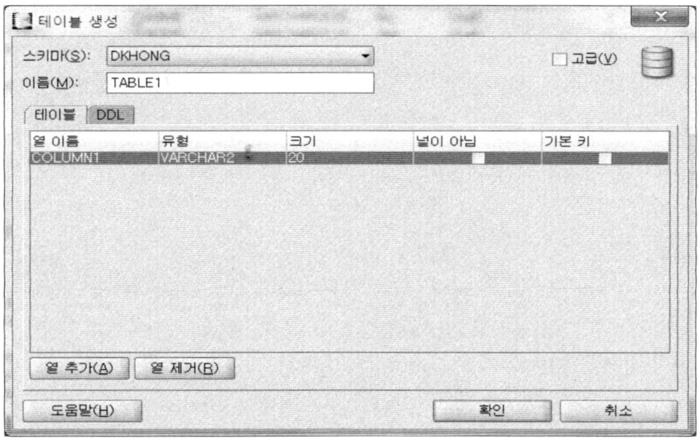

그림 2-14. 테이블 생성 도구 사용(2012 버전)

오른쪽 상단의 [고급]을 체크하면 다음의 [그림 2-15]와 같은 더 편리한 화면을 사용하여 테이블을 생성할 수 있다.

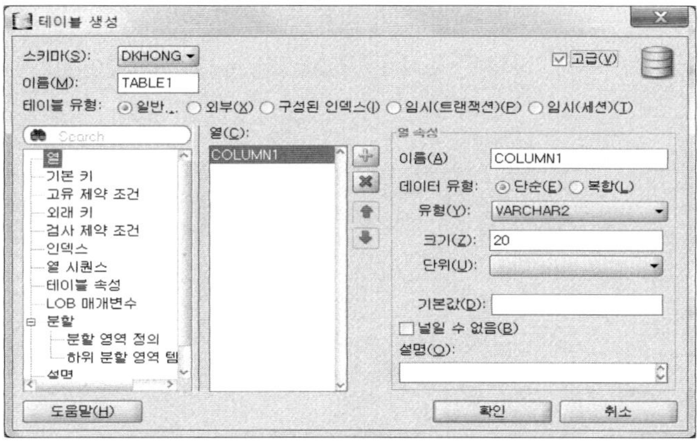

그림 2-15. 테이블 생성 화면 (2012 버전)

[DDL]탭을 선택하면 다음의 [그림 2-16]과 같이 현재 생성하고 있는 테이블에 해당하는 SQL 구문을 확인할 수 있다.

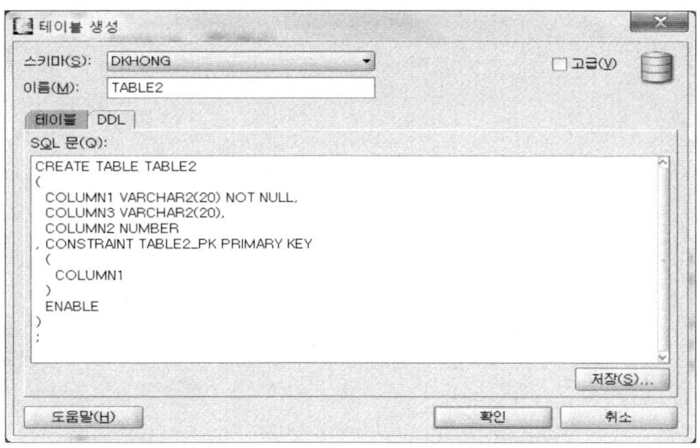

그림 2-16. 테이블 생성의 SQL 구문 확인

생성된 테이블을 [열기]하면 테이블의 작업 탭이 나타나며, 데이터의 입력은 [데이터] 탭에 [행 삽입]을 선택하여 각각의 컬럼에 값을 제공하여 레코드를 입력한다. 입력한 후 [커밋]해서 입력한 내용을 데이터베이스에 저장할 수도 있으며, [롤백]해서 입력을 취소할 수도 있다. 생성된 테이블 스키마의 변경은 [편집] 메뉴를 사용하여 수행할 수 있다.

SQLDeveloper 2014 버전에서는 다음의 [그림 2-17]과 같이 테이블 편집 화면이 이전보다 단순화 되었다. 비록 화면 구성은 바뀌었지만 기능은 이전과 동일하다.

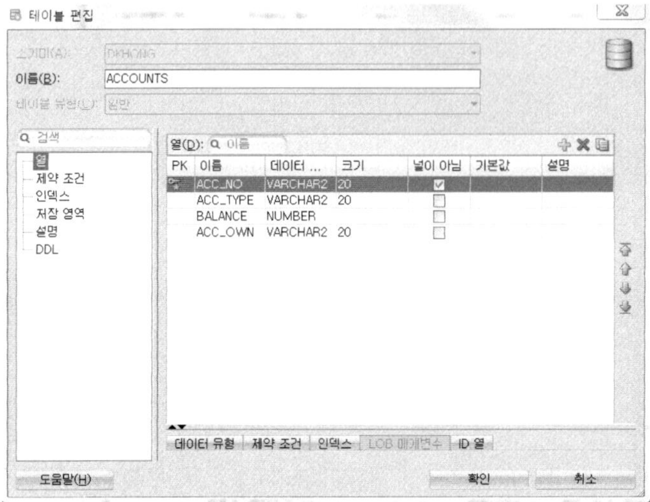

그림 2-17. SQLDeveloper 2014 버전 화면

2.3.4. SQL worksheet에서 SQL을 사용하는 방법

SQLdeveloper의 가운데 창은 SQL worksheet 창이다. 기존의 SQL*Plus와는 달리 스크린 에디터의 기능을 포함하고 있으므로 SQL의 개발 및 실행을 편리하게 수행할 수 있다.

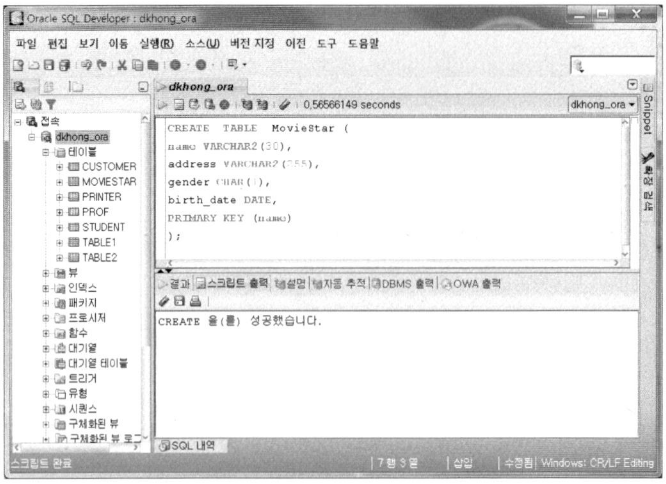

그림 2-18. SQLdeveloper의 SQL worksheet 화면

다음은 테이블 MovieStar를 생성하는 SQL 구문이다. SQL worksheet에 직접 입력하든지 또는 확장자가 sql인 파일에 저장되어 있는 SQL 파일을 읽어서 실행할 수 있다. 직접 SQL worksheet에 입력하여 실행해서 테이블이 생성되는 것을 확인해보자.

```
CREATE TABLE MovieStar (
    name VARCHAR2(30),
    address VARCHAR2(255),
    gender CHAR(1),
    birth_date DATE,
    PRIMARY KEY (name)
    );
```

테이블을 생성할 때 각각의 필드는 적절한 데이터 타입과 길이를 가져야 한다. 오라클에서 기본적으로 지원하는 데이터 타입과 설명은 다음과 같다.

표 2-3. 오라클 데이터 타입

char(n)	길이가 n인 고정 길이 문자열을 표시한다. n의 최대 값은 255다. 만약 n이 지정되어 있지 않으면 n은 1로 간주한다.
varchar2(n)	길이가 최대 n인 가변 길이의 문자열을 나타낸다. n의 값은 최대 2000이다.
date	날짜와 시간을 나타내는 데이터 타입이다. 일반적으로 '04-DEC-2001'과 같이 문자열로 표현된다. date 타입의 표현 형식에 따라 다른 모양으로 표시된다.
number	정수 또는 실수를 표현한다. 최대 40개의 공간까지 사용할 수 있다.
number(n)	정수 또는 실수를 표현한다. 최대 n개의 공간을 사용할 수 있다.
number(n, d)	최대 n개의 공간을 차지하는 실수를 나타낸다. 소숫점 이하 d 자리까지 표현 가능하다.
integer	정수를 표현한다. 최대 40개의 공간을 사용한다.
integer(n)	정수를 표현한다. 최대 n개의 공간을 사용한다.

2.3.5 날짜 데이터의 입력

Oracle에서 제공하는 date 데이터 타입은 날짜, 시간을 같이 나타낸다. Oracle 서버가 설치될 때 날짜의 default 형태가 다르므로 oracle의 to_date( ) 함수를 사용하여 날짜를 입력한다. (반대로 날짜를 읽어 원하는 형태로 출력하기 위해서는 to_char( ) 함수를 사용한다.)

```
        to_date('1960-APR-01', 'YYYY-MON-DD'));

INSERT INTO MovieStar
```

```
VALUES ('Mel Gibson' , 'San Francisco SW1000',
        'M', to_date('1963-06-01', 'YYYY-MM-DD'));
```

오라클의 date 타입에 사용하는 형식의 종류 및 설명

표 2-4. 오라클 date 타입 표시 형식

형식	설명	예시
MM	월을 숫자로 표시	3
MON	월을 영어 3문자로 표시	MAR
MONTH	월을 영어로 표시	MARCH
D	주중 몇번째 일인지 표시	3
DD	월중 몇번째 일인지 표시	15
DDD	연중 몇번째 일인지 표시	343
DY	요일을 영어 3자리로 표시	MON
DAY	요일을 영어로 표시	MONDAY
Y	연도의 마지막 1자리만 표시	7
YY	연도의 마지막 2자리를 표시	02
YYY	연도의 마지막 3자리를 표시	002
YYYY	연도를 4자리로 표시	2002
HH12	시간을 12사간제로 표시	10
HH24	시간을 24시간제로 표시	18
MI	시간의 분단위를 표시	34
SS	시간의 초단위를 표시	56
AM	시간에 따라 AM 또는 PM을 표시	AM

2.3.6 데이터 필터, 정렬 및 검색

SQLDeveloper 화면에서 [정렬]과 [필터]를 사용하여 출력 내용을 결정할 수 있다. 예를 들어 s_id 의 값이 2000 보다 큰 학생만 출력하기 위하여 STUDENT 테이블의 [데이터] 탭에서 필터에 조건을 입력한 후 실행 (enter 또는 새로 고침) 한다.

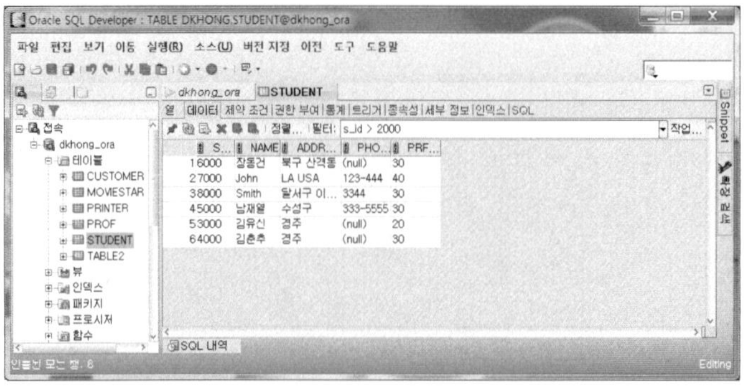

그림 2-19. 필터를 사용한 데이터 검색

2.3.7 외래키 지정

다음의 관계를 가지는 은행 데이터베이스에서 외래키를 지정하는 방법을 알아보자. 한 고객은 여러 개의 계좌를 가질 수 있으며, 각 계좌의 소유자는 1명의 고객으로 제한되어 있다.

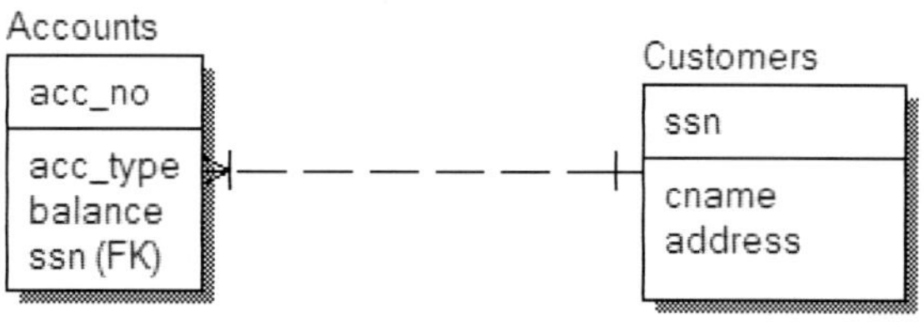

그림 2-20. 은행 데이터베이스 설계

ER 다이아그램의 Accounts 개체의 속성 ssn은 다대일 관계에 의해 생성되어 Accounts 테이블과 합쳐지는 과정에서 추가된 것으로 어느 고객의 계좌인지를 나타내는 정보이다. 따라서 관계형 테이블에서 해당 컬럼의 이름을 이해하기 쉽게 Accounts.ssn을 Accounts.acc_own으로 변경하였다. 앞의 ER 다이아그램을 관계형 테이블 스키마로 표현하면 다음과 같다.

Customer (ssn, cname, address)

Accounts (acc_no, acc_type, balance, acc_own)

2개의 테이블을 관계형 DBMS로 구현해보자. 외래키가 존재하므로 먼저 Customer 테이블을 생성하고, 그 다음 Accounts 테이블을 생성하는 것이 올바른 순서이다.

SQLDeveloper의 테이블 메뉴에서 Accounts 테이블의 acc_own 컬럼에 외래키를 지정하는 방법은 다음의 [그림 2-21]과 같다. [제약조건]에서 '+' 기호를 선택하여 [새 외래키 제약조건]을 입력한다. 하단의 [참조된 제약조건]은 참조되는 테이블의 컬럼을 선택한다. 그리고 오른쪽 하단의 [연관]에서는 외래키가 지정되는 컬럼을(여기서는 Accounts 테이블의 acc_own 컬럼) 지정한다.

그림 2-21. 외래키 지정 방법

테이블 메뉴가 아니라 SQL을 직접 사용하여 테이블을 생성할 때 외래키를 지정하는 방법은 다음과 같다. 먼저 외래키에 의해 참조 당하는 테이블인 customers 테이블을 생성한다.

```
CREATE TABLE customers
(
    ssn varchar2(20),
    cname varchar2(20),
    address varchar2(250),
    primary key (ssn)
);
```

그 다음 외래키를 사용하여 customers 테이블을 참조하는 accounts 테이블을 만든다.

```
CREATE TABLE accounts
(
   acc_no varchar2(20),
   acc_type varchar2(20),
   balance number,
   who_owns varchar2(20),
   primary key(acc_no),
   foreign key (acc_own) references customer(ssn)
);
```

2개의 테이블을 생성하는 순서가 외래키에 의해 결정되는 것처럼 데이터를 입력하는 순서도 외래키에 의해 결정된다. 2명의 고객과 그 고객이 소유하고 있는 다음의 계좌 정보를 입력해보자.

고객의 정보 ('100', '홍길동', '달서구 신당동')
('200', '존', '미국 LA')
그리고 '홍길동' 고객이 다음의 2개의 계좌를 소유하고 있다.
계좌 ('4314', 'Saving', 2000)
계좌 ('4315', 'Checking', 150)
고객 '존'은 다음의 1개의 계좌를 가지고 있다.
계좌 ('4316', 'Saving', 1000)

앞의 정보를 스키마에 적합하게 입력해보자. 외래키가 지정되어 있는 테이블의 데이터는 참조되는 테이블의 데이터보다 먼저 입력되어야 참조무결성을 위배하지 않는다. 따라서 customer 테이블에 다음의 레코드가 먼저 입력된다.

```
INSERT INTO customers
VALUES ('100', '홍길동', '달서구 신당동');
INSERT INTO customers
VALUES ('200', '존', '미국 LA');
```

그 다음 계좌 레코드가 입력된다. 이때 이 계좌를 소유하고 있는 고객의 ssn값이 customers 테이블에 반드시 존재해야 하며, 외래키의 지정은 이 값이 입력될 때마다 그 값이 존재하는지를 확인해주는 역할을 한다.

```
INSERT INTO Accounts
VALUES ('4314', 'Saving', 2000, '100');

INSERT INTO Accounts
VALUES ('4315', 'Checking', 150, '100');

INSERT INTO Accounts
VALUES ('4316', 'Saving', 1000, '200');
```

따라서 앞의 입력문은 성공적으로 수행된다. 하지만 다음의 입력은 ssn 값이 '300'인 고객이 Customers 테이블에 없으므로 참조무결성을 위배하게 되어 정상적으로 실행되지 못한다.

```
INSERT INTO Accounts
VALUES ('4317', 'Checking', 250, '300');
```

연습문제

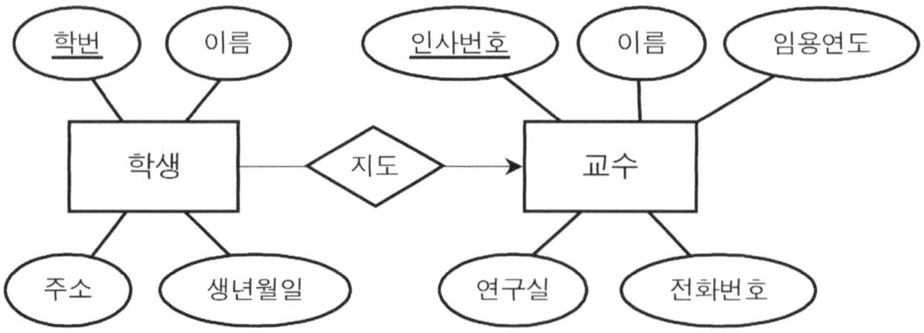

1. 위의 ER Diagram을 테이블로 표현하고 SQLDeveloper를 사용하여 구현하시오.

(1) 테이블의 각 필드는 의미에 맞는 적절한 데이터 타입을 선정하시오.
- primary key와 foreign key를 반드시 명시하시오.
- constraints (NULL 값을 허용하지 않는 컬럼)
학생의 이름은 반드시 필요
교수의 이름은 반드시 필요

(2) 각각의 테이블에는 최소 2개 이상의 레코드를 입력하시오.
(3) 학생 테이블에 학생의 전화번호를 나타내는 필드를 추가하시오.
(4) 교수 테이블에 연봉을 표시하는 필드를 추가하고 적당한 값을 입력하시오. 이때 연봉은 0보다 큰 숫자이어야 함.

(5) 데이터베이스에 있는 모든 학생의 학번과 이름을 열거하시오.
(6) 데이터베이스에 있는 동명이인의 학번과 이름을 열거하시오.
(7) "홍동권" 교수의 지도를 받고 있는 모든 학생의 학번, 이름은?
(8) 현재 가장 많은 수의 학생을 지도하는 교수의 인사번호와 이름은?

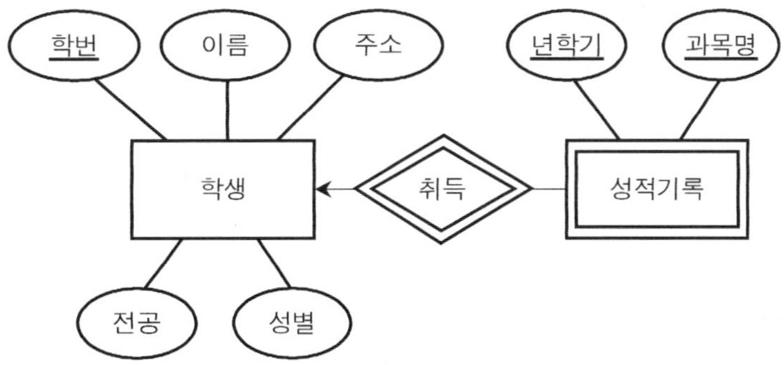

2. 위의 ER Diagram을 이용하여 다음의 작업을 수행하시오.

(1) 테이블로 표현하고 SQLdeveloper를 사용하여 구현하시오. 테이블의 각 필드는 의미에 맞는 적절한 데이터 타입을 선정하시오.

이때 primary key와 foreign key를 반드시 명시하시오.

Constraints

- 성별은 M (남), 또는 F(여) 중 1개의 값을 가져야 함.
- 성적은 0 ~ 100 사이의 숫자이어야 함.

(2) 각각의 테이블에는 최소 2개 이상의 레코드를 입력하시오.

(3) 학생 테이블에 학생의 전화번호를 나타내는 필드를 추가하시오.

(4) 학생 테이블에서 성별 필드를 없애시오.

(5) 학번이 '1000'인 학생이 2001년 1학기에 수강한 모든 과목의 과목명과 성적을 나타내시오.

(6) 학번이 '1000'인 학생이 지금까지 수강한 과목 중에서 80점 이하의 점수를 받은 과목의 학기와 과목명을 나타내시오.

Chapter 03

Visual Studio의 시작

3

Visual Studio의 시작

Visual Studio로 간단한 애플리케이션을 개발해 보고 그것을 실행시켜 어떻게 동작들이 이루어지는지를 알아보자.

3.1 Visual Studio .NET의 시작

Visual Studio.NET IDE (Integrated Development Environment 통합 개발 환경을 뜻함, 이하 VS, Visual Studio 또는 비쥬얼스튜디오)를 이용하여 간단한 응용 프로그램을 작성해보자. 먼저 1개의 윈도우와 1개의 명령버튼으로 구성된 간단한 윈도우 폼 프로그램을 작성해본다. 이때 프로그래밍 언어는 C#을 사용한다.

단계 1 VS를 시작하면 초기화면이 나타나고 화면의 구성은 VS의 버전 (2008, 2010, 2012, 2013, ...)에 따라 조금씩 다르지만 상위에는 메뉴바, 좌측에는 도구 상자 및 서버탐색기, 중앙에는 사용자가 최근에 개발해 놓은 프로그램들을 가리키는 시작 페이지, 우측에 솔루션 탐색기가 나타난다.(초기화면의 각 구성 요소들 사이의 배치는 사용자 편의대로 지정할 수 있다.)

VS 2008

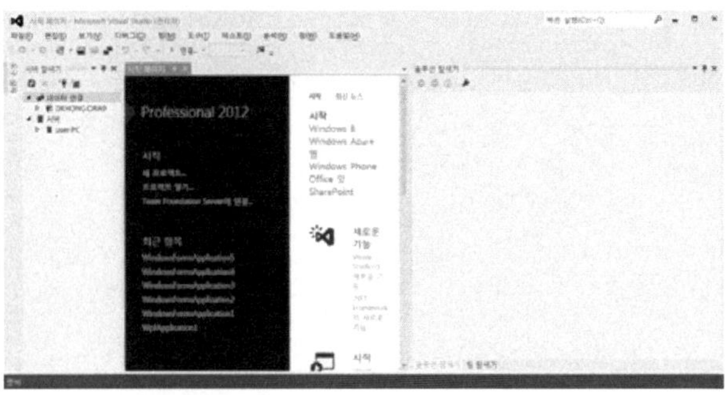

VS 2012

그림 3-1. Visual Studio 초기 화면

단계 2 프로젝트를 생성하여 프로그램을 작성할 경우 메뉴바에서 [파일]-[프로젝트]를 지정한 뒤 다음과 같은 창에서 프로젝트의 형식에는 Visual C# 프로젝트를, 템플릿에는 Windows Form 응용 프로그램을 선택한다. 그리고 생성할 프로젝트의 이름, 위치, 프로젝트를 포함할 솔루션의 이름을 지정한다.

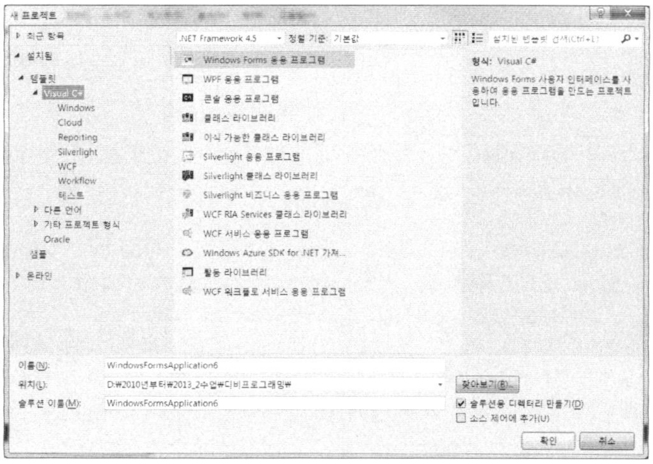

그림 3-2. 새로운 프로젝트 템플릿 및 이름 지정

단계 3 [그림 3-2]와 같이 지정해 준 뒤 확인 버튼을 클릭하면 [그림 3-3]과 같이 새로운 윈도우 폼이 나타나고, 우측의 솔루션 탐색기에서는 위에서 생성한 솔루션과 이에 해당하는 프로젝트에 대한 정보를 표시한다. 또한 좌측의 도구 상자에서는 윈도우 프로그래밍을 할 때 필요한 다양한 컨트롤들을 보여준다.

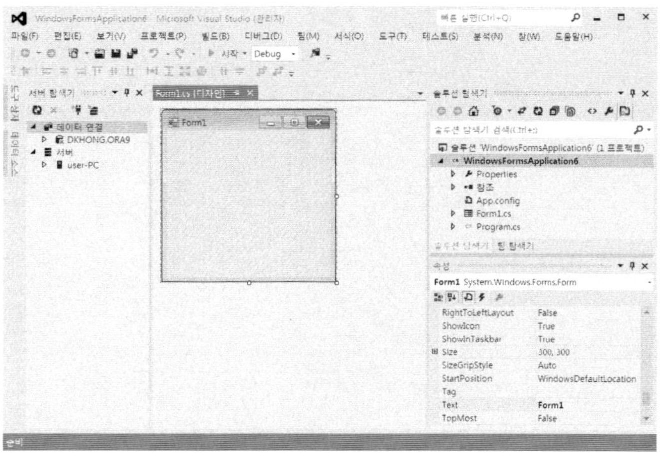

그림 3-3. 윈폼 디자인 화면

단계 4 좌측에 위치한 도구 상자를 이용하여 사용자가 원하는 컨트롤들을 폼으로 드래그하여 쉽게 폼을 디자인 할 수 있다. 우선 1개의 윈도우와 1개의 버튼으로 구성된 간단한 어플리케이션을 만들기 위해 1개의 Label과 Button을 폼으로 드래그하여 추가한다. 또한 폼으로 드래그한 각 컨트롤들의 속성을 지정하기 위해 메뉴바의 [보기]-[속성창]을 선택하면 속성을 지정할 수 있는 화면이 나타난다. 폼에서 Label1을 선택하고 속성탭을 선택할 경우 Label1에 대한 여러 속성들을 볼 수 있다. 우선 Label1의 Text 속성값을 "주소록 관리 프로그램"으로 수정한다. 그러면 폼 창에서 Label1의 텍스트가 변경된 것을 알 수 있다. 위와 동일한 방법으로 button1을 선택한 뒤 속성탭에서 Text 속성값을 "프로그램 종료"로 수정한다. 마찬가지로 button1의 텍스트가 수정된 것을 확인할 수 있다. 이때 다른 여러 속성들을 이용하여 글자크기, 폰트, 색상, 위치들을 다양하게 지정할 수 있다.

단계 5 여기까지 수행하고 나면 프로그램을 실행할 때 앞에서 생성한 폼이 나타나게 된다. 하지만 어떠한 스크립트도 생성하지 않았기 때문에 폼의 각 컨트롤에 어떠한 액션을 취해주어도 아무런 변화가 없다. 그러므로 사용자가 버튼을 클릭할 경우 윈도우 창이 종료되도록 하기 위해서는 별도의 프로그램을 작성해 주어야 한다. 우선 "프로그램 종료"버튼을 더블 클릭 하면 즉 버튼의 클릭 이벤트가 발생되었을 경우 이를 처리하는 코드를 작성할 수 있도록 윈도우 폼에 대한 Form1.cs 소스 파일이 나타난다. 이러한 폼의 소스코드를 살펴보면 VS에 의해 자동으로 생성된 코드를 볼 수 있다. 이는 사용자가 직접 작성하는 것보다 더 복잡한 형태를 가지며 소스 설명을 위한 XML 주석, 기본 적인 네임스페이스 작성, 메인 함수 정의, 사용자가 앞 단계에서 폼으로 드래그한 컨트롤들의 선언 및 초기화와 관련된 코드를 생성한다.
버튼의 클릭 이벤트가 발생하였을 경우 프로그램을 종료하기 위해 button1_Click 함수 내에 "this.Close( );"라는 명령어를 작성한다.

단계 6 마지막으로 만들어진 프로그램을 컴파일하기 위해서 Form1.cs 파일을 저장하고 메뉴바에 있는 [빌드]- [WindowsFormsApplication1 빌드] 혹은 우측의 솔루션 탐색기에서 빌드 명령을 실행한다. 그리고 [디버그]-[디버깅하지 않고 시작]을 선택하면 비로소 앞에서 만든 윈도우 폼 프로그램이 실행된다.

그림 3-4. 프로그램 실행

[그림 3-4]에서 "프로그램 종료"버튼을 클릭 시 this.Close( ) 메소드가 실행되어 윈도우 폼이 닫히고 프로그램이 종료되는 것을 확인 할 수 있다.

3.2 C#.NET의 Windows Form 프로그램의 구성 요소

Windows Forms 형식의 프로젝트가 어떤 구성요소들로 구성되는지 알아보자.

3.2.1 구성 요소

지금까지 C#.NET을 이용해서 간단한 윈도우 프로그램을 손쉽게 작성하였다. 우선 프로젝트 파일을 생성하고 이를 포함하는 솔루션을 생성한 뒤 우리가 사용할 개발 언어로는 C#을, 템플릿으로는 Windows From 응용 프로그램을 선택하였다. 여기서 솔루션은 여러 개의 프로젝트 파일들을 생성할 경우 이들의 상관 관계를 기억하고 하나로 관리하는 프로젝트보다 상위의 개념이다. 윈도우 애플리케이션은 폼을 기본으로 하며 프로젝트 생성 시 자동으로 폼 작업영역이 나타난다. 그리고 윈도우 프로그램과 관련된 여러 라이브러리 파일은 솔루션 탐색기에서 자동으로 참조 추가된다.(단 필요한 경우 라이브러리 파일들을 직접 참조 추가하여 사용할 수 있다.) C#.NET으로 윈도우 프로그램을 시작할 때 꼭 필요한 대표적인 구성 요소들 및 내용은 아래와 같으며 앞에서 살펴본 것과 같이 이들은 C#.NET의 전체 화면을 구성한다.

- 폼 작업영역

  Windows 어플리케이션 프로젝트를 시작할 경우 자동으로 생성되며 이를 폼 작업영역 혹은 폼이라고 부른다. 이곳에 각종 컨트롤들을 위치시키고 이벤트를 처리하는 방식으로 윈도우 프로그램이 만들어지게 된다.

- 도구 상자

  각종 버튼, 레이블, 텍스트 박스,뷰 등 이미 만들어져 있는 여러 컨트롤들을 포함하고 있는 도구 상자이다. 사용자는 도구 상자에서 필요한 컨트롤들을 그대로 드래그하여 폼에 적절히 배치함으로써 손쉽게 사용할 수 있다

- 솔루션 탐색기

  현재 작업 중인 프로젝트들 및 이들을 포함하는 솔루션의 정보를 담고 있으며 프로젝트들의 순서, 이들이 포함하고 있는 소스 파일 및 어셈블리 파일, 참조하고 있는 라이브러리 파일들을 보여준다. 다른 새 프로젝트 및 라이브러리 참조 추가를 할 수 있다.

- 출력 창

  현재 작업 완료한 프로젝트를 실행했을 경우 빌드 및 실행 했을 경우 나타나는 빌드정보, 디버깅정보 등 여러 부가적인 정보들을 출력한다.

- 속성 창

  폼에 추가한 여러 컨트롤들의 속성 정보를 볼 수 있고 이들을 사용자의 필요에 따라 수정할 수 있다.

3.2.2 C#.NET 프로그램의 실행

C#.NET의 윈도우 폼 프로그래밍은 이벤트(Event)를 기반으로 동작한다. 폼 작업 영역내의 컨트

롤에 사용자가 어떠한 액션을 가하거나 상태를 변경했을 경우 이벤트가 발생되며 이를 처리하기 위해 응용 프로그램에서는 이벤트에 대한 이벤트 처리기(처리 메서드)를 등록해야 한다. 예를 들어 다음의 코드는 클릭 이벤트를 처리하는 이벤트 처리기 button_Click()를 EventHandler를 통해 버튼의 클릭 이벤트에 등록 시키며 클릭 이벤트 발생 시 이를 호출하여 이벤트 처리 작업을 수행하게 된다.

```
this.button.Click += new System.EventHandler(this.button_Click);
private void button1_Click(object sender, System.EventArgs e)
{
                    //사용자가 작성한 이벤트 처리코드
}
```

위에서 살펴본 버튼 이벤트 외에도 각 컨트롤들이 가진 다양한 이벤트들이 존재하며 그중 대표적인 것들만 정리하자면 다음과 같다.

표 3-1. 대표적인 컨트롤 이벤트

대표적인 컨트롤 이벤트들	
이벤트	설명
Click	컨트롤을 클릭할 때 발생
Enter	컨트롤을 더블 클릭할 때 발생
DoubleClick	컨트롤로 진입할 때 발생
GotFocus	컨트롤이 포커스를 가지면 발생
KeyDown	키를 누르면 발생
KeyUp	눌렀던 키가 위로 올라갈 때 발생
MouseDown	컨트롤 위에서 마우스가 눌려지면 발생
MouseEnter	마우스포인터가 컨트롤 위에 올라가면 발생
Move	컨트롤이 움직이면 발생

3.3 C# 윈폼 프로그래밍 시작

데이터베이스 응용 프로그램에서는 편리한 사용자의 입력 및 데이터의 보기 좋은 출력을 위하여 다양한 사용자 인터페이스가 필요하다. 윈폼으로 사용자 인터페이스를 만드는 방법을 알아보자.

3.3.1 윈폼으로 간단한 계산기 만들기

Windows Forms를 이용하여 간단한 계산기 프로그램을 만들어보자. Visual studio에서 C#의 다양한 기능을 익히기 위해서 4칙 연산이 가능한 간단한 계산기를 만들어 본다.

단계 1 메뉴에서 파일→새 프로젝트→Visual C#→Windows→Windows Forms 응용 프로그램→이름 입력의 과정을 거쳐 새로운 프로젝트를 생성한다.

단계 2 윈도우 Form1에 다음과 같은 label을 배치시키고 속성에 "간단한 계산기 프로그램"이라고 입력한다. 그리고 label을 3개 더 만들어 각각의 속성에 "첫 번째 수", "두 번째 수", "계산결과"를 입력한다. 명령버튼 5개와 textBox 3개를 [그림 3-1]과 같이 배치시키고 각각 text를 아래의 그림과 같이 입력한다.

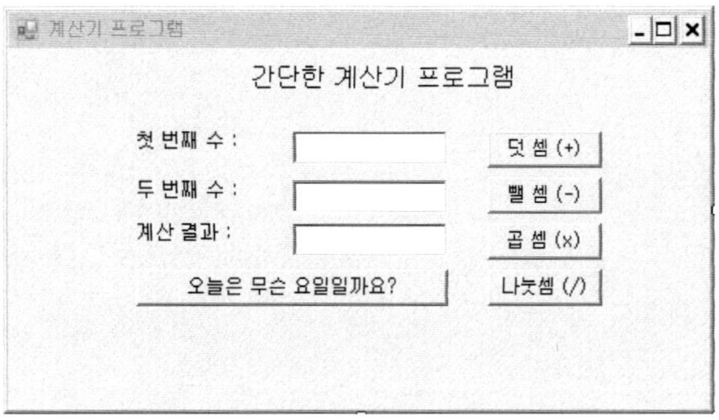

그림 3-5. 계산기 프로그램 화면 구성

단계 3 이제 각각의 명령버튼의 이벤트에 프로그램을 추가하기 위하여 명령버튼을 더블클릭하여 코드를 입력할 수 있는 스크립트 뷰로 들어가 보자. 다음은 각각의 명령버튼에 대한 스크립트다.

먼저 다음 3개의 변수를 클래스의 메소드 외부에 만들어 인스턴스 변수로 선언한다. (각각의 버튼들이 공유할 수 있게)

```
int i, j, sum; // default is private
```

덧셈 (+) 버튼의 스크립트

- 첫번째 수와 두 번째 수를 더하는 이벤트 처리 스크립트

```
this.i = int.Parse(textBox1.Text);
this.j = int.Parse(textBox2.Text);
this.sum = this.i + this.j;
textBox3.Text = this.sum.ToString( );
```

빼기 (-) 버튼의 스크립트

- 첫번째 수와 두 번째 수를 빼는 이벤트 처리 스크립트

```
i = int.Parse(textBox1.Text);
j = int.Parse(textBox2.Text);
```

```
sum = i - j;
textBox3.Text = sum.ToString( );
```

곱하기 (*) 버튼의 스크립트

- 첫번째 수와 두 번째 수를 곱하는 이벤트 처리 스크립트

```
i = int.Parse(textBox1.Text);
j = int.Parse(textBox2.Text);
sum = i * j;
textBox3.Text = sum.ToString( );
```

나누기 (/) 버튼의 스크립트

- 첫번째 수와 두 번째 수를 나누는 이벤트 처리 스크립트

```
i = int.Parse(textBox1.Text);
j = int.Parse(textBox2.Text);
sum = i / j;
textBox3.Text = sum.ToString( );
```

윈폼 프로그램

```
using System;
using System.Collections.Generic;
using System.ComponentModel;
using System.Data;
using System.Drawing;
using System.Linq;
using System.Text;
using System.Threading.Tasks;
using System.Windows.Forms;

namespace WindowsFormsApplication2
{
    public partial class Form1 : Form // 분할 클래스
    {
        private int i, j, sum;  // instance variables

        public Form1( )
        {
            InitializeComponent( );
        }

        private void button1_Click(object sender, EventArgs e)
        {
          // 버튼 (button1)의 클릭 이벤트에 동작할 액션 코드는 여기에
        }
        ...
    }
}
```

● 오늘의 요일은 무슨 요일일까요? 버튼의 스크립트

```
DateTime dtTemp = DateTime.Today;
switch (dtTemp.DayOfWeek)
{
case DayOfWeek.Sunday:
MessageBox.Show("Today is Sunday\n" + DateTime.Today);
break;

case DayOfWeek.Monday:
MessageBox.Show("Today is Monday\n" + DateTime.Today);
break;
case DayOfWeek.Tuesday:
MessageBox.Show("Today is Tuesday\n" + DateTime.Today);
break;

case DayOfWeek.Wednesday:
MessageBox.Show("Today is Wednesday\n" + DateTime.Today);
break;

case DayOfWeek.Thursday:
MessageBox.Show("Today is Thursday\n" + DateTime.Today);
break;

case DayOfWeek.Friday:
MessageBox.Show("Today is Friday\n" + DateTime.Today);
break;

case DayOfWeek.Saturday:
MessageBox.Show("Today is Saturday\n" + DateTime.Today);
break;
}
```

단계 4 이제 메뉴 바에서 프로그램을 실행한다. 아래의 그림은 첫 번째 수를 20, 두 번째 수를 16을 입력한 후 덧셈 버튼을 클릭했을 경우의 결과 화면이다.

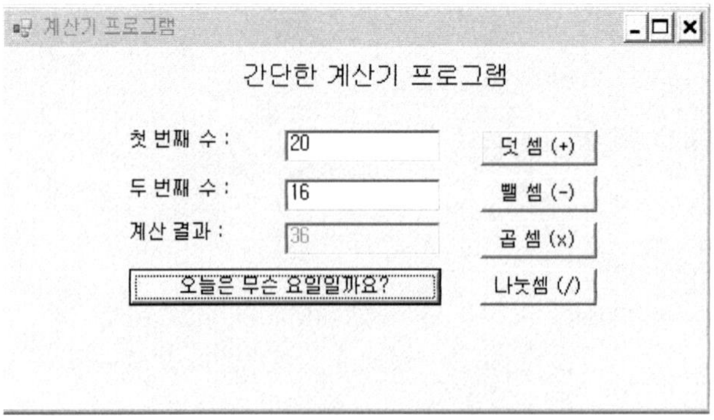

그림 3-6. 계산기 프로그램 실행 결과

3.4 새로운 윈도우 폼 추가

간단한 프로그램은 사용자 인터페이스가 1개의 윈도우 폼만으로 충분하지만 때로는 여러 개의 윈도우 폼이 필요한 경우도 있다. 이미 생성된 프로젝트에 새로운 폼을 추가하는 방법은 메뉴에서 [프로젝트]-[윈도우폼추가] 또는 [프로젝트]-[새항목추가]에서 [Windows Form]을 선택한다. 새로 만들어진 폼 클래스를 Form2라 할 때 다른 폼의 버튼을 눌렀을 때 새로 생성된 Form2 윈도우 폼을 실행하기 위하여 다음과 같이 코드를 작성한다.

```
// form1의 버튼에 다음의 코드 입력
private void button1_Click(object sender, EventArgs e)
{
    Form2 my_new_fom = new Form2( );
    my_new_fom.Show( );
}
```

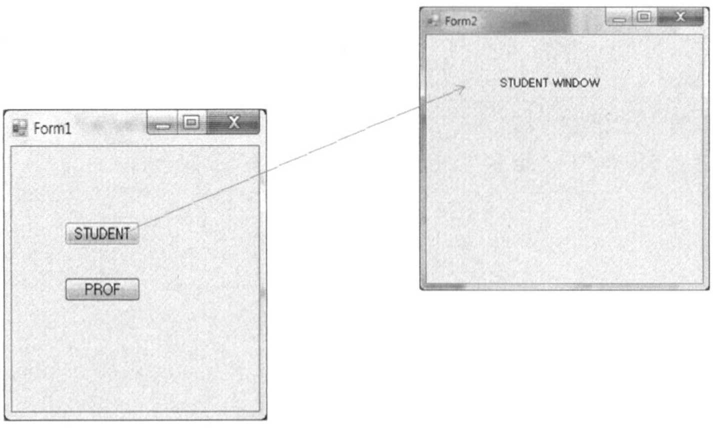

그림 3-7. Form1에서 Form2 실행

3.5 다양한 종류의 컨트롤

윈도우 폼에는 다양한 종류의 사용자 인터페이스 컨트롤을 사용할 수 있다. 다음의 [그림 3-8]은 [도구상자]에서 제공하는 다양한 컨트롤 중에서 가장 기본적인 컨트롤의 종류이다.

3.5.1 버튼 종류들

버튼(명령버튼)은 가장 쉽게 사용할 수 있는 명령 실행을 위한 도구로 [도구상자]-[Button]으로 생성한다. 버튼의 스타일을 지정하기 위해서는 [FlatStyle] 속성을 지정한다. 버튼을 클릭하면 Click 이벤트가 발생한다.

체크박스는 [도구상자]-[CheckBox]로 생성한다. Checked 속성을 참으로 설정하면 네모부분에 체크 표시가 생긴다. Checked 속성의 값이 변경될 때마다 CheckedChanged 이벤트가 발생한다. 여러 개의 체크박스가 있는 경우 주어진 항목을 복수로 선택할 수 있다.

라디오버튼은 [도구상자]-[RadioButton]으로 생성한다. 체크박스와는 달리 주어진 항목들 중에서 오직 1개만을 선택할 수 있다. 라디오 버튼도 Checked 속성을 통해 특정 항목이 선택 되었는지 확인할 수 있다.

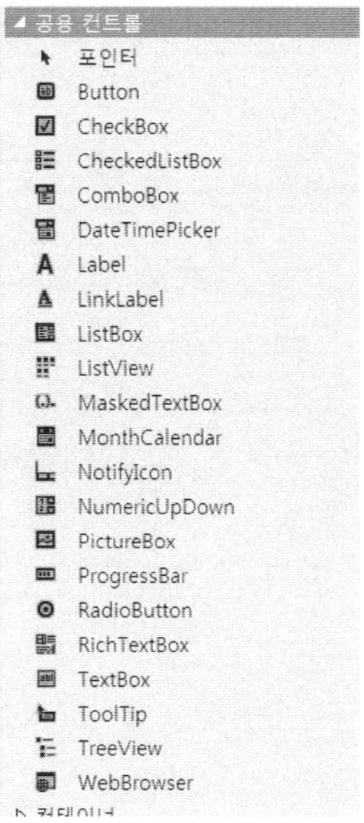

그림 3-8. 도구 상자의 컨트롤 리스트

3.5.2 텍스트 상자

텍스트 상자는 사용자가 직접 문자열을 입력하거나 결과를 출력할 수 있는 컨트롤로서 [도구상자]-[TextBox]로 생성한다. 입력 또는 출력 내용은 Text 속성에 지정되며, 기본적으로 Multiline 속성이 False로 되어 있어 한 줄만 입력할 수 있지만 Multiline 속성을 True로 변경하여 여러 줄을 입력할 수도 있다. 또한 PasswordChar 속성을 "*"로 지정하면 입력한 문자 대신에 "*"가 표시된다.

3.5.3 리스트상자와 콤보박스

리스트상자는 [도구상자]-[ListBox]로 생성되며 콤보박스는 [도구상자]-[ComboBox]로 생성된다. 리스트상자는 항상 목록이 보이지만 콤보상자는 상자를 클릭한 경우에만 목록을 볼 수 있다. 또 리스트 상자는 (SelectedItem과 SelectedItems 속성이 모두 존재) 목록에서 하나이상의 항목을 선택할 수 있는 반면에 콤보 상자는 (SelectedItem 속성만 존재) 단 하나만을 선택할 수 있다.

리스트상자는 Items 속성에서 필요한 초기 리스트를 입력할 수 있다. 필요할 경우 ObjectCollection 클래스의 메서드를 사용하여 필요한 항목을 입력할 수 있다.

```
listBox1.Items.Add("항목");
```

콤보박스는 드롭다운 형식의 컨트롤로서 드롭다운 리스트이다. 리스트상자와 마찬가지로 Items 속성에서 필요한 초기 리스트를 입력할 수 있으며 필요할 경우 ObjectCollection 클래스의 메서드를 사용하여 필요한 항목을 추가로 입력할 수 있다.

```
comboBox1.Items.Add("항목");
```

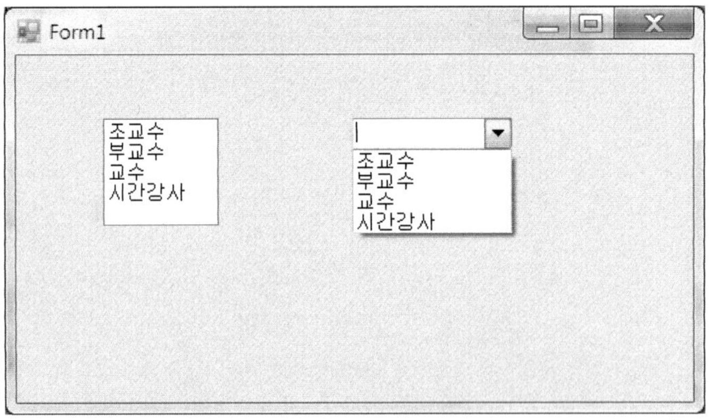

그림 3-9. 리스트상자와 콤보박스

3.5.4 메인 메뉴 (Menu) 만들기

[도구상자]-[MenuStrip]를 선택하여 폼으로 이동한 후 폼을 클릭하면 [여기에 입력]이라는 문구가 표시된다. 메뉴 항목으로 "파일(&F)"이라고 입력을 하면 2개의 [여기에 입력] 문구가 표시된다. 오른쪽은 다음 메인 메뉴를 입력하는 곳이고, 아래쪽은 "파일" 메뉴의 서브 메뉴를 입력하는 곳이다. 서브 메뉴를 입력할 때 "-" 기호를 입력하면 구분선이 삽입된다.

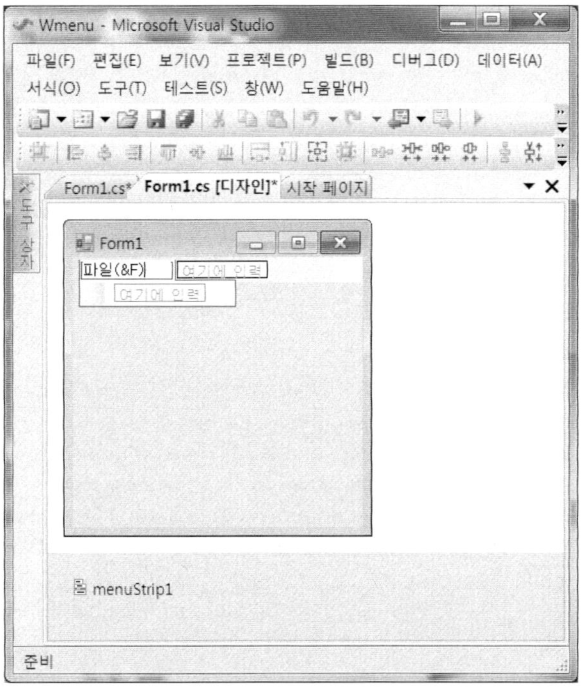

그림 3-10 메뉴 항목의 입력

그 다음 메뉴가 연결되어 있는 윈도우를 MDI 형태로 동작하도록 하기위해서 윈도우의 [IsMdiContainer] 속성 값을 True로 설정한다.

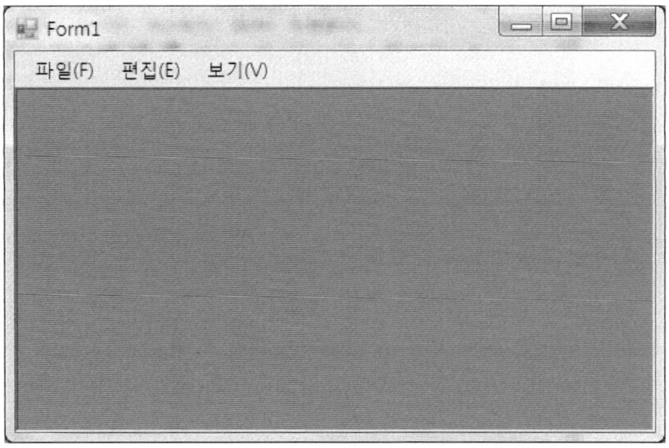

그림 3-11. MDI 윈도우 실행 모습

그 다음 메뉴에서 오픈하는 윈도우는 MDI 윈도우의 자식 윈도우로 오픈되어야 하므로 다음과 같은 형식으로 윈도우를 오픈한다.

```
Form2 form2 = new Form2( );
form2.MdiParent = this;
form2.Show( );
```

3.5.5 상황 메뉴 (팝업 메뉴)

[도구상자]-[ContextMenuStrip]를 선택하여 폼으로 이동한다. 그러면 “여기에 입력” 문구가 나타나며 필요한 메뉴를 입력할 수 있다. 그 다음 완성된 메뉴를 해당하는 컨트롤의 ContextMenuStrip 속성으로 지정한다. 예를 들어 폼의 [ContextmenuStrip] 속성으로 생성된 상황 메뉴를 지정하면 실행 시 윈도우 폼에서 마우스 오른쪽 버튼으로 상황 메뉴를 실행 시킬 수 있다.

3.5.6 MessageBox

응용 프로그램의 실행 중 간단한 메시지를 제공할 때 사용하는 기능이다. 메시지는 MessageBox 클래스의 메서드인 Show( )를 사용하여 작성한다. 메시지 상자를 생성하는 기본적인 형식은 다음과 같다.

```
MessageBox.Show(message)
MessageBox.Show(message, caption)
MessageBox.Show(message, caption, buttonKind)
MessageBox.Show(message, caption, buttonKind, iconKind)
```

message는 표시하고자하는 기본 문자열, caption은 제목 표시줄에 표시하고자 하는 문자열이다. buttonKind는 메시지 상자에 표시될 버튼의 종류이며 iconKind는 메시지 상자에 표시될 아이콘의 종류를 나타낸다.

표 3. MessageBoxButtons 열거형

기호 상수	순서 값 (enumeration)	버튼
OK	0	(확인)
OKCancel	1	(확인) (취소)
AbortRetryIgnore	2	(중단(A)) (다시 시도(R)) (무시(I))
YesNoCancel	3	(예(Y) (아니오(N)) (취소)
YesNo	4	(예(Y)) (아니오(N))
RetryCancel	5	(다시 시도(R)) (취소)

3.5.7 SplitContainer

기본적으로 윈도우를 세로로 나누어 2개의 패널을 보여주며, 왼쪽과 오른쪽의 크기는 IsSplitterFixed 속성의 기본 값이 ‘False’로 되어 있어 중간의 나눔선을 움직여 크기를 조정할 수 있다. 또 Orientation 속성을 ‘Vertical’에서 ‘Horizontal’로 변경하면 윈도우를 가로로 나누어 2개의 패널을 보여준다.

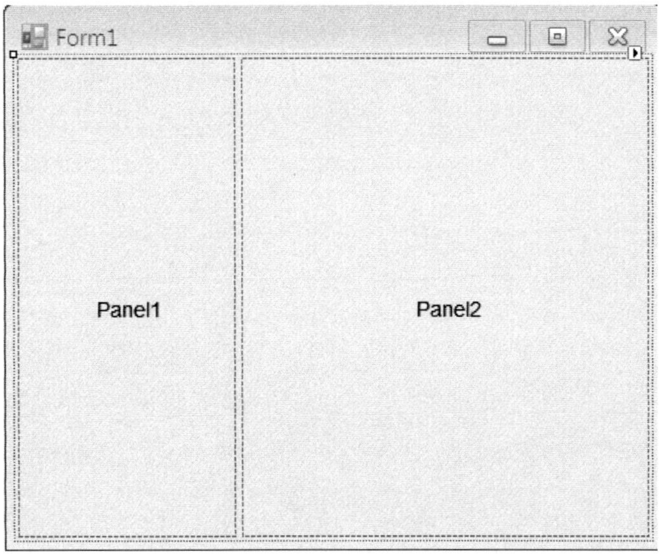

그림 3-12. 세로로 나누어진 기본 형태

각각의 패널에 버튼과 서로 다른 컨트롤을 사용하여 마스터-디테일 형식으로 동작하게 하는데 매우 편리한 컨트롤이다.

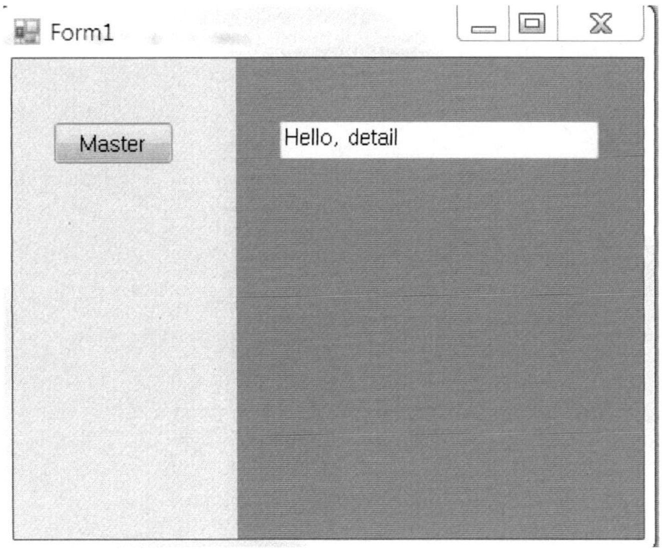

그림 3-13. SplitContainer를 이용한 화면 분할

3.5.8 탭 컨트롤(TabControl)

탭 컨트롤은 1개의 윈도우 화면에 의미별로 나누어진 여러 개의 화면을 탭페이지로 구성하여 보여주는 편리한 컨트롤이다. 탭 컨트롤의 초기 구성은 다음의 [그림 3-10]과 같이 2개의 탭 페이지로 구성되어 있다.

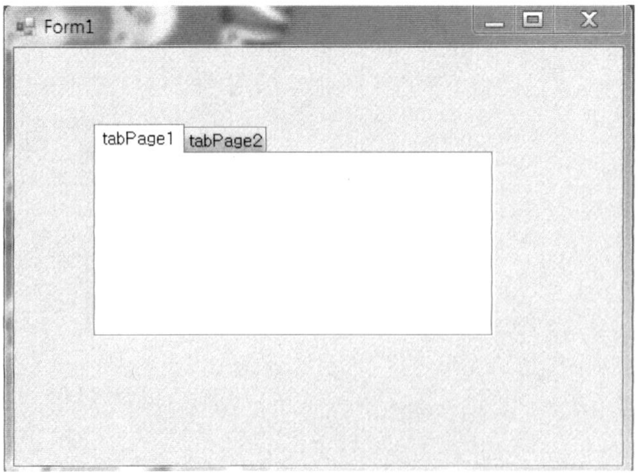

그림 3-14. TabControl의 기본 모양

각 탭 페이지의 이름은 적절히 변경 가능하며, '탭추가'를 사용하여 탭 페이지의 추가도 가능하다.

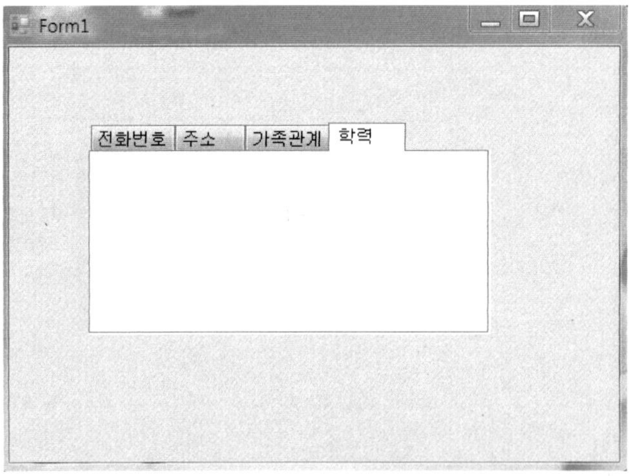

그림 3-15. 탭페이지 이름 변경과 탭 페이지 추가 결과

3.5.9 트리 뷰(TreeView)

트리뷰는 다음의 그림과 같이 트리 형식으로 데이터를 표현하는 컨트롤이다.

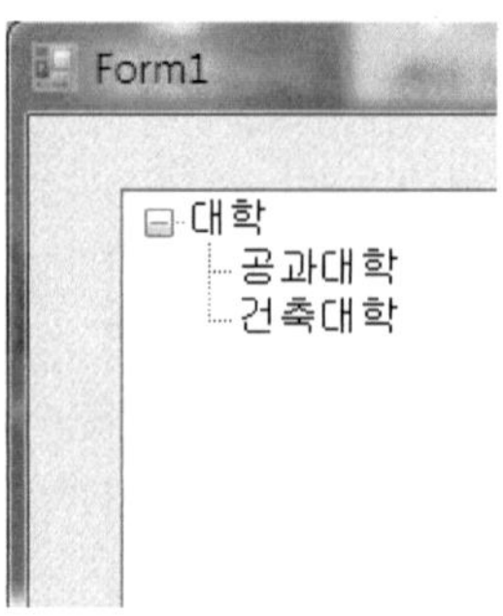

그림 3-16. 트리 뷰

디자인 모드에서 트리 뷰를 만드는 방법은 '도구상자'에서 트리뷰를 선택하여 윈도우 폼으로 가져온다. 그 다음 생성된 트리뷰의 'Nodes' 속성을 변경하여 트리 뷰의 모양을 결정할 수 있다. 'Nodes' 속성은 다음의 TreeNode 컬렉션으로 되어 있어 필요한 트리 노드를 디자인 시점에 생성할 수 있다.

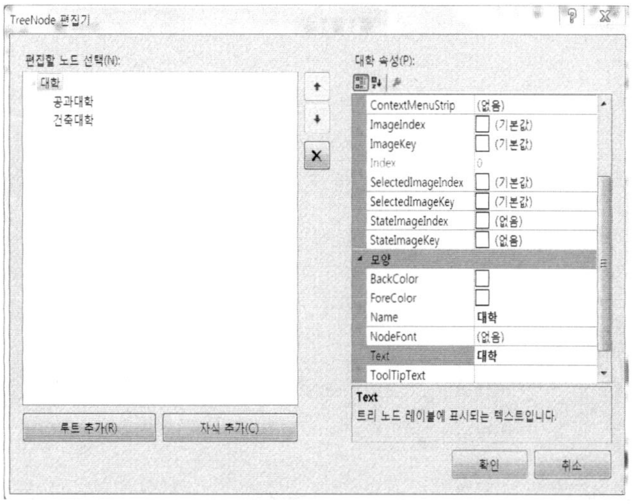

그림 3-17. 트리 뷰 노드 컬렉션

실습문제

1. 개인의 취향에 따라 Visual Studio.NET 통합 개발 환경의 구성 요소(메뉴바, 도구상자, 솔루션 탐색기, 속성 창, 시작 페이지 등)들을 다양하게 배치해보자.

2. 다음과 같이 "Click" 버튼을 더블 클릭 했을 경우 텍스트 박스에 "HelloWorld!" 라는 메시지가 출력되도록 하라.

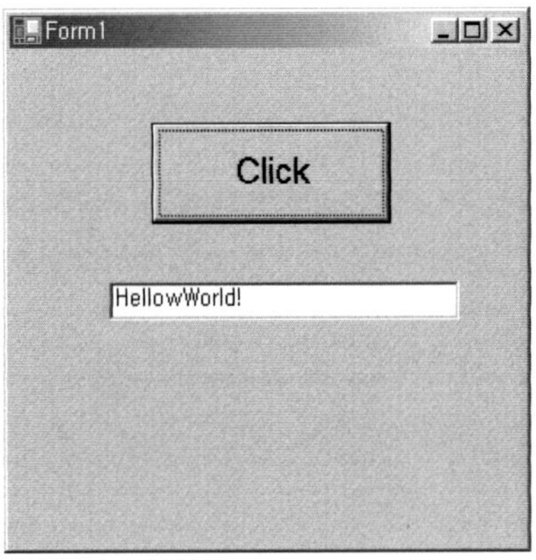

힌트)

1) textBox1.Text = "HelloWorld!";

또는

2) textBox1.Clear( );

textBox1.AppendText("HelloWorld");

3. 다음과 같이 3개의 TextBox를 이용하여 두 수 사이의 정수를 나열하는 프로그램을 작성하시오. (Environment.NewLine을 사용하여 줄바꾸기 할 수 있다)

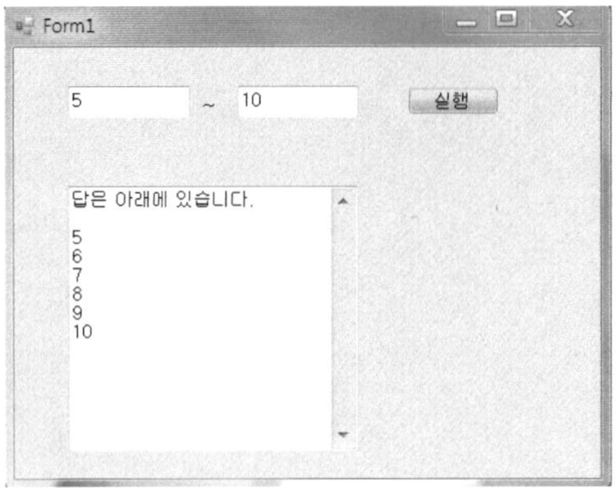

4. 버튼을 누를 때마다 입력한 내용의 마지막 글자가 지워지게 백스페이스 기능을 구현하시오.

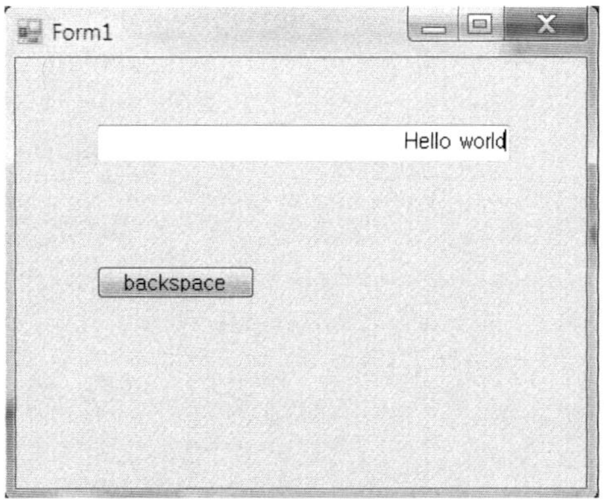

힌트)

```
private void button1_Click(object sender, EventArgs e)
{
    if (textBox1.Text.Length != 0)
    {
        textBox1.Text = textBox1.Text.Substring(0, textBox1.Text.Length - 1);
        textBox1.Text = textBox1.Text.Trim(); // white_space 제거
    }
}
```

5. 다음의 윈도우에서 제공하는 일반용 계산기를 구현하시오. (메뉴 기능 제외)

Chapter 04

WPF 프로그래밍

4

WPF 프로그래밍

클라이언트 응용 프로그램을 작성하기 위한 기술로 MS의 Windows Forms에 이어 나온 WPF (Windows Presentation Foundation)는 디자인 화면을 XAML(eXtensible Application Markup Language) 코드로 표현하는 가장 큰 특징이 있다. C# 코드와 디자인을 표현한 XAML이 완전히 분리되어 있으며, XAML 코드를 직접 수정하여 화면 디자인을 변경할 수 있는 기능이 포함되어 있다. 앞에서 Windows Forms로 만들었던 간단한 계산기를 WPF로 다시 만들어 서로 어떤 차이점이 있는지 확인해보자.

4.1 간단한 계산기 만들기

Visual Studio와 C#을 사용하여 앞에서 Windows Forms로 만들었던 간단한 계산기를 다시 WPF로 만들어본다.

단계 1 메뉴에서 파일[File]→새 프로젝트→Visual C#→Windows를 선택하면 다음의 화면이 나타난다. 여기서 WPF 응용 프로그램을 선택한다.

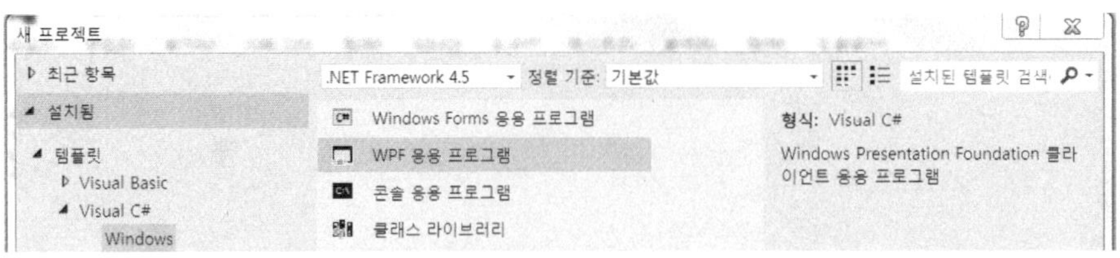

그림 4-1. 'WPF 응용 프로그램' 템플릿 선택

단계 2 프로젝트 이름과 생성될 폴더를 선택한 후 "확인" 버튼을 선택하면 새로운 프로젝트가 생성되며 다음의 초기화면이 나타난다. 디자인 화면과 디자인을 XML로 표현한 XAML (eXtensible Application Markup Language)코드가 같이 나타나는 것이 기존의 Windows Forms 방식과는 다른 가장 큰 특징이라 할 수 있다.

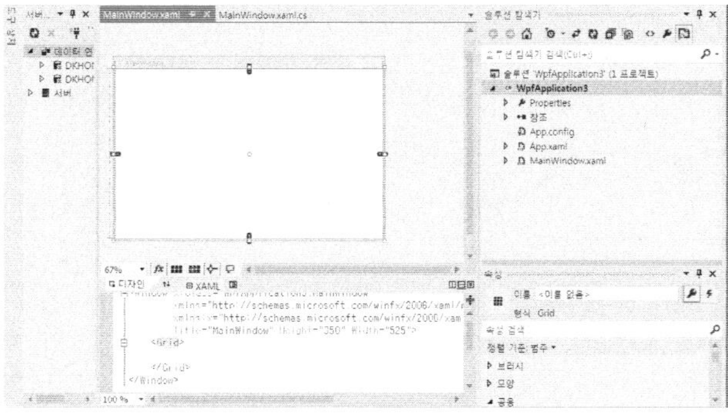

그림 4-2. WPF 초기 작업 화면

단계 3 디자인 화면의 구성은 [도구상자]에서 WPF 컨트롤을 선택한 후 디자인 화면의 적당한 위치로 끌어놓기를 하여 이루어진다. 도구상자에는 WPF에서 사용할 수 있는 컨트롤들의 리스트가 있다.

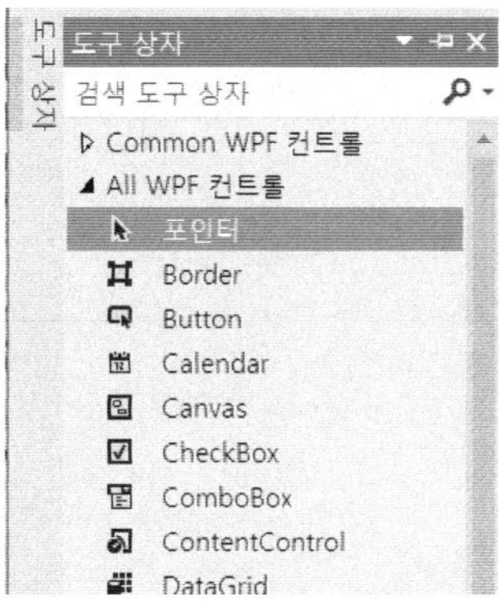

그림 4-3. 도구상자에서 컨트롤 선택

단계 4 디자인 화면으로 가져온 각 컨트롤은 속성창에서 이름 (프로그램에서 사용할 변수의 이름), Content 등을 지정할 수 있다.

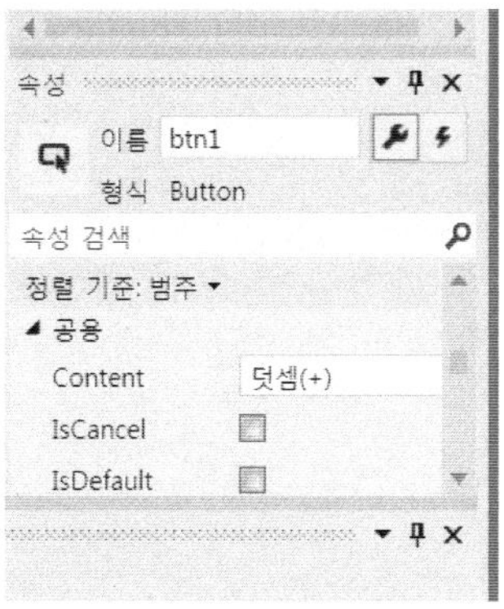

그림 4-4. 속성창에서 이름, Content 지정

단계 5 도구상자에서 레이블, 버튼 텍스트 박스 등을 가져와서 다음과 같이 화면을 구성하자.

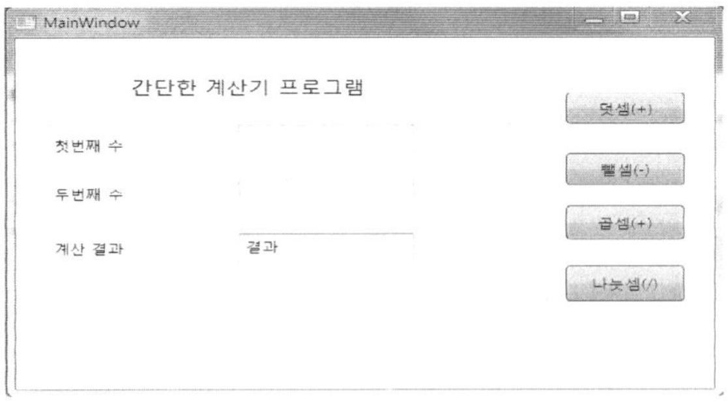

그림 4-5. 생성된 화면 구성

생성된 화면에 해당하는 xaml을 살펴보면 다음과 같다. xaml 내용을 직접 수정하면 디자인 화면이 xaml의 내용에 따라 변화되는 것을 확인할 수 있다.

Mainwindow.xaml

```
<Window x:Class="WpfApplication3.MainWindow"
        xmlns="http://schemas.microsoft.com/winfx/2006/xaml/presentation"
        xmlns:x="http://schemas.microsoft.com/winfx/2006/xaml"
        Title="MainWindow" Height="350" Width="525">
    <Grid>

        <Button x:Name="btn1" Content="덧셈(+)" HorizontalAlignment="Left" Margin="403,49,0,0"
VerticalAlignment="Top" Width="86" Height="28" Click="btn1_Click"/>
        <TextBox x:Name="textBox2" HorizontalAlignment="Left" Height="29" Margin="164,126,0,0"
TextWrapping="Wrap" VerticalAlignment="Top" Width="129"/>
        <TextBox x:Name="textBox3" HorizontalAlignment="Left" Height="28" Margin="164,175,0,0"
TextWrapping="Wrap" Text="결과" VerticalAlignment="Top" Width="129"/>
        <TextBox x:Name="textBox1" HorizontalAlignment="Left" Height="25" Margin="164,77,0,0"
TextWrapping="Wrap" VerticalAlignment="Top" Width="129"/>
        <Label Content="간단한 계산기 프로그램" HorizontalAlignment="Left" Margin="80.5,26,0,0"
VerticalAlignment="Top" Width="212" Height="51" FontSize="16" Grid.ColumnSpan="2" Grid.Column="2"/>
        <Button x:Name="btn2" Content="뺄셈(-)" HorizontalAlignment="Left" Margin="403,103,0,0"
VerticalAlignment="Top" Width="86" Height="29"/>
        <Button x:Name="btn3" Content="곱셈(+)" HorizontalAlignment="Left" Margin="403,150,0,0"
VerticalAlignment="Top" Width="86" Height="31"/>
        <Button x:Name="btn4" Content="나눗셈(/)" HorizontalAlignment="Left" Margin="403,204,0,0"
VerticalAlignment="Top" Width="86" Height="32"/>
        <Label Content="첫번째 수" HorizontalAlignment="Left" Margin="23,82,0,0" VerticalAlignment="Top"
Height="25" Width="88" Grid.ColumnSpan="3"/>
        <Label Content="두번째 수" HorizontalAlignment="Left" Margin="23,126,0,0" VerticalAlignment="Top"
Height="29" Width="88" Grid.ColumnSpan="3"/>
        <Label Content="계산 결과" HorizontalAlignment="Left" Margin="23,175,0,0" VerticalAlignment="Top"
Height="28" Width="88" Grid.ColumnSpan="3"/>

    </Grid>
</Window>
```

단계 6 각 컨트롤에는 이벤트 처리 코드를 입력할 수 있다. 먼저 다음과 같이 명령 버튼에 코드를 입력하여 덧셈의 기능을 구현 해보자. 디자인 화면에서 명령 버튼을 더블 클릭하여 다음과 같이 코드 화면에서 작업하면 된다.

이벤트 처리 코드의 입력

```
public partial class MainWindow : Window
{
        int i, j;
        int sum;
        public MainWindow( )
        {
            InitializeComponent( );
        }

        // 이벤트 처리 코드의 입력
        private void btn1_Click(object sender, RoutedEventArgs e)
        {
            this.i = int.Parse(textBox1.Text);
            this.j = int.Parse(textBox2.Text);
            this.sum = this.i + this.j;
            textBox3.Text = this.sum.ToString( );
        }
}
```

각 버튼에 입력할 코드는 다음과 같다.

덧셈 (+) 버튼의 코드

- 첫 번째 수와 두 번째 수를 더하는 이벤트 처리

```
i = int.Parse(textBox1.Text);
j = int.Parse(textBox2.Text);
sum = i + j;
textBox3.Text = sum.ToString( );
```

빼기 (-) 버튼의 코드

- 첫 번째 수와 두 번째 수를 빼는 이벤트 처리

```
i = int.Parse(textBox1.Text);
j = int.Parse(textBox2.Text);
sum = i - j;
textBox3.Text = sum.ToString( );
```

곱하기 (*) 버튼의 코드

- 첫 번째 수와 두 번째 수를 곱하는 이벤트 처리

```
i = int.Parse(textBox1.Text);
j = int.Parse(textBox2.Text);
sum = i * j;
textBox3.Text = sum.ToString( );
```

나누기 (/) 버튼의 코드

- 첫 번째 수와 두 번째 수를 나누는 이벤트 처리

```
i = int.Parse(textBox1.Text);
j = int.Parse(textBox2.Text);
sum = i / j;
textBox3.Text = sum.ToString( );
```

단계 7 지금까지 만든 WPF 프로젝트를 실행해보자.

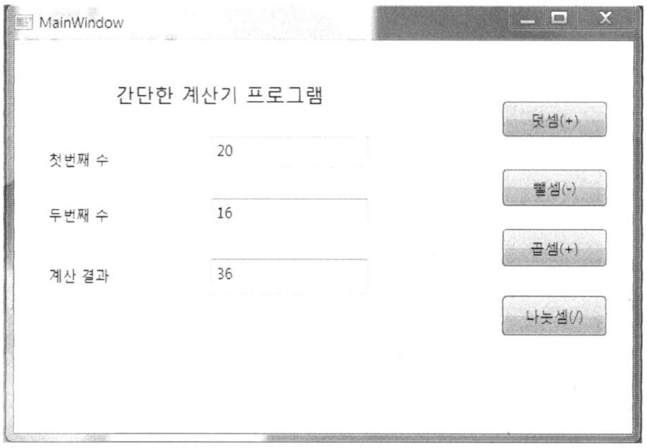

그림 4-6. 덧셈 실행 결과

4.2 WPF 레이아웃

WPF의 화면 구성은 Window에 패널(Panel)을 이용한 컨트롤들의 레이아웃으로 구성된다. 따라서 프로젝트에서 살펴본 초기화면을 살펴보면 Window에 디폴트로 Grid 패널이 사용되는 것을 확인할 수 있다.

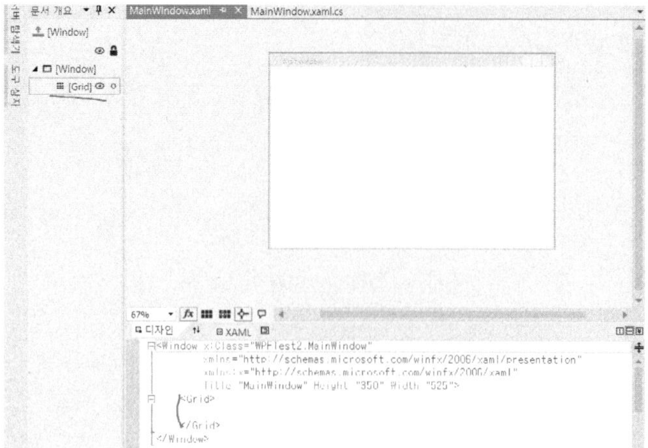

그림 4-7. 초기화면과 Grid 패널

WPF는 다음의 5개의 기본적인 패널을 제공한다.

1) Canvas
2) StackPanel
3) WrapPanel
4) DockPanel
5) Grid

각각의 패널에 대해서 알아보자.

4.2.1 Canvas 패널

Canvas 패널은 가장 기본적인 패널이다. 각 컨트롤들의 top-left 위치를 픽셀 단위로 지정하는 방식이다. 다음의 그림에서 첫 번째 버튼의 왼쪽-위 모서리는 화면 왼쪽 상단에서부터 오른쪽으로 40픽셀, 아래쪽으로 47픽셀 떨어져 시작한다는 것을 의미한다.

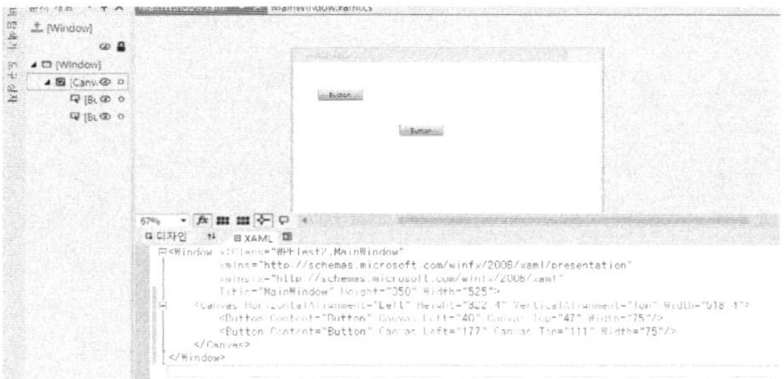

그림 4-8. Canvas 패널의 사용

4.2.2 StackPanel

StackPanel은 순차적으로 컨트롤을 쌓아두는 방식을 사용한다. 수직 방향(Vertical Stack) 쌓기와 수평방향 (Horizontal Stack)쌓기 방식을 적용할 수 있으며 다른 위치 관련 속성은 필요 없다. [그림 4-9]를 살펴보면 버튼, 텍스트, 버튼 순서로 컨트롤을 쌓아 두었으며 단지 Margin 속성을 이용하여 컨트롤 사이의 공간만 지정하고 있다.

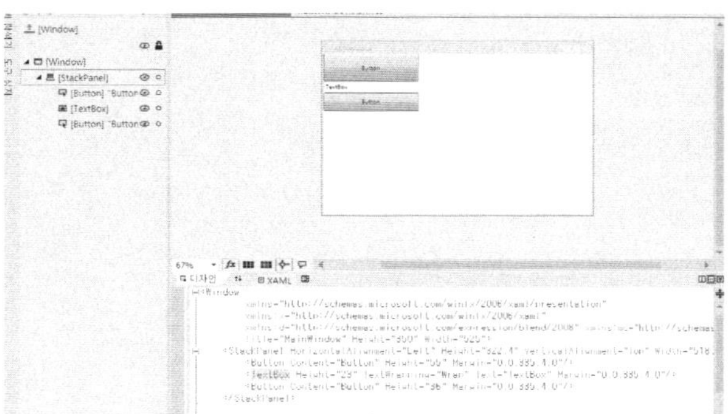

그림 4-9. StackPanel

4.2.3 WrapPanel

WrapPanel은 StackPanel과 유사하지만 1개의 스택으로 공간이 부족할 경우 다른 줄 또는 컬럼을 추가하는 컨트롤을 배치하는 특성이 있다. [그림 4-10]에서 4번째 버튼은 공간이 부족하여 다음 줄로 이동된 것을 확인할 수 있다.

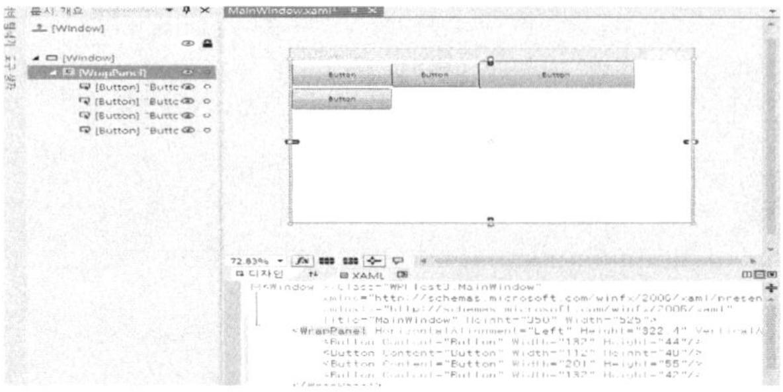

그림 4-10. WrapPanel의 특징

4.2.4 DockPanel

DockPanel은 칸트롤의 가로, 또는 세로가 panel의 면에 붙게 확장되어 저장되는 방식을 사용한다. 다음의 [그림 4-11]에서 보면 첫 번째 버튼은 3면이 panel의 면에 붙게 확장되었으며, 두 번째 버튼은 가로부분이 면에 붙게 확장되어 저장된다.

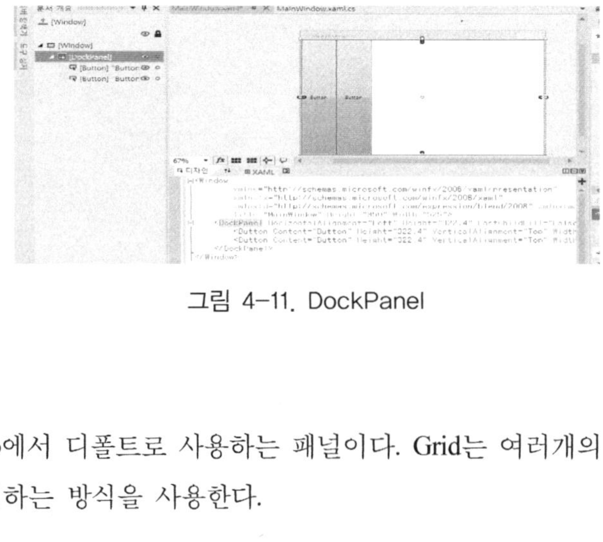

그림 4-11. DockPanel

4.2.5 Grid 패널

Grid는 Visual Studio에서 디폴트로 사용하는 패널이다. Grid는 여러개의 컬럼과 줄로 나누어진 공간에 컨트롤을 배치하는 방식을 사용한다.

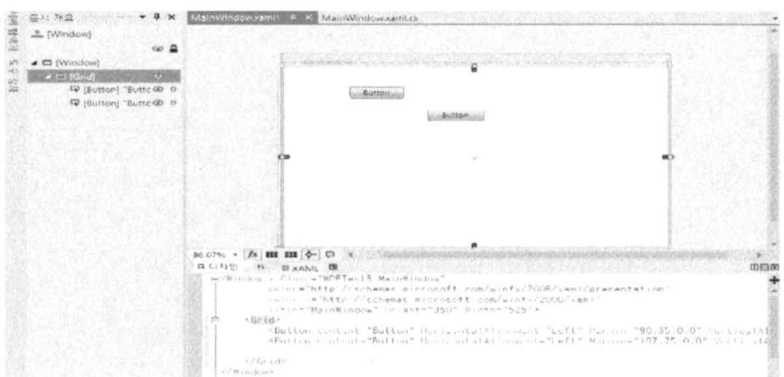

그림 4-12. Grid 패널

연습문제

1. WPF로 다음과 같이 3개의 TextBox를 이용하여 두 수 사이의 정수를 나열하는 프로그램을 작성하시오. (텍스트박스의 크기는 자유롭게 조정가능하며 레이아웃의 VerticalScrollBarVisibility 속성으로 수직 스크롤바 속성 결정)

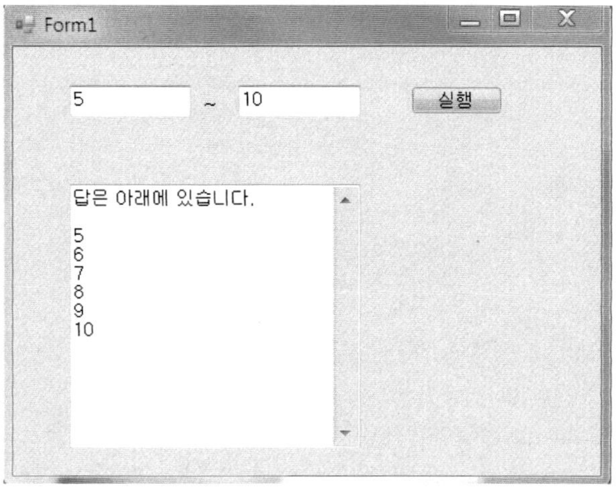

2. WPF로 윈도우에서 제공하는 일반용 계산기를 구현하시오. (메뉴 기능 제외)

Chapter 05

데이터베이스 연결

5

데이터베이스 연결

ADO.NET은 데이터베이스에 저장된 데이터를 응용 프로그램에서 쉽게 사용할 수 있도록 도와주는 Microsoft.NET Framework에 포함된 라이브러리집합이다. ADO.NET 라이브러리는 데이터베이스에 대한 연결, 쿼리 전송, 데이터 업데이트, 결과 처리 등을 위한 클래스를 포함하고 있으므로 C#.NET을 기반으로 데이터를 엑세스하는 어플리케이션을 개발한다면 이를 이용하여 쉽게 구현할 수 있다.

ADO.NET은 Oracle, SQL Server, MS Access, SQLite 등 각 데이터베이스 제품에 따라 상호 연결을 지원하는 각각의 데이터 공급자(Data Provider)를 제공하고 있으며 이를 이용하여 .NET 언어에 관계없이 동일한 방식으로 데이터베이스에 접근할 수 있다.

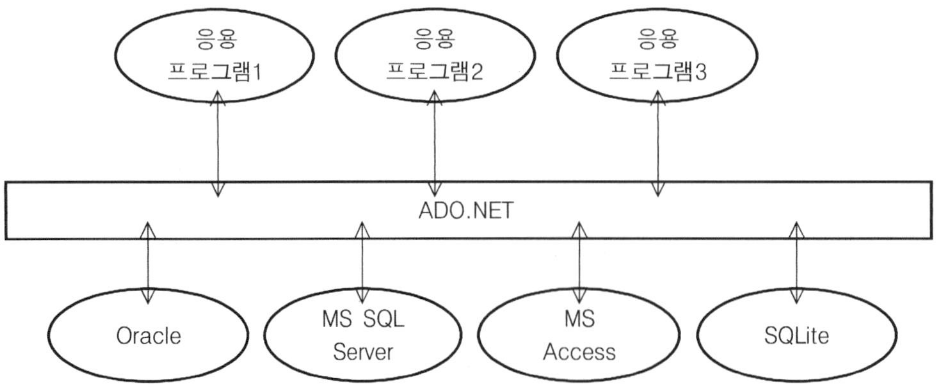

그림 5-1. ADO.NET으로 다양한 데이터베이스에 접근

위의 그림 [5-1]은 ADO.NET을 통해 다양한 데이터베이스 시스템과의 접속을 보여주고 있다. 앞으로 ADO.NET을 이용하여 Oracle 데이터베이스 시스템에 접근하고 데이터를 쿼리 및 처리할 수 있는 다양한 기술들을 알아본다.

5.1 ADO.NET 객체 모델

다음의 그림 [5-2]는 ADO.NET 객체 모델을 구성하는 클래스들을 보여준다.

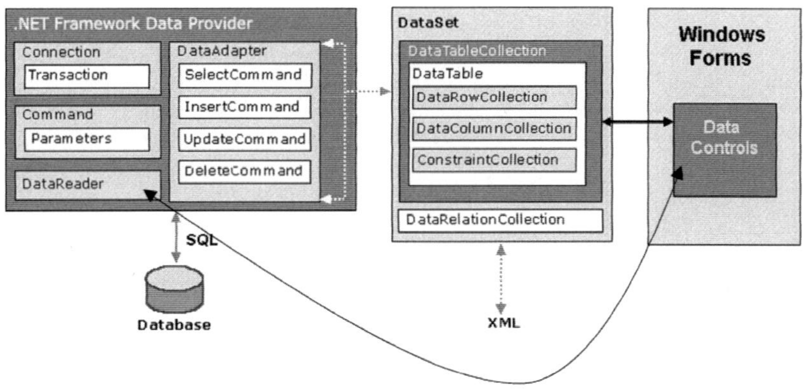

그림 5-2 ADO.NET 클래스

그림 가장 왼쪽의 Data Provider의 객체들은 데이터베이스 연결과 트랜잭션(transaction) 관리뿐만 아니라 데이터베이스에서 데이터들을 가져오고 변경된 것을 적용하기 위해 직접 데이터베이스와 통신한다. 반면 DataSet의 객체들은 "비연결(disconnected)" 객체로 사용자가 데이터베이스로부터 가져온 데이터를 오프라인(offline)에서 작업할 수 있도록 해준다. 따라서 ADO.NET은 연결 모드와 비연결 모드 2가지 방법으로 데이터베이스의 데이터를 처리할 수 있다.

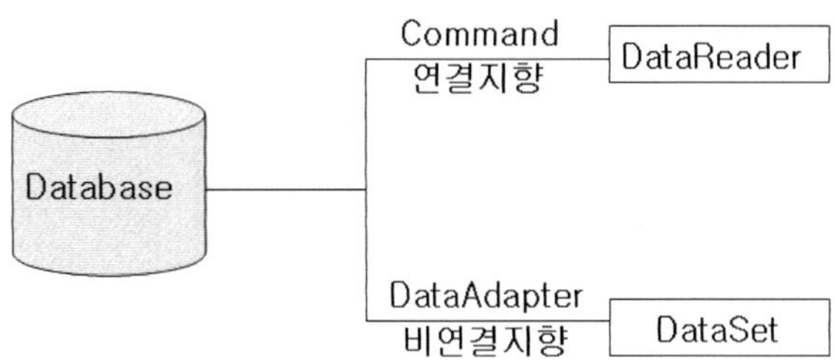

그림 5-3. ADO.NET의 2가지 데이터 모델

5.2 데이터 공급자(Data Provider)

.NET은 다양한 데이터 저장소들의 데이터를 사용하기 위하여 여러 개의 공급자를 제공하며 대부분의 DBMS는 자신들의 공급자를 제공한다. 그 중에서 오라클에 연결하기 위한 데이터 공급자는 OLE DB.NET Provider와 Oracle Provider가 있다. 이 둘의 기능은 서로 비슷하지만 OLE DB.NET Provider의 경우 오라클뿐만 아니라 MS Access와 같은 원시 OLE DB Provider를 가지고 있는 어떠한 데이터베이스에서도 사용할 수 있는 최대한의 유연성을 가진다. OLE DB.NET 공급자는 데이터 공급자가 제공하는 Connection, Command, DataReader, Parameter, Transaction 클래스들을 다음과 같은 이름으로 구현하였으며 이들은 모두 System.Data.OleDb 네임스페이스에 존재한다.

```
System.Data.OleDb - OleDB 연결
  OleDbConnection, OleDbCommand, OleDbDataReader, OleDbParameter, OleDbTransaction
```

OleDB Provider가 아니라 오라클만을 위한 provider는 다음과 같은 것들이 있다.

```
System.Data.OracleClient - MS사에서 제공한 오라클 provider
Oracle.DataAccess.Client - 오라클사에서 제공한 오라클 provider
  OracleConnection, OracleCommand, OracleDataReader, OracleParameter, OracleTransaction
```

(* Visual Studio 2010 .NET Framework 4 버전과 그 이상의 버전은 더 이상 MS사에서 제공하는 오라클 공급자를 지원하지 않으므로 네임스페이스 System.Data.OracleClient를 지원하지 않는다. 따라서 Oracle에서 제공한 오라클 provider를 위한 네임스페이스 Oracle.DataAccess.Client를 사용해야 한다.)

5.3 Oracle과 연결하기

오라클과 연결하는 방법으로 먼저 OleDB 공급자를 사용하여 연결하는 방법을 알아보고, 그 다음 오라클사에서 제공한 오라클 공급자를 이용하여 연결하는 방법을 알아보자.

5.3.1 OleDB 공급자로 데이터 연결

우선 Microsoft Visual.NET에서 Windows 응용 프로그램을 개발하기 위한 프로젝트를 생성한다. 그 다음 좌측의 [서버 탐색기]에서 [데이터 연결]을 우측 클릭한 다음 [연결 추가]를 선택한다. 그러면 [그림 5-4]와 같은 창이 생성될 것이다. [그림 5-4]에서 데이터 공급자를 OleDB 공급자로 선택한다.

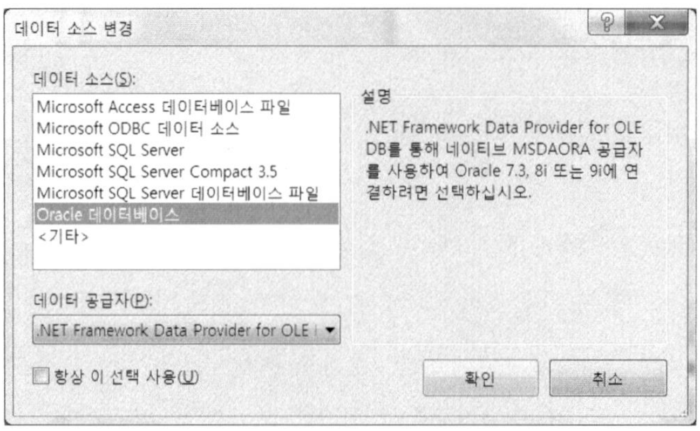

그림 5-4. OleDB Provider 설정

서버 이름에는 오라클 클라이언트를 설치할 때 사용자가 설정하였던 서비스 네임(본 예시에서는 서비스 네임이 'ora9'이다.)을 입력하고 연결할 사용자 계정과 비밀 번호를 입력한 뒤 암호저장을 허용한다.

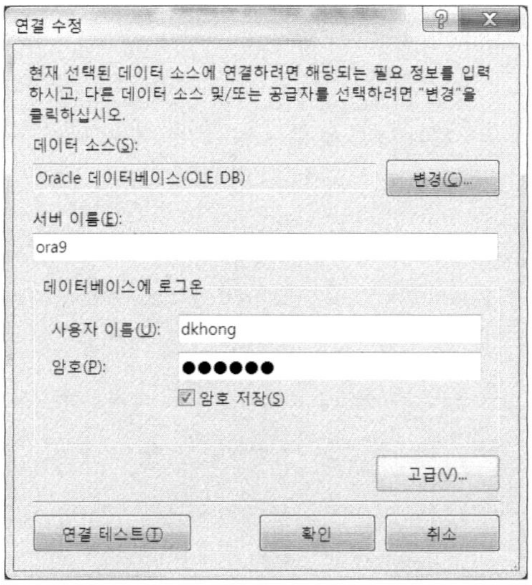

그림 5-5. 서버 및 로그온 정보 입력

그리고 [연결 테스트] 버튼을 클릭한다. 올바르게 연결이 되었을 경우 연결 테스트가 성공하였다는 메시지가 출력된다. 그러면 서버 탐색기의 데이터 연결 트리에 데이터 연결이 추가되었음을 확인할 수 있다. 추가된 데이터 연결의 하위 항목(테이블, 뷰, 프로시저등)들을 클릭하면 연결된 계정이 가지고 있는 해당 데이터들에 대한 정보를 볼 수 있다. 이렇게 OLE DB Provider를 이용하여 오라클 데이터베이스와 접속할 수 있는 데이터 연결을 생성하였다. 이는 다음 절에서 OleDbConnection 연결 객체를 통해 오라클 데이터베이스에 접속할 경우 사용될 연결 스트링을 생성하는데 이용된다. 참고로 한번 생성된 데이터 연결은 다시 연결내용을 수정을 할 수 있으며 또한 연결을 닫고 다시 활성화 할 수 있다.

데이터 연결을 확인하기 위하여 먼저 2개의 버튼을 만들어 버튼을 클릭하였을 경우 오라클 데이터베이스와 연결하고 또 연결을 닫는 간단한 윈도우 프로그램을 작성하여 데이터베이스와 연결하는 과정을 알아본다.

단계 1 가장 먼저 윈도우 폼을 생성한다.

단계 2 VS 도구의 좌측에 있는 도구상자에서 데이터 항목을 선택한다. 리스트에 있는 'OleDbConnection'을 드래그 하여 폼으로 가져온다. (만약 도구상자에 OleDbConnection이 보이지 않으면 [도구]→[도구상자 항목선택]→[.NET Framework 구성요소]에서 OleDbConnection을 선택한다) 그러면 OleDbConnection 객체가 생성되고 그의 객체참조 변수 'oleDbConnection1'(이름은 변경가능하다)이 구성요소 트레이에 추가된다. 구성 요소 트레이에서는 어떠한 항목을 폼으로 드래그 했을 경우 폼에서는 보이지 않는 객체들을 표시하여 준다.

앞에서 생성한 OleDbConnection 연결 객체를 이용하여 오라클 데이터베이스와 연결을 하기 위해서 다음과 같이 구성 요소 트레이에서 oldDbConnection1을 선택한 뒤 속성 창을 선택한다. 속성 창의 데이터 항목의 ConnectionString을 선택하면 이전에 생성한 데이터 연결을 보여준다. 기존에 사용자가 생성한 데이터 연결을 선택하거나 혹은 필요에 따라 [새 연결]을 선택하여 새로운 데이터 연결을 생성할 수 있다.

연결을 선택하면 다음과 같은 연결 문자열이 자동으로 생성되어 ConnectionString 속성값으로 입력된다.

```
"Provider=MSDAORA;DataSource=ora9;....
```

다음은 도구 상자의 Windows Forms 항목에서 버튼 2개를 폼으로 드래그 하여 추가한다.
첫 번째 버튼의 Text 속성을 “연결하기”로 두 번째 버튼의 Text 속성을 “연결닫기”로 설정한다.

연결하기 버튼을 더블 클릭하면 .NET에서 자동으로 생성한 소스 코드를 볼 수 있을 것이다. 우선 InitialComponent( ) 함수 부분을 살펴보면 앞에서 우리가 OleDbConnection 객체를 폼으로 드래그 함으로써 다음과 같이 OleDbConnection 연결객체를 생성하는 코드가 자동으로 만들어진 것을 알 수 있다. 사용자는 이렇게 자동으로 생성된 연결 객체를 이용하여 데이터베이스와 연결하고, 쿼리 및 결과 처리를 쉽게 할 수 있다.

```
private void InitializeComponent( )
{
        this.oleDbConnection1 = new System.Data.OleDb.OleDbConnection( );
                                    :
}
```

다음은 각각의 버튼 클릭 이벤트 처리기로 돌아가서 다음과 같은 코드를 추가한다.

```
private void button1_Click(object sender, System.EventArgs e)
{
        oleDbConnection1.Open( );//oleDbConnection1의 Open함수를 이용하여 데이터베이스에 연결
        MessageBox.Show("오라클 데이터베이스와의 연결 열기 성공!");
}

private void button2_Click(object sender, System.EventArgs e)
{
```

```
    oleDbConnection1.Close();//oleDbConnection1의 Close( )함수를 이용하여 데이터베이스의 연결
해제
    MessageBox.Show("오라클 데이터베이스와의 연결 닫기 성공!");
}
```

위의 단계까지 완료되었으면 저장한 뒤 빌드하고 실행한다. 다음과 같은 창이 선택될 것이며 각각의 버튼을 클릭하면 우측의 메시지 박스가 출력된다.

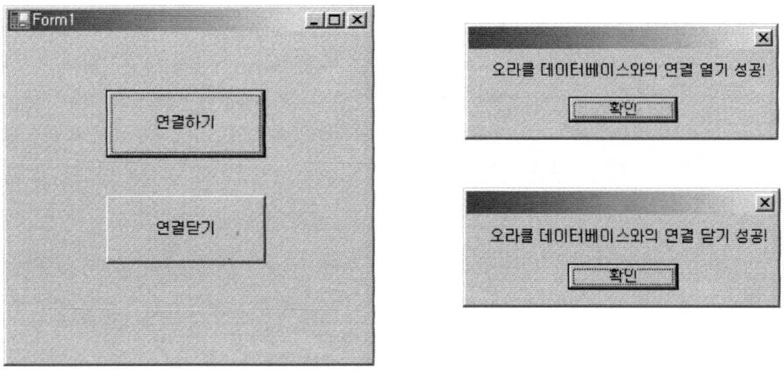

그림 5-6. 연결 기능 확인

지금까지 살펴본 것과 같이 OleDbConnection 연결 객체의 Open( ) 메서드를 이용하여 데이터베이스와 연결할 수 있으며 Close( ) 메서드로 연결을 다시 해제할 수 있다. OleDbConnection 연결 객체는 이 외에도 다음과 같은 다양한 메서드와 속성들을 포함하고 있으며 사용자는 이를 적절히 사용하여 쉽게 프로그램을 작성할 수 있다.

표 5-1. OleDbConnection 객체의 메서드

메서드	설명
BeginTransaction	현재 열려진 연결에서 데이터베이스 트랜잭션을 시작한다.
ChangeDatabase	현재 연결된 데이터베이스를 변경한다.
Close	연결을 닫는다.
CreateCommand	현재 연결을 대상으로 쿼리를 실행하기 위해 OleDbCommand 객체를 만든다.
GetOleDbSchemaTable	연결된 데이터 소스에서 스키마 정보를 가져온다.
Open	연결을 연다.
ReleaseObjectPool	OLE DB 연결 풀에서 연결을 해제한다.

표 5-2. OleDbConnection 객체의 속성

속성	데이터 타입	설명
ConnectionString	String	OleDbConnection이 데이터베이스에 연결할 때 사용하는 연결 문자열

속성	데이터 타입	설명
ConnectionTimeout	Int32	얼마나 오랫동안 OleDbConnection이 데이터 소스에 연결을 시도할 것인지 시간(초)을 지정
Database	String	연결할 데이터베이스의 이름을 리턴
DataSource	String	연결할 데이터베이스의 위치를 리턴(오라클과 같이 서버 기반의 데이터 소스인 경우 서버로 동작하는 컴퓨터의 이름을 리턴)
ServerVersion	String	연결된 데이터베이스의 버전을 리턴한다.
State	ConnectionState	OleDbConnection의 현재의 상태를 가리킨다. (연결 유무를 확인할 수 있다.)

5.3.2 오라클사의 오라클 공급자로 데이터 연결

OleDB 공급자가 아니라 오라클사의 오라클 공급자를 사용하여 오라클에 접속하는 방법을 알아본다. 오라클 공급자는 다음과 같이 오라클 홈 페이지에서 필요한 버전을 다운받아 설치할 수 있다.

그림 5-7. 오라클 공급자 다운받는 사이트

다운받은 오라클 공급자를 설치한 후 비주얼 스튜디오를 이용하여 Windows 응용 프로그램을 개발하기 위한 프로젝트를 생성한다. 그 다음 좌측의 서버 탐색기에서 [데이터 연결]의 팝업 메뉴에서 [연결 추가]를 선택한다. 그러면 [그림 5-8]과 같은 창이 생성된다. [그림 5-8]에서 데이터 공급자로 새로 설치한 오라클 Provider (ODP.NET)를 선택한다.

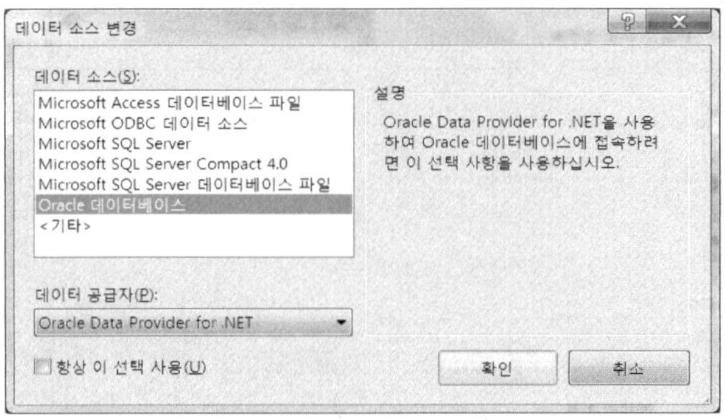

그림 5-8. Oracle 데이터 소스 선택

[그림 5-9]와 같이 서버 이름으로 오라클 클라이언트를 설치할 때 사용자가 설정하였던 서비스 네임(본 예시에서는 서비스 네임이 'ora9'이다.)을 입력하고 연결할 사용자 계정과 비밀 번호를 입력한 뒤 암호저장을 허용한다. "ora9"는 tnsnames.ora 파일에 생성되어 있는 "서비스" 이름으로 서비스는 오라클의 "Net Configuration Assistant" 프로그램으로 설정하며, tnsnames.ora에 설정된 내용은 SQLDeveloper, Visual Studio 등에서 사용한다.

tnsnames.ora 파일 내용

```
# tnsnames.ora Network Configuration File: D:\app\user\product\11.2.0\client_5\network\admin\tnsnames.ora
# Generated by Oracle configuration tools.

ORA9 =
  (DESCRIPTION =
   (ADDRESS_LIST =
     (ADDRESS = (PROTOCOL = TCP)(HOST = dbserver.kmu.ac.kr)(PORT = 1521))
  )
  (CONNECT_DATA =
    (SERVICE_NAME = ORCL)
  )
)
...
```

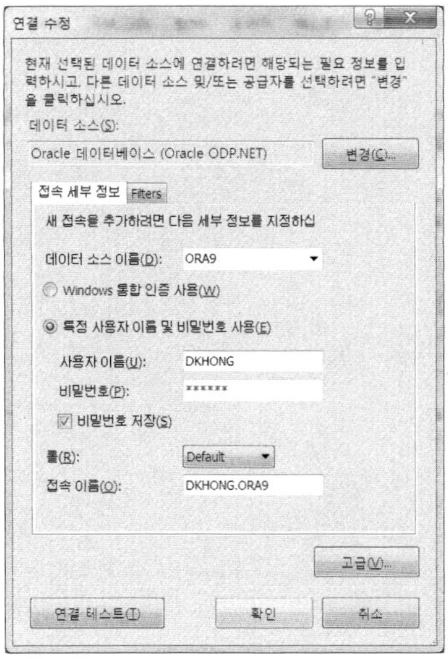

그림 5-9. ODP.NET 공급자 설정

만약 도구상자에 OracleConnection이 보이지 않으면 [도구]→[도구상자 항목선택]→[.NET Framework 구성요소]에서 OracleConnection을 선택한다. 이때 네임스페이스가 Oracle.DataAccess.Clinet인지를 반드시 확인해야 한다.

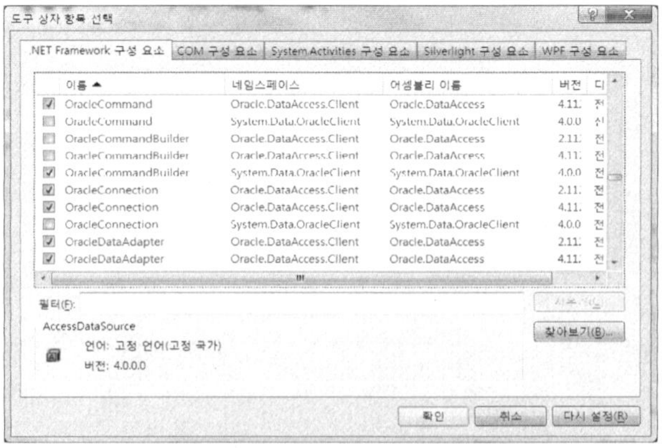

그림 5-10. 도구상자 항목 선택

도구 상자에 OracleConnection이 나타나면 그것을 디자인 화면으로 끌기하여 연결을 위한 객체를 생성할 수 있다.

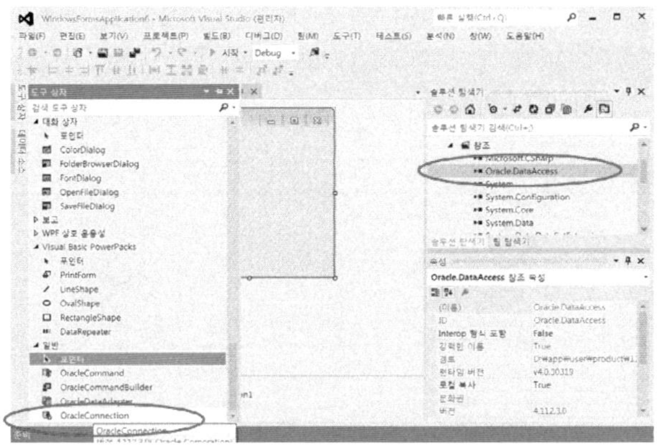

그림 5-11. 도구상자의 OracleConnection

OracleConnection 클래스의 중요한 속성은 다음과 같다.

표 5-4. OracleConnection 클래스의 속성

속성	데이터 타입	설명
ConnectionString	String	OracleConnection이 데이터베이스에 연결할 때 사용하는 연결 문자열
ConnectionTimeout	Int32	얼마나 오랫동안 OracleConnection이 데이터 소스에 연결을 시도할 것인지 시간(초)을 지정
Database	String	연결할 데이터베이스의 이름을 리턴
DataSource	String	연결할 데이터베이스의 위치를 리턴(오라클에서는 tnsname.ora에 지정된 서비스 이름)
ServerVersion	String	연결된 데이터베이스의 버전을 리턴한다.
State	ConnectionState	OracleConnection의 현재의 상태를 가리킨다.(Open 또는 Closed의 연결 유무를 확인할 수 있다.)

ConnectionString은 데이터베이스에 연결할 때 중요한 정보를 제공하는 문자열이다. 다음은 오라클에 연결하기 위하여 사용한 ConnectionString 예제이다.

```
this.oracleConnection1.ConnectionString =
    "DATA SOURCE=ORA9;USER ID=DKHONG;PASSWORD=YOURPASSWORD";
```

ConnectionString은 다음의 3가지로 구성되어 있다.

```
DATA SOURCE=ORA9; // tnsnames.ora에 설정되어 있는 서비스 이름
USER ID=DKHONG; // 사용자 ID
PASSWORD=YOURPASSWORD; // 각 사용자의 패스워드
```

그 다음 각각의 버튼 클릭 이벤트 처리기로 돌아가서 다음과 같은 코드를 추가한다.

```
private void button1_Click(object sender, System.EventArgs e)
{
        oracleConnection1.Open( );
        MessageBox.Show("오라클 데이터베이스와의 연결 열기 성공!");
}

private void button2_Click(object sender, System.EventArgs e)
{
        oracleConnection1.Close( );
        MessageBox.Show("오라클 데이터베이스와의 연결 닫기 성공!");
}
```

실행해서 그 결과를 확인해보자.

Chapter 06

SQLite, Access DB 연결하기

6

SQLite, Access DB 연결하기

ADO.NET에서 SQLite, MS Access 등의 개인 사용자용 DBMS로 생성된 데이터베이스에 연결하는 방법을 알아보자.

6.1 C#과 Visual Studio로 SQLite 연결하기

SQLite를 위한 ADO.NET 공급자(provider)는 http://system.data.sqlite.org에서 다운로드 할 수 있다.

단계 1 다운받은 공급자를 설치한 후 비주얼 스튜디오를 이용하여 Windows 응용 프로그램을 개발하기 위한 프로젝트를 생성한다.

단계 2 그 다음 좌측의 서버 탐색기에서 [데이터 연결]의 팝업 메뉴에서 [연결 추가]를 선택한다. SQLite 공급자 설치 후 Visual Studio에는 다음과 같이 Data Source 변경 화면에 SQLite 공급자가 보이는 것을 확인할 수 있다.

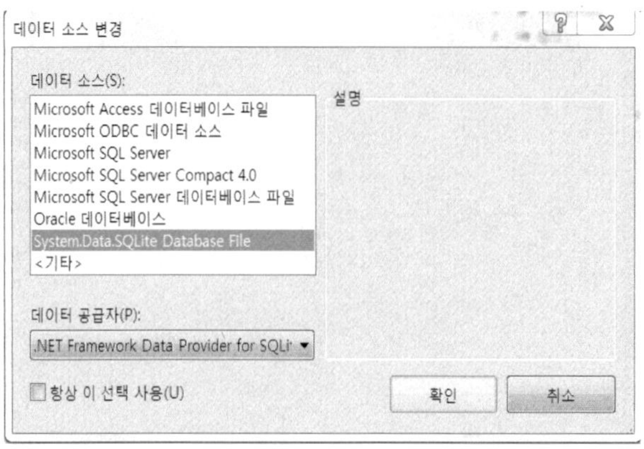

그림 6-1. SQLite 공급자 지정

단계 3 공급자 선택 후 SQLite 데이터베이스 파일을 다음 화면에서 선택하면 ADO.NET을 이용하여 SQLite 데이터베이스를 사용할 수 있다. 파일을 선택한 후 "연결 테스트"를 선택하여 연결이 되는지 확인할 수 있다.

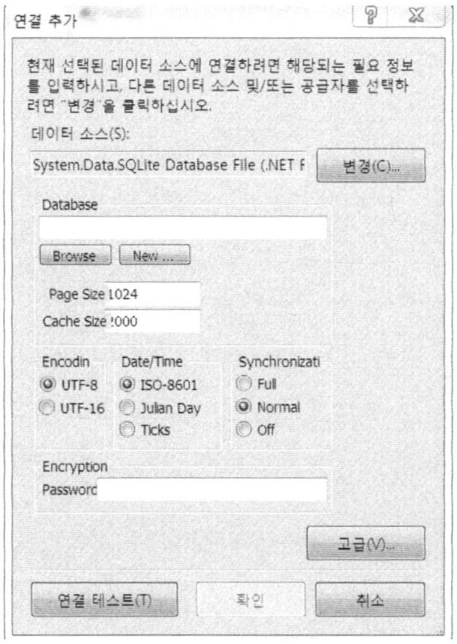

그림 6-2. Browse에서 데이터베이스 파일 선택

단계 4 다음과 같은 윈도우 프로그램 화면에 SQLiteConnection을 드래그 하여 연결 객체를 생성한다. 만약 도구상자에 SQLiteConnection이 보이지 않으면 [도구]→[도구상자 항목선택]→[.NET Framework 구성요소]에서 SQLiteConnection을 선택한다.

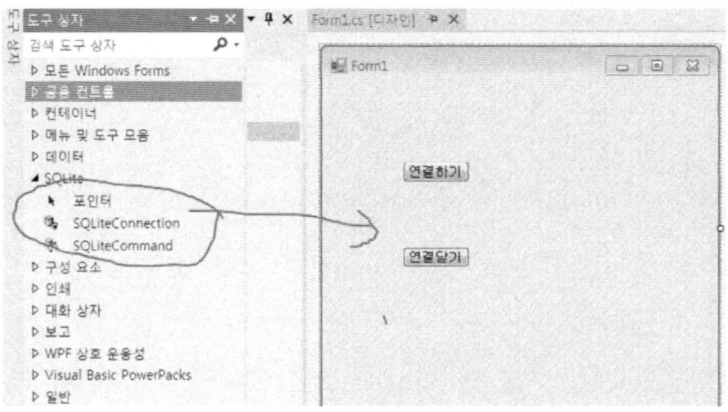

그림 6-3. SQLiteConnection 끌기하여 생성

단계 5 생성된 SQLiteConnection 객체(디폴트로 생성된 객체 이름이 sqLiteConnection1이다)의 ConnectionString을 설정한다. ConnectionString은 [데이터 연결]에서 사용한 다음의 [그림 6-4] 화면에서 그 내용을 복사하여 사용하면 된다.

그림 6-4. 연결 화면(그림 6-2)에서 "고급" 선택 후 화면

단계 6 복사한 ConnectionString을 sqLite1Connection1의 속성에 붙여 넣는다.

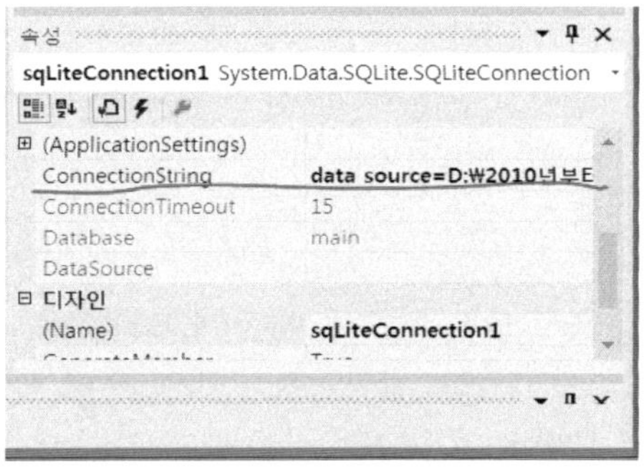

그림 6-5. sqLieConnection1 객체 설정

C# 코드에서 ConnectionString을 확인해보면 다음과 같이 설정되어 있다.

```
this.sqLiteConnection1.ConnectionString = "data source=D:\\2010년부터\\2013_2수업\\디비프로그래밍
\\Friends_list.sqlite";
```

단계 7 다음의 코드를 명령 버튼에 추가하여 연결과 연결 종료를 확인한다.

```
private void button1_Click(object sender, EventArgs e)
{
    sqLiteConnection1.Open();
    if (string.Equals(sqLiteConnection1.State.ToString(), "Open"))
        MessageBox.Show("SQLite와의 연결 열기 성공!" + sqLiteConnection1.State);
}
private void button2_Click(object sender, EventArgs e)
{
```

```
    sqLiteConnection1.Close( );
    MessageBox.Show("SQLite와의 연결 닫기 성공!" + sqLiteConnection1.State);
}
```

단계 8 프로그램을 실행하여 다음과 같은 결과를 확인해보자.

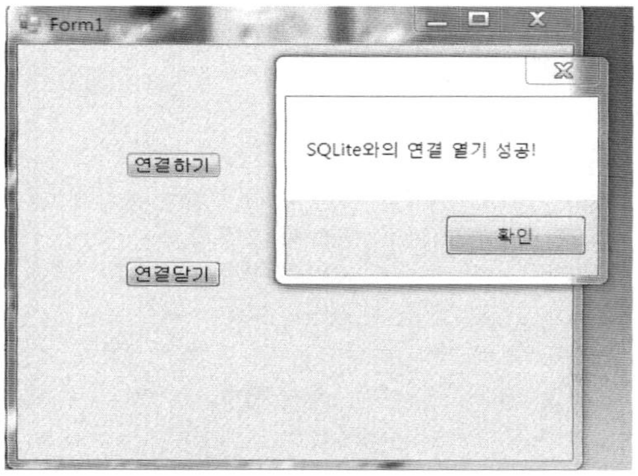

그림 6-6. SQLite 연결 확인

6.2 C#과 Visual Studio로 MS Access 연결하기

MS Access는 OleDB 공급자로 데이터베이스에 연결된다.

단계 1 우선 Microsoft Visual.NET에서 Windows 응용 프로그램을 개발하기 위한 프로젝트를 생성한다.

단계 2 다음 좌측의 [서버 탐색기]에서 [데이터 연결]을 우측 클릭한 다음 [연결 추가]를 선택한다.

단계 3 다음의 그림과 같이 [데이터소스]에 "Access 데이터베이스 파일"을 선택한다. OLE DB 공급자를 사용한다는 설명이 되어 있다.

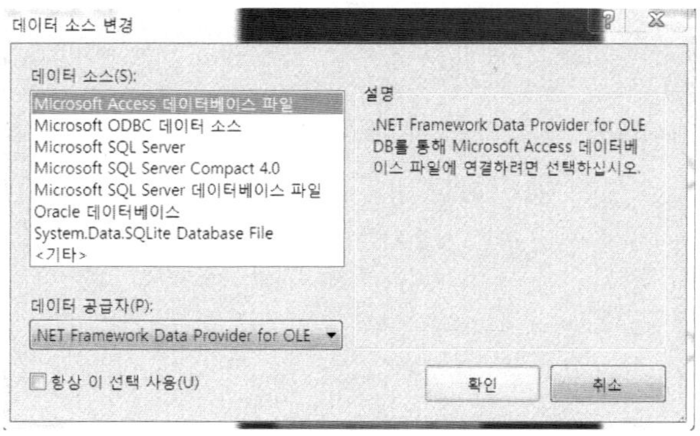

그림 6-7. MS Access 공급자 선택

단계 4 다음의 그림에서 [찾아보기]를 사용하여 데이터베이스 파일을 선택한 후 [연결 테스트]를 사용하여 연결을 확인한 후 [확인] 버튼을 선택한다.

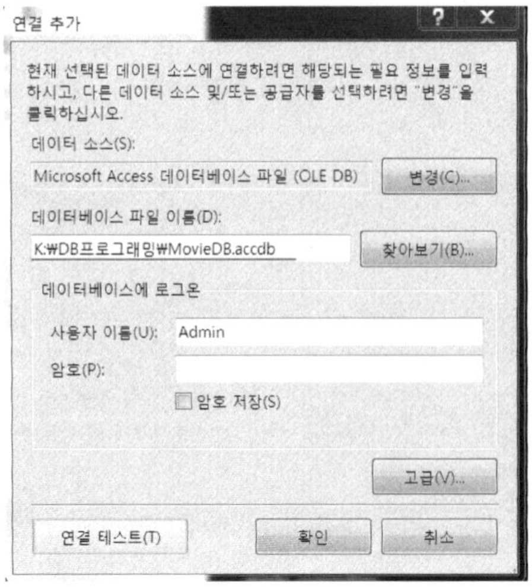

그림 6-8. 데이터베이스 파일 선택

단계 5 VS 도구의 좌측에 있는 도구상자에서 데이터 항목을 선택한다. 리스트에 있는 'OleDbConnection'을 드래그 하여 폼으로 가져온다. (만약 도구상자에 OleDbConnection이 보이지 않으면 [도구]→[도구상자 항목선택]→[.NET Framework 구성요소]에서 OleDbConnection을 선택한다) 그러면 OleDbConnection 클래스의 객체가 생성되고 객체 참조변수 'oleDbConnection1'(이름은 변경가능하다)이 디자인화면에 생성된다.

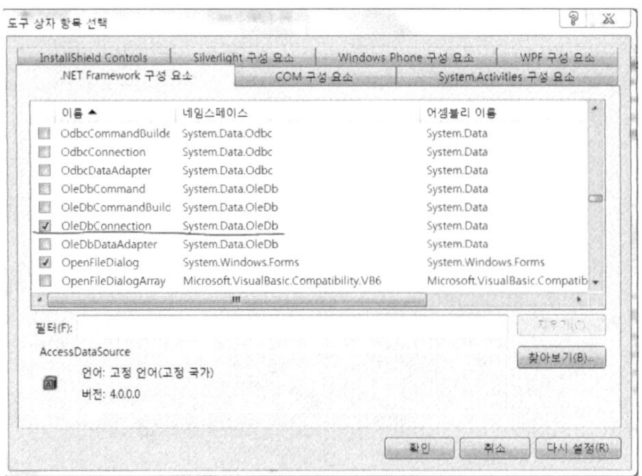

그림 6-9. 도구상자에 OleDbConnection 추가

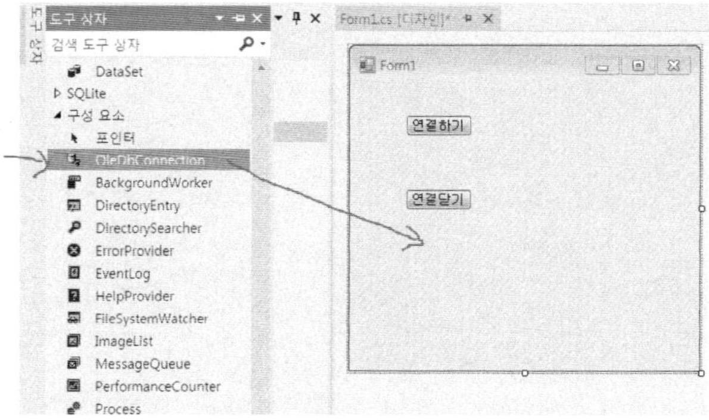

그림 6-10. OleDbConnection 클래스의 객체 생성

단계 6 앞에서 생성한 OleDbConnection 연결 객체를 이용하여 데이터베이스와 연결을 하기 위해서 다음과 같이 구성 요소 트레이에서 oldDbConnection1을 선택한 뒤 속성 창을 선택한다. 속성 창의 데이터 항목의 ConnectionString을 선택하면 이전에 생성한 데이터 연결을 보여준다. 기존에 사용자가 생성한 데이터 연결을 선택하거나 혹은 필요에 따라 [새 연결]을 선택하여 새로운 데이터 연결을 생성할 수 있다.

예)

Provider=Microsoft.ACE.OLEDB.12.0;Data Source=K:\DB프로그래밍\MovieDB.accdb

단계 7 다음은 각각의 버튼 클릭 이벤트 처리기로 돌아가서 다음과 같은 코드를 추가한다.

```
private void button1_Click(object sender, System.EventArgs e)
{
        oleDbConnection1.Open( );
        MessageBox.Show("Access 데이터베이스와의 연결 열기 성공!");
}

private void button2_Click(object sender, System.EventArgs e)
{
        oleDbConnection1.Close( );
        MessageBox.Show("Access 데이터베이스와의 연결 닫기 성공!");
}
```

Chapter 07

연결모드 데이터베이스 사용

7

연결모드 데이터베이스 사용

지금까지 ADO.NET Connection 객체를 사용하여 Oracle, SQLite, MS Access 데이터베이스에 연결하는 방법을 배웠다. ADO.NET에서 데이터베이스를 사용하는 방법은 다음의 2가지 방법이 있다.

1) 연결모드
2) 비연결모드

ADO.NET에서 데이터베이스 사용 방법은 데이터베이스 종류가 바뀌어도 사용 방법은 거의 같으므로 지금부터는 Oracle 데이터베이스를 사용하여 그 활용방법을 설명한다. 먼저 연결모드에서 Oracle 데이터베이스에 쿼리를 실행하는 방법을 알아보고, 다음 8장에서 비연결 모드에서 Oracle을 사용하는 방법을 알아본다.

연결모드는 ADO.NET 객체 모델에서 데이터 공급자에서 제공하는 다음의 클래스들을 사용한다.

1) Connection : 데이터베이스와 연결
2) Command : 객체를 사용하여 쿼리를 실행
3) DataReader : 객체를 사용하여 쿼리 결과 처리

7.1 Visual Studio.NET에서 쿼리 실행하기

Visual Studio.NET 환경에서 사용자는 쉽게 Command 객체를 만들고 쿼리를 생성하여 데이터베이스에 접근할 수 있다. Command 객체는 다음과 같은 속성과 메서드(Method)를 제공하며 사용자는 이를 이용하여 다양한 형식의 쿼리를 쉽게 처리할 수 있다.

표 7-1. Command 객체의 속성

속성	데이터 타입	설명
CommandText	String	실행하고자 하는 쿼리 텍스트
CommandTimeout	int32	타임 아웃이 발생하기 전에 쿼리가 실행되도록 기다리는 시간을 설정
CommandType	CommandType	실행할 쿼리의 타입(text:일반 쿼리문, 저장 프로시저, TableDirect:"SELECT * FROM")을 지정(기본=text)
Connection	Connection	Command 객체가 쿼리를 실행하기 위해 사용하는 데이터 연결 설정
Parameters	ParameterCollection	쿼리의 매개 변수 컬렉션
Transaction	Transaction	쿼리에서 사용할 트랜잭션을 지정
UpdateRowSource	UpdateRowSource	만약 Command 객체가 DataAdapter의 Update 메서드에 의해 사용될 때, 쿼리를 실행한 결과가 현재 DataRow에 어떻게 영향을 미칠 것인가를 제어한다.

표 7-2. Command 객체의 메서드

메서드(Method)	설명
Cancel	쿼리의 실행을 취소한다.
CreateParameter	쿼리에 대한 새 매개 변수를 만든다.
ExecuteNonQuery	결과를 리턴하지 않는 SQL - 입력, 변경 등을 실행한다.
ExecuteReader	쿼리를 실행하고 DataReader에 결과를 가져온다.
ExecuteScalar	단일값을 반환하는 쿼리를 실행한다. "SELECT COUNT(*) FROM TABLE_NAME WHERE....."
Prepare	데이터 저장소에 준비된 버전의 쿼리를 만든다.
ResetCommandTimeout	CommandTimeout 속성을 기본값으로 다시 설정한다.

위의 내용을 바탕으로 Command 객체를 생성한 후 이들의 속성과 메서드를 이용하여 쿼리를 등록 및 실행하여 본다.

7.1.1 도구상자를 이용하여 Command 객체 생성

먼저 Visual Studio.NET에서 프로젝트를 생성한 뒤 OracleConnection 객체를 이용하여 오라클에 연결한다 (생성된 디폴트 객체의 이름은 oracleConnect1) 그런 다음 도구상자에서 OracleCommand를 폼으로 드래그한다. 이때 객체의 디폴트 이름으로 oracleCommand1 객체가 생성된다.

7.1.2 OracleCommand 클래스 객체에 연결 지정하기

OracleCommand 클래스인 oracleCommand1 객체를 추가하였다면 Connection 속성을 이전에 생성한 oracleConnection1 객체로 설정해야 된다. 구성 요소 트레이에서 oracleCommand1 객체를 선택한 뒤 속성 창에서 Connection 속성을 선택한다. 드롭다운 목록에서 [기존 개체]를 선택하여 이미 만들어진 oracleConnection1 객체를 선택하면 된다.

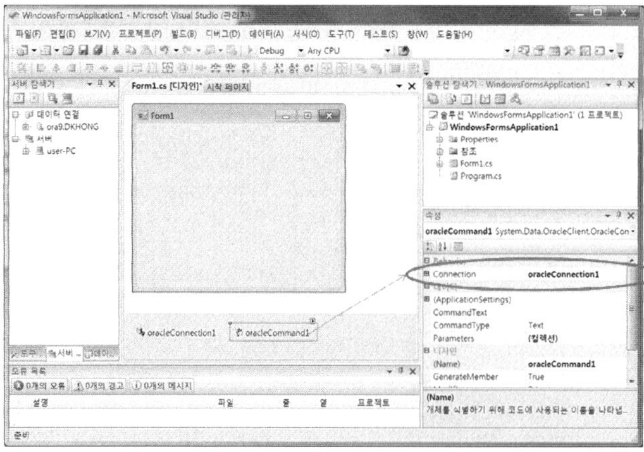

그림 7-1. Command 객체의 생성 및 설정

7.1.3 OracleCommand에 쿼리 지정하기

EMP 테이블의 모든 정보를 가져오는 다음과 같은 SQL 구문을 OracleCommand에 설정하여 보자.

```
SELECT * FROM EMP;
```

실행할 SQL구문을 CommandText 속성에 다음과 같이 입력한다. 이때 입력한 SQL 구문 끝에 ";" 기호를 붙이지 않게 주의해야 한다.

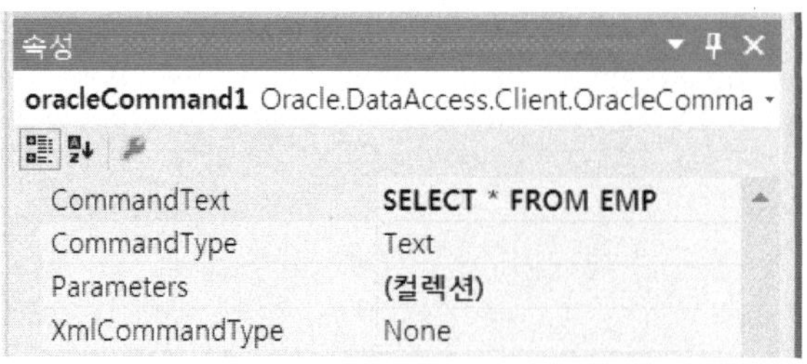

그림 7-2. CommandText 속성 설정

7.1.4 쿼리 실행하기

생성된 SELECT SQL문은 oracleCommand 객체의 ExecuteReader() 메서드로 실행 할 수 있다. SELECT 구문이 실행되면 결과값을 읽어오게 되는데 OracleDataReader 객체에 그 결과가 반환된다. OracleDataReader 객체는 커서(Cursor) 개념을 이용하여 쿼리 결과를 루프를 통해 검토할 수 있게 해주며 다음과 같은 속성을 가진다.

표 7-3. DataReader 객체의 속성

속성	데이터 타입	설명
Depth	Int32	현재 행에 대한 중첩의 깊이를 가리킨다.(읽기 전용)
FieldCount	Int32	DataReader 객체가 포함하고 있는 필드의 수를 리턴한다.(읽기 전용)
IsClosed	Boolean	DataReader 객체가 닫혔는지 여부를 가리킨다.(읽기 전용)
item	Object	현재 행의 열 내용을 반환한다.(읽기 전용)
RecordAffected	Int32	쿼리의 영향을 받아 적용된 레코드 수를 가리킨다.(읽기 전용)

OracleDataReader 객체가 제공하는 속성과 메서드를 바탕으로 앞에서 생성한 쿼리를 실행하고 그 결과값을 읽어오는 프로그램을 다음과 같이 간단히 작성할 수 있다.

```
oracleConnection1.Open( ); // 오라클 데이터베이스에 연결
//쿼리를 실행함과 동시에 실행한 결과 집합을 읽어 들이는 OracleDataReader 객체 생성
OracleDataReader rdr = oracleCommand1.ExecuterReader( );
while (rdr.Read( )) // Read 메서드를 호출하여 결과값이 없을 때까지 결과 집합을 한 행씩 읽음
    listBox1.Items.Add (rdr["ENAME"]);
rdr.Close( ); // 모든 결과행을 읽은 후 DataReader 객체를 닫음
oracleConnection1.Close( );//오라클과의 연결을 해제
```

실행 결과는 다음과 같다.

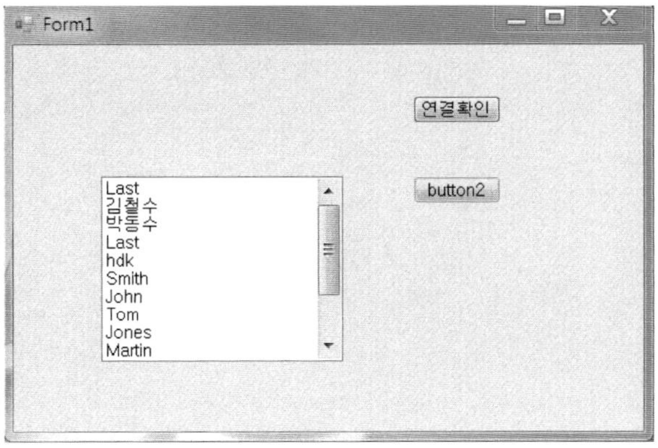

그림 7-4. SQL 실행 결과

rdr["ENAME"]과 같이 컬럼 이름을 바탕으로 결과 값을 읽어오는 경우 OracleDataReader 객체는 루프문이 끝날때 까지 결과 집합에서 문자열 기반 검색을 수행하므로 비효율적이다. 따라서 열에 인덱스 또는 서수를 제공하는 OracleDataReader 객체의 GetOrdinal 메서드를 이용하여 성능을 향상시킬 수 있다. 다음 코드는 GetOrdinal 메서드를 이용하여 처음 각 열에 대해 한번만 문자열

기반으로 결과 집합의 행을 검색하고 그 다음부터는 서수 기반 검색을 수행하므로 성능을 향상시켜준다.

```
OracleDataReader rdr = oracleCommand1.ExecuterReader( );

//GetOrdinal 메서드를 호출하여 컬럼을 가리키는 서수를 리턴
int no1 = rdr.GetOrdinal("EMPNO");
int no2 = rdr.GetOrdinal("ENAME");

while (rdr.Read( ))
  listBox1.Items.Add(rdr[no1].ToString( ) + rdr[no2].ToString( ));

rdr.Close( );
                    :
```

만약 하나의 행을 리턴하는 쿼리문을 실행할 경우 DataReader 객체를 사용하여 결과값을 읽어오는 것보다 이를 위해 특별히 설계된 oracleCommand 객체의 ExecuteScalar 메서드가 있다. 이는 일반적인 객체 데이터 타입을 통해 값을 리턴한다. 즉 그 값을 원하는 데이터 타입으로 변환하여 출력할 수 있다.

```
oracleCommand1.Open( ); //오라클과 연결

oracleCommand1.CommandText = "SELECT COUNT(*) FROM EMP"; // 쿼리문 등록

int result = Convert.ToInt32(oracleCommand1.ExecuteScalar( ));

// empno가 키이므로 1개의 값을 반환
oracleCommand2.CommandText = "SELECT ename FROM emp WHERE empno = '7639'";

string str = Convert.ToString(oracleCommand2.ExecuteScalar( ));
```

7.1.5 매개 변수화된 쿼리문 실행

SQL SELECT 구문의 WHERE절에 사용하는 조건문에는 외부 입력을 사용하는 경우가 많다. 따라서 매개 변수를 쿼리문 내에 삽입함으로써 외부 사용자로부터 다양한 값을 입력 받을 수 있다. Oracle 데이터 공급자의 경우 다음과 같이 매개변수에 콜론(:) 기호를 사용한다. 여기서 PARAM은 외부의 입력을 받는 매개변수이다.

```
SELECT *
FROM EMP
WHERE EMPNO = :PARAM;
```

하지만 OleDB를 사용하는 경우 '?' 기호를 사용하여 SQL 구문에서 매개 변수가 들어갈 위치를 나타낸다.

```
SELECT *
FROM EMP
WHERE EMPNO = ?; // OleDB의 경우
```

오라클과 혼동하지 않게 주의해야 한다.

SQL 구문을 CommandText 속성에 다음과 같이 입력한다. (여기서 EMPNO는 문자열 타입으로 구성되어 있다.) 디자인 시점에 입력할 수도 있으며 실행 시점에 프로그램에서 입력할 수도 있다.

```
SELECT * FROM EMP WHERE EMPNO = :PARAM
```

SQL 구문을 입력한 후 사용자로부터 값을 입력받기 위해 매개변수를 Parameters 속성에 등록한다. 구성 요소 트레이의 oracleCommand1 객체를 선택하고 속성창의 Parameter 속성을 선택한다. 그러면 다음과 같이 OracleParameter 컬렉션 편집기가 나타나고, 여기에서 [확인] 또는 다른 이름을 사용하여 파라미터를 등록하면 된다.

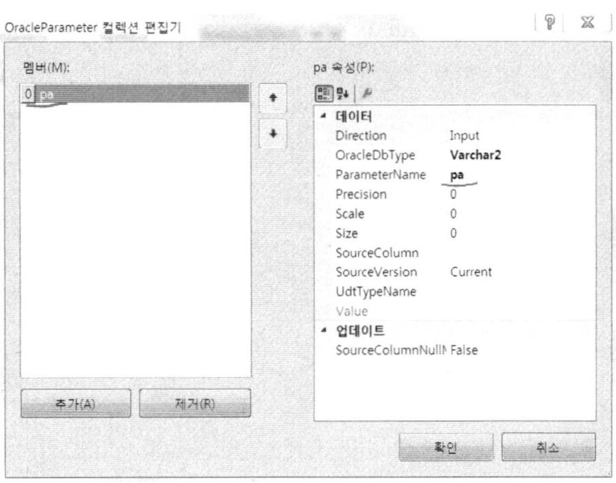

그림 7-5 오라클 매개변수화된 쿼리 파라미터 등록

비로소 매개 변수를 oracleCommand1 객체의 Parameters 속성에 등록했으며 완전한 SQL문이 생성되었다. 생성된 코드의 일부분을 확인해보면 다음과 같다.

```
// oracleCommand1

this.oracleCommand1.CommandText = "SELECT * FROM EMP WHERE EMPNO = :PARAM";
this.oracleCommand1.Connection = this.oracleConnection1;
oracleParameter1.OracleDbType = Oracle.DataAccess.Client.OracleDbType.Varchar2;
oracleParameter1.ParameterName = "pa";
this.oracleCommand1.Parameters.Add(oracleParameter1);
this.oracleCommand1.Transaction = null;
```

* OleDB를 사용할 경우 프로그램 코드의 SQL 구문에서 : PARAM1 대신 '?' 기호를 사용한다.

매개 변수화된 질의 (Parameterized Queries - SQLServer, Oracle, OleDb)

SQL server는 named parameter approach (bind by name 방식)를 사용하므로 매개변수의 순서에는 상관없다. 각각의 파라미터는 "@" 기호를 접두어로 사용한다.

예)

```
string sql = "SELECT * FROM Customers WHERE CustomerId = @CustomerId";
SqlCommand command = new SqlCommand(sql);
command.Parameters.Add(new SqlParameter("@CustomerId", System.Data.SqlDbType.Int));
command.Parameters["@CustomerId"].Value = 1;
```

Oracle은 named parameter approach를 사용했지만 **ODP.NET부터 디폴트로** sequential approach (bind by position 방식)를 사용한다. 접두어로 ":" 기호를 사용한다. BindByName 속성을 "True"로 변경하여 named parameter approach를 사용할 수도 있다.

예) sequential approach의 경우

```
string sql = "SELECT * FROM Customers WHERE CustomerId = :CustomerId";
OracleCommand command = new OracleCommand(sql);
oracleParameter1.OracleDbType = Oracle.DataAccess.Client.OracleDbType.Varchar2;
oracleParameter1.ParameterName = "pa";
command.Parameters.Add(oracleParameter1);
command.Parameters[0].Value = 1;
```

OleDB는 sequential approach를 사용한다. 따라서 매개변수의 순서가 중요한 의미를 가진다. 매개변수는 SQL 구문에서 "?" 기호를 사용하여 나타낸다.

예)

```
string sql = "SELECT * FROM Customers WHERE CustomerId = ?";
OleDbCommand command = new OleDbCommand(sql);
command.Parameters.Add(new OleDbParameter("CustomerId", OleDbType.Integer));
command.Parameters["CustomerId"].Value = 1;
```

매개 변수화된 쿼리인 경우 앞의 방법과는 조금 다른 방식으로 처리해야 된다. 매개변수가 있는 경우 Command에 SQL을 추가하고, 사용자로부터 값을 입력받아 쿼리를 실행하기 위해

OracleCommand 객체의 Parameters 속성에 Parameter를 등록하였다. 그러면 여기에 실제값을 넘겨주기 위해 OracleCommand 객체의 Parameters 속성의 Value 속성을 이용하여 값을 지정해야 한다. 이때 등록한 Parameter들의 순서를 나타내기 위해 인덱스를 지정하여 나타낸다.

다음과 같은 응용 프로그램을 만들어 실행해보자.

그림 7-6. 사원번호로 검색한 결과

"사원검색" 버튼에는 다음의 코드를 입력한다. oracleCommand1에 매개변수화된 질의와 파라미터가 등록되어 있다.

```
oracleConnection1.Open( ); //오라클 데이터베이스에 연결

//oracleCommand 객체에 등록된 첫 번째 파라미터에 값1을 넘겨준다.
oracleommand1.Parameters[0].Value = "값1";
// 또는 oracleommand1.Parameters["pa"].Value = "값1";

OracleDataReader rdr = oracleCommand1.ExecuterReader( );
while (rdr.Read( ))
    listBox1.Items.Add(rdr["ENAME"]);

rdr.Close(); // OracleDataReader 객체를 닫음
oracleConnection1.Close( );
```

7.2 사원 관리 데이터베이스 프로그램

지금까지 살펴 본 Connection 객체, Command 객체, DataReader 객체의 속성 및 메서드를 이용하여 사원과 부서 정보를 가진 간단한 데이터베이스 응용 프로그램을 만들어 보자. 우선 여기에 이용되는

테이블은 다음과 같이 사원의 정보를 나타내는 EMP 테이블, 각 부서의 정보를 나타내는 DEPT 테이블, 가족의 정보를 나타내는 FAMILY, 각 부서에 있는 전화번호 테이블 PHONENUM 테이블이 있다. 사원 관리 데이터베이스의 설계를 나타내는 ER 다이아그램은 다음의 그림 [7-7]과 같다.

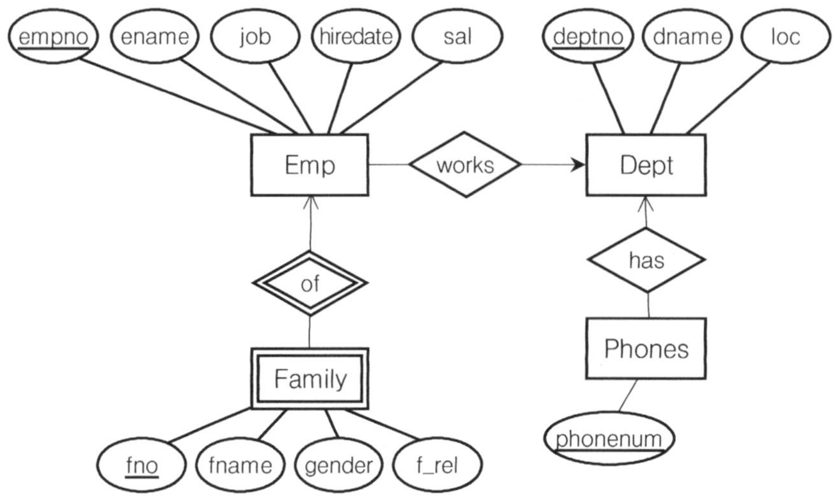

그림 7-7. 사원 관리 데이터베이스 설계 다이아그램

[그림 7-7]을 관계형 테이블 스키마로 변환하면 다음의 4개의 테이블이 생성된다.

EMP (EMPNO, ENAME, JOB, HIREDATE, SAL, DEPTNO)
DEPT (DETNO, DNAME, LOC)
FAMILY (EMPNO, FNO, FNAME, GENDER, F_REL)
PHONES (PHONENUM, DEPTNO)

응용 프로그램에 사용하기 위한 샘플 데이터는 다음과 같다.

EMPNO	ENAME	JOB(업무)	HIREDATE	SAL	DEPTNO
1	김철수	DB	2010/03/21	5000	20
2	박동수	network	2013/03/01	1000	20
3	Smith	tax	2010/03/21	2850	30
4	John	security	1997/03/01	1600	20
5	Tom	tax	2010/03/01	1250	30
6	Jones	network	2005/03/01	3000	20
7	Martin	salary	2001/03/01	1250	30
8	Phil	insurance	1997/03/01	6000	30
9	Michael	recruit	2012/03/01	2450	10
10	홍길동	management	1990/03/01	8000	40

EMP 테이블에서 DEPTNO 컬럼은 DEPT 테이블의 DEPTNO 컬럼을 참조하고 있는 외래 키이다.

DEPTNO	DNAME	LOC(위치)
10	인사팀	1130
20	전산팀	1200
30	경리팀	2110
40	총무팀	3100
50	기획팀	4101

EMPNO	FNO	FNAME	GENDER	F_REL
3	1	Linda	F	wife
3	2	Mary	F	daughter
6	1	Maggie	F	wife
7	1	Carl	M	son
8	1	Judy	F	wife
8	2	Tom	M	son
8	3	Cavin	M	son

PHONENUM	DEPTNO
580-1001	10
580-1002	10
580-2001	20
580-2002	20
580-2003	20
580-3001	30
580-3002	30
580-4001	40
580-4002	40
580-5001	50

앞의 샘플 데이터를 이용하여 사원관리 프로그램을 만들어보자.

7.2.1 Oracle Provider를 사용한 간단한 사원 검색

EMP 테이블을 이용하여 EMPNO를 입력 받아 사원의 이름(ENAME)과 직책(JOB)을 출력하는 간단한 응용 프로그램을 작성한다.

단계 1 윈도우 폼 생성

EMPNO를 입력받을 TextBox와 이름과 직책을 출력할 TextBox, 검색 버튼으로 구성되는 윈도우 폼을 작성한다.

그림 7-8. 사원 검색 화면

단계 2 서버 탐색기에서 Oracle Provider를 이용하여 데이터 연결을 설정한다.

단계 3 OracleConnection과 OracleCommand 객체를 생성하고 연결 속성을 적절히 설정한다.

단계 4 OracleCommand 객체의 CommandText 속성에 다음의 SQL 구문을 생성한다.

```
SELECT ENAME, JOB
FROM   EMP
WHERE (EMPNO = :aa)
```

단계 5 OracleCommand 객체의 Parameters 속성에서 OracleParameter 컬렉션 편집기에서 파라미터를 확인하고 [확인]한다.

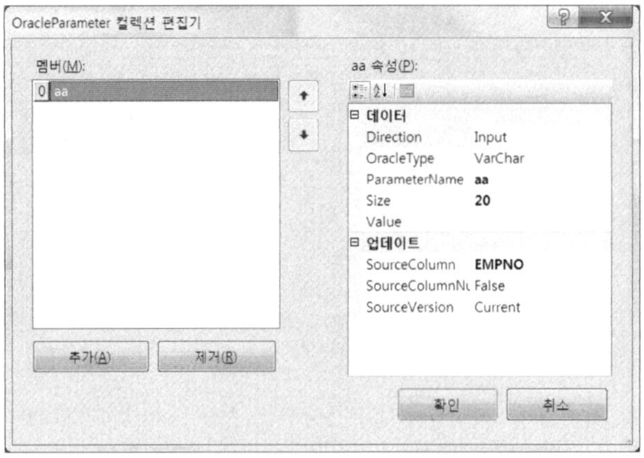

그림 7-9. 오라클 공급자에서 파라미터 등록

단계 6 사원 검색 버튼에 다음의 코드를 입력한다.

```
private void button1_Click(object sender, System.EventArgs e)
{
        // oracleConnection1.Open(); // Form1_load에서 오라클과 연결

        // TextBox로부터 값을 읽어 Parameters[0]에 등록
        oracleCommand1.Parameters["aa"].Value = textBox1.Text;
        // 다른 방법으로 oracleCommand1.Parameters[0].Value = textBox1.Text;
        OracleDataReader rdr = oracleCommand1.ExecuteReader();
        while(rdr.Read())
        {
                textBox2.Text = rdr["ENAME"].ToString();
                textBox3.Text = rdr["JOB"].ToString();
        }
        rdr.Close();
}
```

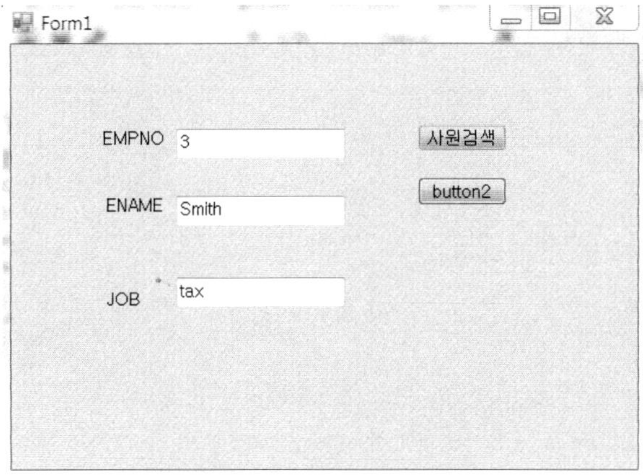

그림 7-10. 사원 검색 결과

7.2.2 조인을 이용한 검색

다음은 사원 번호를 입력하여 사원의 이름(ENAME), JOB, 근무하는 부서의 이름(DNAME)을 출력하는 조금 더 복잡한 응용 프로그램이다. 사원의 번호를 입력하고 "사원검색" 버튼을 누르면 사원의 이름, JOB, 근무하는 부서명이 출력된다. 이때 사원이 근무하는 부서명은 DEPT 테이블에 있으므로 EMP와 DEPT의 조인이 필요하다.

단계 1 윈도우 폼 생성

Visual Studio.NET에서 윈도우 폼 프로젝트를 생성하고 도구 상자로부터 필요한 Label, TextBox, 버튼을 추가한다.

단계 2 oracleConnection 객체 (oracleConnection1)와 oracleCommand 객체 (oracleCommand1)추가

단계 3 쿼리 생성하기

구성 요소 트레이에서 oracleCommand1 객체를 선택한 뒤 속성창의 CommandText 속성을 선택하여 쿼리를 입력한다.

```
SELECT *
FROM   EMP, DEPT
WHERE EMP.DEPTNO = DEPT.DEPTNO
          AND EMPNO = :aa
```

단계 4 Parameter 등록 확인하기

사용자로부터 사원번호를 입력받기 위해 구성 요소 트레이에서 oracleCommand1 객체를 선택한 뒤 속성창의 Parameters 속성을 클릭하고 Parameter를 설정한다.

단계 5 Search 버튼의 클릭 이벤트 처리

프로그램 실행 시 Search 버튼을 클릭하면 다음과 같은 작업이 수행되어야 한다.

1) 쿼리문 실행
2) 결과값을 텍스트박스에 출력

따라서 Search 버튼을 더블 클릭하여 버튼 클릭 이벤트 처리기에 위의 2가지 작업을 다음과 같은 코드로 기술하여 입력한다.

```
private void button1_Click(object sender, System.EventArgs e)
{
        oracleConnection1.Open( );  //오라클과 연결
        oracleCommand1.Parameters[0].Value = textBox1.Text;
        OracleDataReader rdr = oracleCommand1.ExecuteReader( );
        while(rdr.Read( ))
        {
                textBox2.Text = rdr["ENAME"].ToString( );
                textBox3.Text = rdr["JOB"].ToString( );
                textBox4.Text = rdr["DNAME"].ToString( );l
        }
        rdr.Close( );
        oralceConnection1.Close( ); //오라클과 접속 종료
}
```

앞에서 생성한 프로그램의 실행 결과는 다음과 같다. 조인의 결과로 부서명이 출력된 것을 확인할 수 있다.

그림 7-11. 사원 검색 결과

7.2.3 데이터의 수정 (입력 및 변경, 삭제)

데이터의 입력 및 삭제, 변경도 Command 객체를 이용하여 비교적 간단히 처리할 수 있다. 입력, 변경, 삭제의 경우 Command 객체의 ExecuteNonQuery( ) 메서드를 이용하여 SQL을 실행한다.

단계 1 입력 기능을 위하여 command 객체를 생성하고, connection 속성을 지정한 후 Command Text에 다음의 insert 구문을 생성한다.

```
INSERT INTO EMP (EMPNO, ENAME, JOB)
VALUES (:aa, :bb, :cc);
```

단계 2 파라미터에 aa, bb, cc 3개의 변수를 등록한다.

단계 3 oracle provider를 사용할 경우 버튼의 클릭 이벤트에 다음의 코드를 입력한다.

```
oracleCommand2.Parameters["aa"].Value = textBox1.Text;
oracleCommand2.Parameters["bb"].Value = textBox2.Text;
oracleCommand2.Parameters["cc"].Value = textBox3.Text;
oracleCommand2.ExecuteNonQuery( );
```

단계 4 삭제 기능을 위하여 새로운 command 객체를 생성하고, connection 속성을 지정한 후 다음의 SQL 구문을 생성한다.

```
DELETE FROM EMP
WHERE EMPNO = :aa;
```

단계 5 삭제 버튼의 클릭 이벤트에 다음의 코드를 입력한다.

```
oracleCommand3.Parameters["aa"].Value = textBox1.Text;
oracleCommand3.ExecuteNonQuery( );
```

ExecuteNonQuery( )에서는 반환되는 결과 값으로 수정된 결과행의 개수를 확인할 수 있다. ExecuteNonQuery( ) 메서드가 반환한 값이 0일 경우 SQL에 의해 수정된 행은 0개이며, 1이상일 경우 수정된 행이 1개 이상, -1일 경우 데이터의 수정 구문이 아닌 다른 쿼리문을 ExecuteNonQuery( ) 메서드로 실행했을 경우를 나타낸다. 다음의 프로그램 소스 코드를 통해 쉽게 이해할 수 있다.

데이터의 수정

```
oracleConnection1.Open( );
oracleCommand1.CommandText = "UPDATE EMP SET SAL = 6000" +
                             "WHERE EMPNO = '1'";
int intRecordsAffected = oracleCommand1.ExecuteNonQuery( );
if(intRecordsAffected == 1)
    MessageBox.Show("업데이트 성공");
else
    MessageBox.Show("업데이트 실패");
```

앞의 예시는 EMP 테이블의 행을 ExecuteNonQuery( ) 메서드로 업데이트하여 반환되는 값을 통해 업데이트 성공여부를 확인하는 코드이다. 업데이트 되는 레코드가 1개 이므로 반환값이 1일 경우 업데이트의 성공을 나타내며, 1이 아닌 경우(0인 경우) SQL의 WHERE 조건문을 만족하는 행이 없거나 다른 사용자에 의해 행이 지워져서 업데이트가 실패하였음을 나타낸다.

7.3 트랜잭션 내에서 데이터 수정문 실행하기

Connection 객체는 트랜잭션 내에서 SQL 데이터 수정문을 실행하기 위해 Transaction 객체를 생성할 수 있는 BeginTransaction( ) 메서드를 제공하고 있다. 이렇게 생성된 Transaction 객체는 Command 객체의 속성값으로 이용될 수 있으며 다음의 코드는 트랜잭션 내에서 데이터를 수정하는 SQL 구문을 실행시키는 방법을 보여주고 있다.

트랜잭션 내에서 데이터를 수정하는 구문을 실행하는 코드

```
oracleConnection1.Open( );
oralceTransaction txn = oracleConnection1.BeginTransaction( );

// 1개의 트랜잭션으로 동작해야 하는 예제
String str1 = "DELETE ";
String str2 = "INSERT INTO ..;

oralceCommand1.Transaction = txn; // 2개의 SQL이 1개의 트랜잭션 txn에 연결
oralceCommand2.Transaction = txn;

int recordAffect = oracleCommand1.ExecuteNonQuery( ); // 트랜잭션의 시작 및 데이터의 입력
if (recordAffect == 1) // 코드 1개가 입력되었으면
{
  recordAffect = oracleCommand2.ExecuteNonQuery( );
  if (recordAffect == 1)
       txn.Commit( ); // Commit
  else
       txn.Rollback( ); // 롤백 - 처음 시작한 상태로 되롤린다.
}
```

Transaction 객체의 Commit( ) 혹은 Rollback( ) 메서드를 호출하여 트랜잭션 내에서 수행된 동작을 저장 혹은 무시할 수 있다. 트랜잭션이 가지는 원자성 (Atomicity), 고립성 (Isolation), 지속성 (Durability)을 모두 유지하게 한다.

7.4 데이터 로드

이번에는 테이블에 많은 데이터를 한꺼번에 입력하는 예제를 살펴보자. 먼저 간단한 테이블을 만들고 응용 프로그램에서 여러개의 데이터를 한꺼번에 입력하게 해보자. Sample_table(sid, val)에서 sid는 키 값으로 중복된 값이 들어가지 않게 연속적인 번호를 부여하고, val에는 1에서 99사이의 임의의 값이 랜덤하게 입력되도록 해보자.

단계 1 샘플 테이블 Sample_table(sid, val)을 생성한다.

단계 2 다음의 응용 프로그램을 생성한다.

단계 3 OralceConnection과 OracleCommand 클래스의 객체를 생성하고, 앞에서 설명한 내용으로 설정한다. CommandText에는 다음의 SQL을 입력하고 파라미터를 설정한다.

```
INSERT INTO Sample_Table (sid, val)
VALUES (:param1, :param2);
```

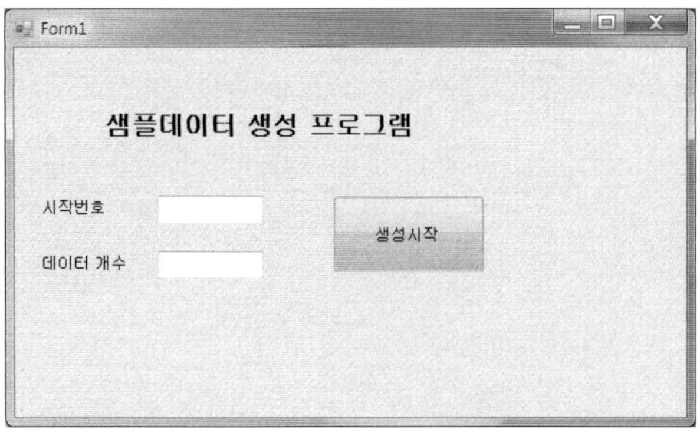

그림 7-12. 샘플 데이터 생성 프로그램 화면

단계 4 생성 시작 버튼에 다음의 코드를 입력한다.

생성 시작 버튼을 눌렀을 때

```
// 입력을 받아 들이고
start_sid = Convert.ToInt32(textBox1.Text);
no_of_loop = Convert.ToInt32(textBox2.Text);

 if (start_sid <= 0 || no_of_loop <= 0)
```

```
{
        MessageBox.Show("입력이 올바르지 않습니다.");
}
else
{
        // 오라클 연결
        oracleConnection1.Open( );
        Random random = new Random( ); // random class 생성

        // input data
        for (int i = 0; i < no_of_loop; i++)
        {
                // INSERT INTO Sample_Table (sid, val) VALUES (:param1, :param2);

                oracleCommand1.Parameters["param1“].Value = start_sid + i;
                oracleCommand1.Parameters["param2"].Value = random.Next(1, 99);
                oracleCommand1.ExecuteNonQuery( );
        }
        MessageBox.Show("Data Successfully Added");
        oracleConnection1.Close( );
}
```

데이터베이스의 Sample_table 테이블에 데이터가 입력된 것을 확인해보자.

7.5 DataGridView를 이용한 데이터 출력

DataGridView는 테이블 형식의 데이터를 출력하는데 가장 편리한 컨트롤로서 다음의 그림과 같이 데이터베이스 프로그램의 사용자 인터페이스에서 널리 사용된다.

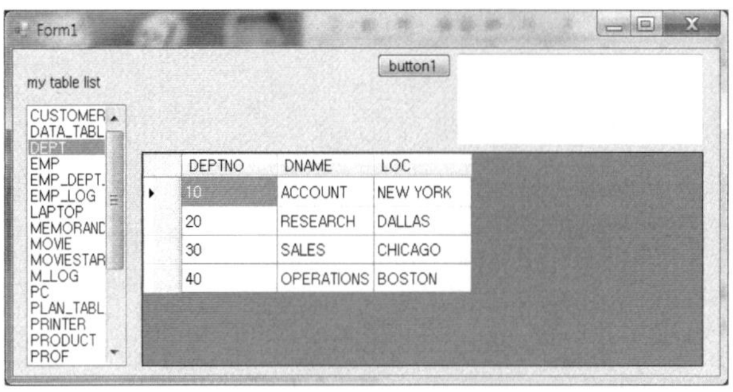

그림 7-13. 선택한 테이블의 데이터 출력

단계 1 도구 상자에서 데이터그리드 뷰를 찾아서 [그림 7-13]과 같이 윈도우에 데이터그리드 뷰를 생성한다.

단계 2 DataTable 클래스의 객체 dt를 생성한다.

단계 3 OracleDataReader 클래스의 객체 rdr의 데이터를 dt로 로드한다.

단계 4 생성된 데이터그리드 뷰 객체의 DataSource 속성을 다음과 같이 DataTable 클래스의 객체(dt)로 설정한다.

```
DataGridView1.DataSource = dt;
```

지금까지의 과정을 리스트의 선택 이벤트에 코드로 표현하면 다음과 같다.

리스트에서 선택한 테이블을 데이터 그리드 뷰에 출력

```
private void listBox1_SelectedIndexChanged(object sender, EventArgs e)
{
    // FROM 뒤에 스페이스 꼭 필요
    string sql = "SELECT * FROM "
    string tbl_name = listBox1.SelectedItem.ToString( );

    oracleCommand2.CommandText = sql + tbl_name;

    try
    {
        OracleDataReader rdr = oracleCommand2.ExecuteReader( );
        // DataTable 생성 및 데이터 로드
        DataTable dt = new DataTable( );
        dt.Load(rdr);
        // 데이터 그리드 뷰의 DataSource 설정
        dataGridView1.DataSource = dt;
    }
    catch (OracleException oError)
    {
        MessageBox.Show(oError.Message);
    }
}
```

DataGridView와 DataTable 클래스는 나중에 비연결 방식에서 더 자세히 다룬다.

7.6 OleDb로 MSAccess 질의 하기

Access로 구현된 다음의 샘플 데이터베이스의 내용을 C# 윈폼에서 출력하는 방법을 알아보자. Access는 OleDb 공급자를 사용하여 접근한다. 다음의 샘플 데이터베이스를 사용하여 데이터베이스에 질의하는 방법을 알아보자.

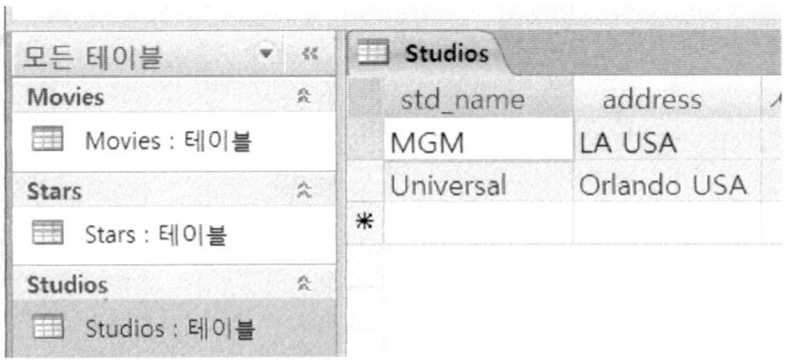

그림 7-14. 샘플 Access 데이터베이스

7.6.1 단순 질의 실행

다음의 [그림 7-15] 화면을 구성하여 Studios 테이블의 내용을 출력해보자.

단계 1 다음의 화면을 구성한다.

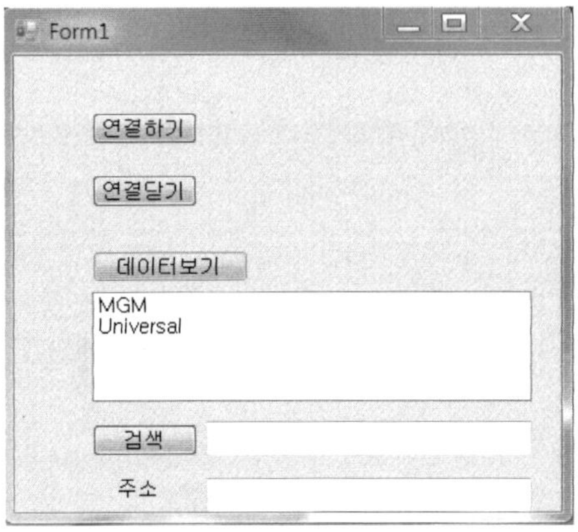

그림 7-15. Studios 테이블의 내용 출력

단계 2 도구상자에서 OleDbConnection, OleDbCommand를 윈도우 폼으로 가져온 후 각 객체를 설정한다(ConnectionString 설정과 OleDbCommand를 OleDbConnection에 연결하는 과정). 그 다음 CommandText에는 "SELECT * FROM STUDIOS"를 입력한다.

단계 3 "데이터보기" 버튼에 다음의 코드를 추가한다.

```
using System.Data.OleDb; //추가할 것

private void button3_Click(object sender, EventArgs e)
{
    // SELECT * FROM STUDIOS
    OleDbDataReader rdr = oleDbCommand1.ExecuteReader( );

    while (rdr.Read( ))
```

```
            listBox1.Items.Add(rdr["std_name"]);
        rdr.Close( );
    }
```

단계 4 실행하여 그 내용을 확인한다.

7.6.2 매개변수화된 질의 실행

OleDb는 매개변수를 사용하는 형식이 오라클 공급자와는 다른 방식을 사용한다. 매개 변수의 자리에 "?" 기호를 사용하여 매개변수의 위치 정보를 표시한다.

단계 1 새로운 OleDbCommand 클래스의 객체를 생성한다 (여기서는 oleDbCommand2).

단계 2 oleDbCommand2의 CommandText에 다음과 같이 SQL을 입력한다.

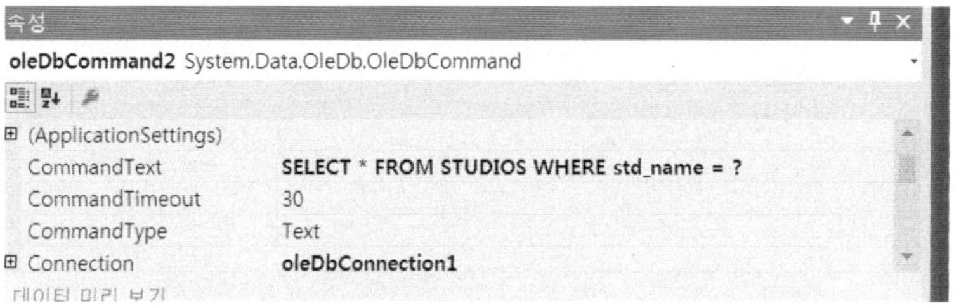

그림 7-16. 매개변수화된 질의에 "?" 기호 사용

단계 3 [그림 7-15]의 "검색" 버튼에 다음의 코드를 입력한다.

```
private void button4_Click(object sender, EventArgs e)
{
    oleDbCommand2.Parameters[0].Value = textBox2.Text;
    OleDbDataReader rdr = oleDbCommand2.ExecuteReader( );
    while (rdr.Read( ))
        listBox2.Items.Add(rdr["address"]);
    rdr.Close( );
}
```

실행해서 그 결과를 확인해보자.

7.7 SQLite 데이터베이스 질의

다음의 샘플 SQLite 데이터베이스를 사용한 응용 프로그램을 만들어보자. 테이블 스키마는 다음과 같다.

Person (name, addr, phone)

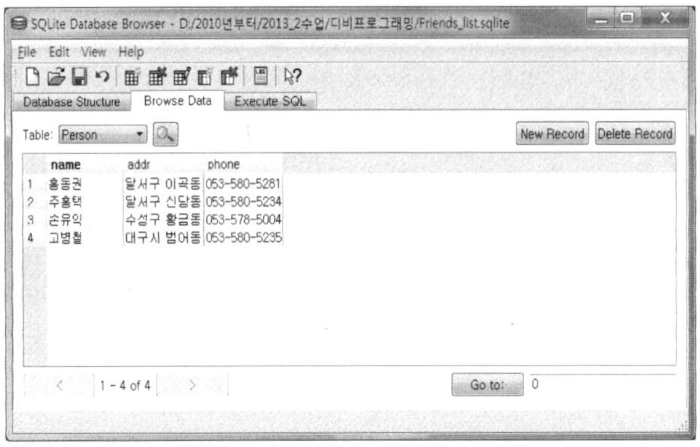

그림 7-17. SQLite Database browser 화면

단계 1 Visual Studio를 위한 sqlite provider를 설치한다.

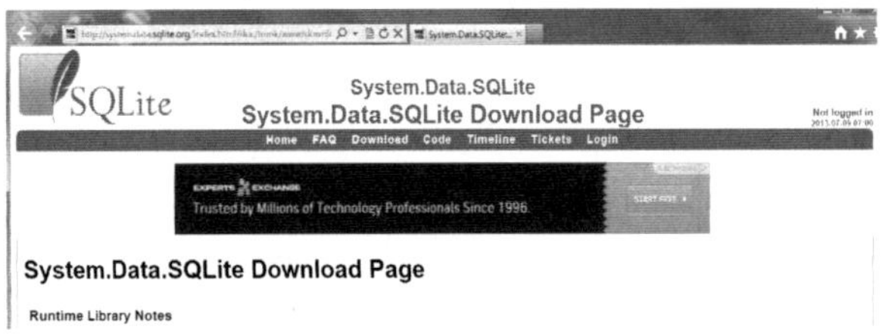

그림 7-18. SQLite provider 사이트

단계 2 Visual Studio를 시작하고, 서버탐색기에서 SQLite를 위한 공급자가 리스트에 보이는지 확인한다. 그리고 연결할 데이터베이스를 선택하여 연결을 확인한다.

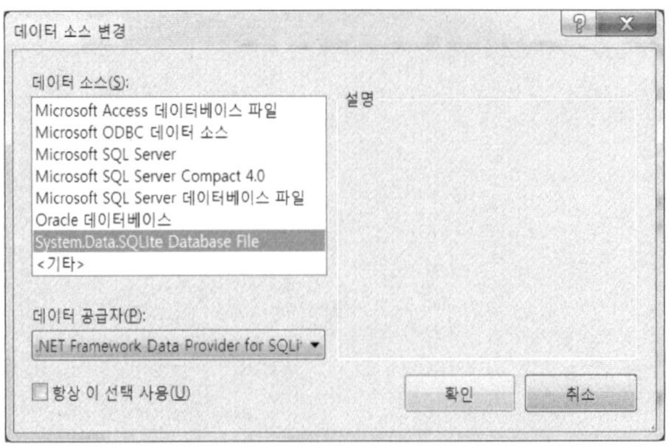

그림 7-19. SQLite provider 확인

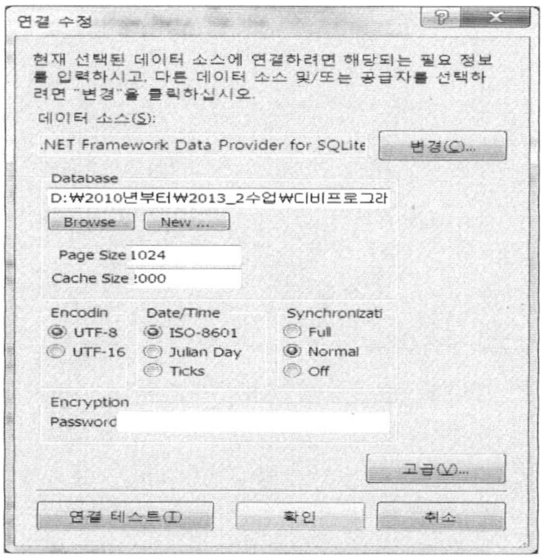

그림 7-20. SQLite DB 연결

단계 3 윈도우 폼을 만들고 폼 로드 이벤트에 다음의 코드를 입력한다.

폼 로드 시점에 SQLite DB의 내용을 윈도우에 출력

```
using System.Data.SQLite;

private void Form1_Load(object sender, EventArgs e)
{
    sqLiteConnection1.Open( );
    // CommandText = "SELECT * FROM  Person"
    SQLiteDataReader rdr = sqLiteCommand1.ExecuteReader( );
    while (rdr.Read( ))
    {
        listBox1.Items.Add(rdr["name"].ToString() + rdr["addr"].ToString( ) +
                                                    rdr["phone"].ToString( ));
    }
   rdr.Close(;
}
```

실행하여 그 결과를 확인해보자. SQLite 데이터베이스의 Person 테이블에 있는 데이터가 윈도우 화면에 출력된 것을 확인할 수 있다.

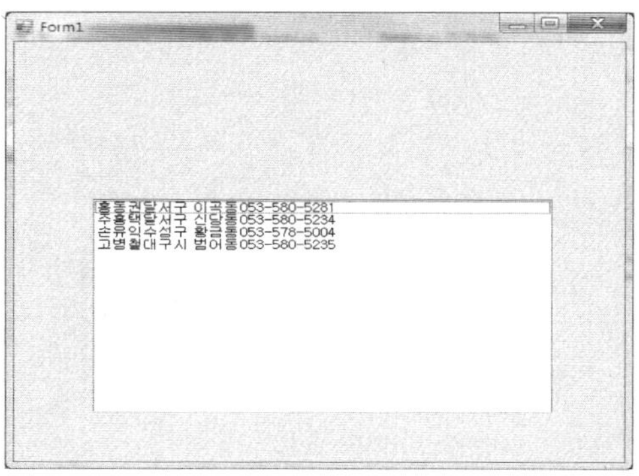

그림 7-21. SQLite DB의 내용 출력 결과

실습문제

1. Oracle 데이터베이스의 EMP 테이블과 Oracle Provider (oracleconnection과 oraclecommand)를 이용하여 다음을 구현하시오.
   윈도우 폼을 만든 후 listBox를 추가하고, 윈도우 폼이 오픈될 때 테이블에 있는 모든 레코드의 EMPNO, ENAME, JOB 컬럼의 내용을 listBox에 출력하는 응용 프로그램을 구현하시오.

   힌트)

```
using Oracle.DataAccess.Client;

private void Form1_Load(object sender, System.EventArgs e)
{
  oracleConnection1.Open( );
  // SQL이 command에 설정 된 후
  OracleDataReader rdr = oracleCommand1.ExecuteReader( );
  //데이터의 내용을 출력
  while (rdr.Read( ))
  {
    listBox1.Items.Add(rdr["EMPNO"].ToString( ) + " " + rdr["ENAME"].ToString( )+
    " " + rdr["JOB"].ToString( ));
  }
  rdr.Close( );
  oracleConnection1.Close( );
}
```

2. 윈도우 폼에 3개의 textBox와 1개의 "NEXT" 버튼을 만들어 버튼을 누를 때마다 EMP 테이블의 레코드가 1개씩 출력되도록 응용 프로그램을 작성하시오.

   힌트)

```
OracleDataReader rdr;
private void Form1_Load(object sender, System.EventArgs e)
{
      oracleConnection1.Open( );
      // 질의 작성기를 사용하여 commandText 설정 후
      rdr = oracleCommand1.ExecuteReader( );
      if (rdr.Read( )) // 첫 번째 레코드의 출력
```

```
            {
            textBox1.Text = rdr["EMPNO"].ToString( );
            textBox2.Text = rdr["ENAME"].ToString( );
            textBox3.Text = rdr["JOB"].ToString( );
        }
    }

    private void button1_Click(object sender, System.EventArgs e)
    {
            if (rdr.Read( ))
            {
             textBox1.Text = rdr["EMPNO"].ToString( );
             textBox2.Text = rdr["ENAME"].ToString( );
             textBox3.Text = rdr["JOB"].ToString( );
             }
    }
```

3. oracleconnection, oraclecommand, 오라클의 Movie 테이블을 이용하여 다음과 같은 응용 프로그램을 작성하시오.

   - 영화 제목의 일부분으로 영화를 검색할 수 있는 기능
   - TITLE, YEAR, LENGTH, FILMTYPE을 입력할 수 있는 기능

4. 윈도우 폼에 3개의 textBox와 1개의 "NEXT" 버튼을 만들어 버튼을 누를 때마다 EMP 테이블의 (EMPNO, ENAME, JOB)가 1개씩 출력되도록 응용 프로그램을 작성하시오. 이때 출력되는 레코드가 전체 레코드 중에서 몇 번째 것인지 출력하시오.

   힌트)

```
    OracleDataReader rdr;
    int ncount = 0;
    private void Form1_Load(object sender, EventArgs e)
    {
            oracleConnection1.Open( );
            rdr = oracleCommand1.ExecuteReader( );
            // 전체 레코드의 개수를 읽어온다.
            int cnt = int.Parse(oracleCommand2.ExecuteScalar( ).ToString( ));
             // Int32 cnt =  Convert.ToInt32(oracleCommand2.ExecuteScalar( ));
```

```
        label6.Text = cnt.ToString( ); // 전체 레코드 개수를 출력

    if (rdr.Read( ))
    {
            ncount++;
            textBox1.Text = rdr["EMPNO"].ToString( );
            textBox2.Text = rdr["ENAME"].ToString( );
            textBox3.Text = rdr["JOB"].ToString( );
            textBox4.Text = ncount.ToString( ); // 몇 번째 인지 출력
    }
}

private void button1_Click(object sender, EventArgs e)
{
        if (rdr.Read( ))
        {
                ncount++;
                textBox1.Text = rdr["EMPNO"].ToString( );
                textBox2.Text = rdr["ENAME"].ToString( );
                textBox3.Text = rdr["JOB"].ToString( );
                textBox4.Text = ncount.ToString( ); // 몇 번째 인지 출력
    }
}
```

5. 연결모드를 이용한 DB 프로젝트로 "개인 메모장" 또는 "개인 일기장" 데이터베이스 응용 프로그램을 개발해보자. 지금까지 배운 OracleConnection, OracleCommand, OacleDataReader 등의 연결기능을 이용한 프로젝트로 다음의 요구사항을 만족해야 한다.

응용 프로그램의 요구사항은 다음과 같다.

- 간단한 메모를 생성하여 저장할 수 있는 데이터베이스
- 메모의 리스트 전체보기
- 검색된 메모 리스트에서 메모를 선택하여 메모 내용을 확인
- 메모를 저장하는 테이블은 다음의 필드를 반드시 포함한다.
  Memo_table (M_id, M_keyword, M_date, M_contents)

힌트)

M_id는 주 키(primary key)로 중복되지 않는 값을 부여한다. 이때 오라클에서 사용할 수 있는 것은 오라클 SEQUENCE로 중복되지 않는 자동 증가 값을 쉽게 구할 수 있다.

M_keyword, M_Contents, M_date는 문자열 타입을 사용한다. M_date에는 메모 생성 시간을 저장한다(PC의 시간이 아니라 서버의 시간을 저장).
Oracle SEQUENCE 생성(예, memo_seq)후 그 시퀀스의 nextval을 이용하여 다음 값을 구할 수 있다. 따라서 다음의 SQL 구문을 이용하여 M_id에 항상 중복되지 않는 자동 증가 값을 저장할 수 있다.

```
INSERT INTO Memo_table (M_id, M_keyword, M_date, M_contents)
V ALUES (memo_seq.nextval, '약속', '2014-03-04', '내용은 ..');
```

오라클 서버에서 현재의 시간은 다음의 SQL을 사용하여 구할 수 있다.

```
SELECT SYSDATE FROM DUAL;
```

데이터베이스 서버의 시간을 읽어 와서 저장하는 프로그램의 일부분은 다음과 같다.

```
private void button1_Click(object sender, EventArgs e)
{

        DateTime current_time;

        // OracelCommand4에 저장된 SQL이 SELECT SYSDATE FROM DUAL
        current_time = Convert.ToDateTime(oracleCommand4.ExecuteScalar( )); ;

        // OracleCommand1에 저장된 SQL이
        // INSERT INTO Memo_table
        // VALUES (memo_seq.nextval, :aa, :bb, :cc)

        oracleCommand1.Parameters["aa"].Value = textBox1.Text; // memo keyword
        // 날짜를 스트링으로 변환
        oracleCommand1.Parameters["bb"].Value = current_time.ToString( );
        oracleCommand1.Parameters["cc"].Value = textBox2.Text; // memo contents

        oracleCommand1.ExecuteNonQuery( ); // 데이터베이스에 메모 저장

        MessageBox.Show("Memo Successfully Added");

}
```

생성된 예제 응용 프로그램에서 키워드와 메모 내용을 입력하고, "메모저장"을 누르면 생성시간과 주 키는 자동 생성되어 저장된다. "다음메모"는 새로운 메모를 입력할 수 있게 입력 화면을 다시 준비한다.

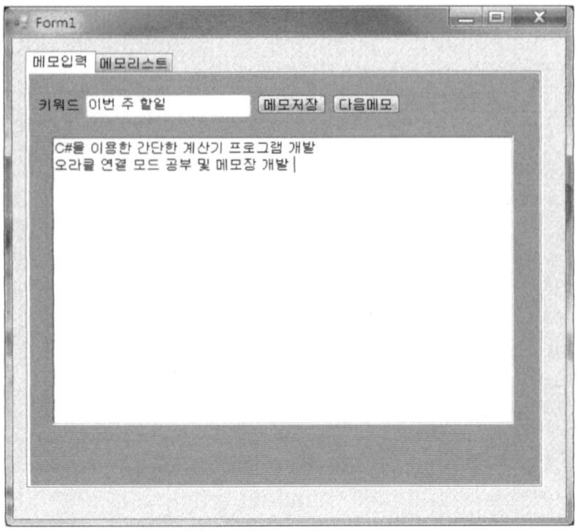

그림 7-22. 메모 생성 부분

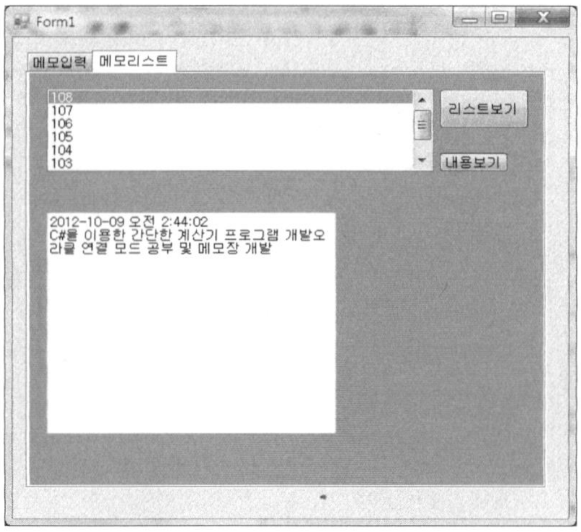

그림 7-23. 저장된 메모 리스트

6. 앞의 (5)번 문제의 메모장을 확장하여 다음의 요구사항을 만족하는 응용 프로그램을 만드시오. 앞의 경우와 달리 Memo_table2 (M_id, M_keyword, M_date, M_contents)에서 M_date를 date 타입으로 저장하시오(생성 날짜와 시간을 저장).

<응용 프로그램의 요구사항>

- 오라클에서 간단한 메모를 생성, 저장할 수 있는 데이터베이스의 구현
- 메모의 검색 기능은 1) 리스트 전체보기, 2) 키워드 검색, 3) 날짜 범위로 검색
- 검색된 메모 리스트에서 메모를 선택하여 메모 내용을 확인
- 메모의 삭제
- 메모의 내용 및 키워드 변경 기능

7. 다음과 같이 각 개인의 오라클 데이터베이스 내용을 볼 수 있는 응용 프로그램을 만드시오. 왼쪽에는 테이블의 리스트가 출력되며, 테이블을 선택하면 선택한 테이블의 데이터가 오른쪽에 출력되게 한다.

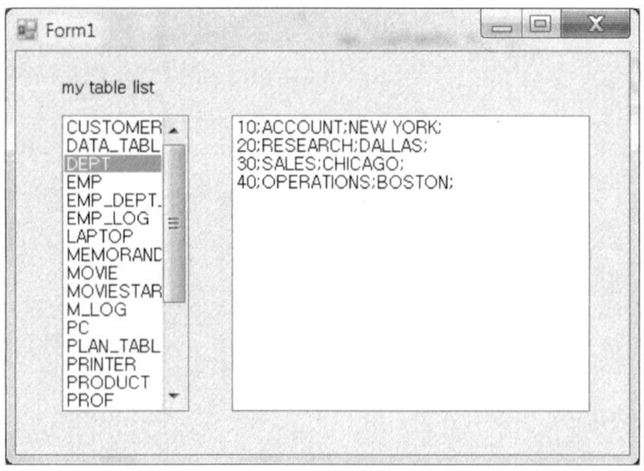

그림 7-24. 오라클 스키마의 테이블 내용

힌트)

테이블 리스트 출력

```
private void Form1_Load(object sender, EventArgs e)
{
            oracleConnection1.Open( );
            // 오라클 Command1.CommandText에
            // SELECT object_name  FROM user_objects
            // WHERE object_type = 'TABLE'";
            OracleDataReader rdr = oracleCommand1.ExecuteReader( );
            while (rdr.Read( )) // 테이블 리스트를 출력
            {
                listBox1.Items.Add(rdr[0]);
            }
}
```

선택된 테이블의 정보 출력

```
private void listBox1_SelectedIndexChanged(object sender, EventArgs e)
{
            string my_contents = ""

            // FROM 뒤에 스페이스 꼭 필요
            string sql = "SELECT * FROM "
            string tbl_name = listBox1.SelectedItem.ToString( );
            oracleCommand2.CommandText = sql + tbl_name;
            OracleDataReader rdr = oracleCommand2.ExecuteReader( );

            listBox2.Items.Clear( );
            int count = rdr.FieldCount; // 레코드의 컬럼 갯수

            while (rdr.Read( ))
            {
                my_contents = ""
                for (int i = 0; i <= count -1 ; i++)
                    my_contents = my_contents + rdr[i] + ";"
                listBox2.Items.Add(my_contents);
            }
        }
    }
}
```

9. (SQLite를 이용한 응용 프로그램의 작성)

SQLite 데이터베이스를 이용하여 다음의 응용 프로그램을 만드시오. 왼쪽에는 테이블 리스트가 나타나며, 테이블을 선택하면 오른쪽의 데이터 그리드뷰에 그 내용이 출력되게 한다. 또 임의의 SQL을 입력하게 하고, 그 내용을 실행하면 결과가 하단의 데이터 그리드 뷰에 나타나게 한다.

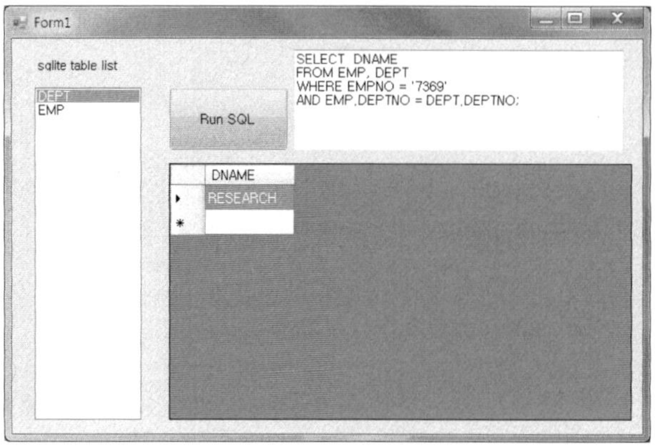

그림 7-25. SQLite 데이터베이스 응용 프로그램

힌트)

```
// 폼 로드 이벤트에
private void Form1_Load(object sender, EventArgs e)
{
    sqLiteConnection1.Open( );
    sqLiteCommand1.CommandText =
                "SELECT name FROM sqlite_master WHERE type = 'table'";
    SQLiteDataReader rdr = sqLiteCommand1.ExecuteReader( );
    while (rdr.Read( ))
    {
        listBox1.Items.Add(rdr[0]);
    }
}

// 리스트의 테이블을 선택하는 이벤트에
private void listBox1_SelectedIndexChanged(object sender, EventArgs e)
{
    // FROM 뒤에 스페이스 꼭 필요
    string sql = "SELECT * FROM ";
    string tbl_name = listBox1.SelectedItem.ToString( );

    sqLiteCommand2.CommandText = sql + tbl_name;
```

```
    // SQL 오류가 있을 경우 처리 방법 추가
    SQLiteDataReader rdr = sqLiteCommand2.ExecuteReader( );

    DataTable dt = new DataTable( );
    dt.Load(rdr);
    dataGridView1.DataSource = dt;
 }


// 명령 버튼의 클릭 이벤트에
private void button1_Click(object sender, EventArgs e)
{
   if (textBox1.Text != "")
   {
      sqLiteCommand3.CommandText = textBox1.Text.ToString( );
      try
      {
            SQLiteDataReader rdr3 = sqLiteCommand3.ExecuteReader( );
            DataTable dt = new DataTable( );
            dt.Load(rdr3);
            dataGridView1.DataSource = dt;
      }
      catch (SQLiteException oError)
      {
            MessageBox.Show(oError.Message);
      }
   }
}
```

Chapter 08

DataSet 만들기

8

DataSet 만들기

앞에서 배운 DataReader는 데이터베이스와의 연결이 계속 지속되어야 하고 또 순차적인 데이터 탐색 기능만 제공하므로 그 활용에 있어서 많은 제약이 따른다. 따라서 대부분의 데이터베이스 응용 프로그램은 DataReader보다는 데이터베이스와의 연결이 끊어진 상태에서도 동작하고 탐색이 자유로운 DataSet을 사용한다.

8.1 DataSet 객체의 개요

DataSet 객체는 DataAdapter 또는 TableAdapter 객체를 통해 데이터베이스에서 가져온 결과를 임시로 저장해 놓은 데이터의 집합이다. DataSet에 있는 데이터는 데이터베이스와 직접 연결되어 있지 않은 상태이므로 DataSet의 내용을 변경하더라도 데이터베이스에 직접 영향을 미치지 못한다. DataSet을 사용하는 환경에서 응용 프로그램은 데이터베이스에서 필요한 데이터를 가져와서 DataSet에 복사한 뒤 연결이 종료된 상태에서 작업한다. 따라서 데이터베이스와 연결이 계속 유지되어 순차적인 탐색만을 지원하는 DataReader 객체와는 달리 DataSet에서는 정렬, 탐색, 필터링, 스크롤(쿼리 결과를 앞뒤로 검색)등 다양한 작업들을 처리할 수 있다.

8.2 DataSet의 구성요소

DataSet 객체는 그 자체로 하나의 메모리 데이터베이스를 나타내며, 데이터뿐만 아니라 데이터를 분석하고 다루는데 필요한 정보들 즉, 테이블 구조정보, 필드정보, 프라이머리 키, 데이터 관계, 제약 조건 등을 제공할 수 있다. [그림 8-1]은 DataSet의 구성요소를 보여준다.

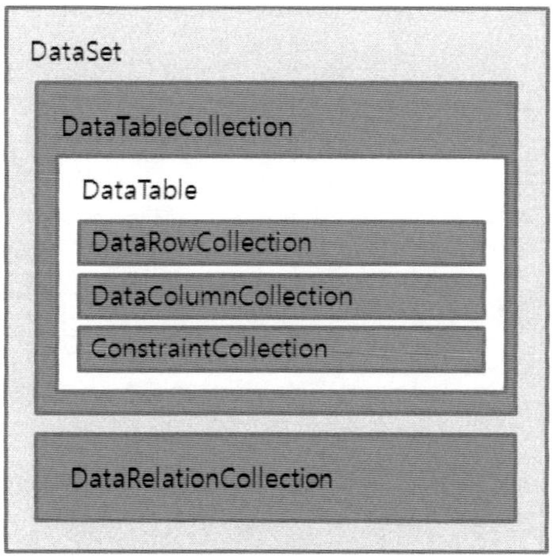

그림 8-1. DataSet의 구성 요소

DataSet은 한 개 또는 여러 개의 DataTable로 구성되어 있으며, DataTable의 구성요소는 DataRow와 DataColumn 그리고 Constraint로 이루어져 있다. 또 테이블간의 관계를 나타내는 DataRelation을 포함할 수 있으며 DataTable의 개념상 구조는 [그림 8-2]와 같은 Collection 개념으로 표현된다.

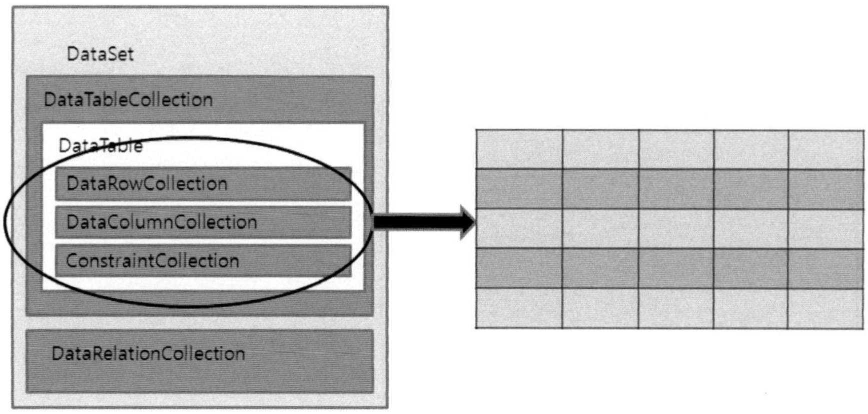

그림 8-2. DataTable의 개념상 구조

[그림 8-2]를 보면 DataSet은 여러 개의 DataTable을 가지고 있는 DataTableCollection으로 되어 있다. DataTable은 다시 DataColumnCollection과 DataRowCollection으로 구성 되어 있다. DataColumnCollection의 요소는 DataColumn으로 이루어져 있으며 DataColumn은 테이블 내의 필드 정보를 보유하고 있다. 그리고 DataRowCollection은 DataRow로 이루어져 있으며 DataRow는 레코드를 의미한다. DataSet의 계층구조를 살펴보면 [그림 8-3]과 같은 컬렉션(Collection) 구조로 표시된다.

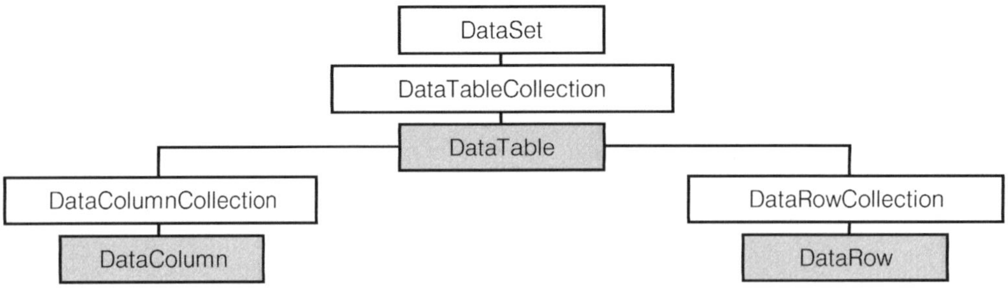

그림 8-3. DataSet의 DataTable 컬렉션 계층구조

8.3 Visual Studio.NET에서 DataSet 객체 생성하기

본 절에서는 Visual Studio.NET의 디자이너에서 디자인 시점에 DataSet 객체를 생성하는 방법을 알아본다.

8.3.1 데이터 소스 구성 마법사로 DataSet 스키마 생성

[데이터 소스 구성마법사]를 사용하여 형식화된 데이터 집합을 만들 수 있다.

1) 메인 메뉴의 [보기]-[다른창]-[데이터소스]를 선택하여 데이터소스 화면이 나타나게 한다.
2) [새 데이터 소스 추가]를 선택하여 [데이터 소스 구성 마법사]를 시작한다.
3) [데이터 소스 형식 선택]에서 [데이터베이스]를 선택한다. 그리고 필요한 테이블을 선택하여 마법사를 완료하면 형식화된 데이터 집합이 프로젝트에 추가된다. (솔류션 탐색기에 데이터 집합 클래스가 생성)
4) 도구상자에서 [DataSet]을 선택해서 윈도우 폼으로 드래그하면 DataSet 인스턴스를 만든다.
5) 필요에 따라 DataSet에 데이터를 채울 TableAdapter 또는 DataAdapter를 생성한다.
   (예, DataAdapter를 생성하는 경우 : [도구상자]-[OracleDataAdapter]를 선택한 후 폼으로 끌어서 데이터 어댑터를 추가, [데이터 어댑터 구성 마법사]를 사용하여 필요한 설정을 완성한다. (dataSet, dataAdapter, Connection을 완성)

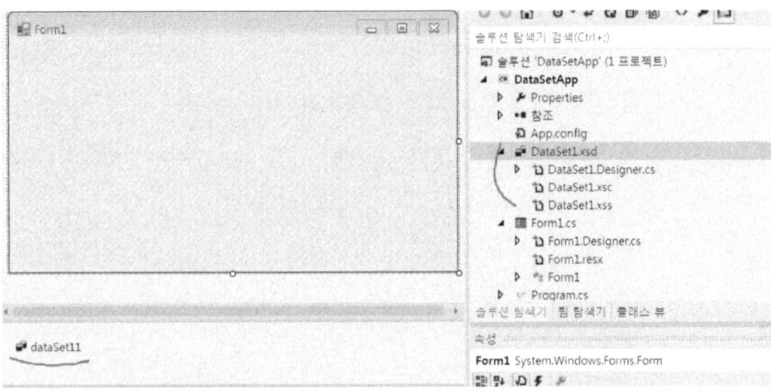

그림 8-4. DataSet 스키마와 인스턴스 생성

```
// 생성된 코드, DataSet1은 디자이너에서 생성된 DataSet 클래스
this.dataSet11 = new DataSetApp.DataSet1( );
this.dataSet11.DataSetName = "DataSet1"
```

8.3.2 데이터 집합 디자이너를 사용한 DataSet 생성

또 다른 방법으로는 [데이터 집합 디자이너]를 사용하여 DataSet을 생성할 수 있다.

1) [프로젝트]→[새 항목 추가]에서 [DataSet]을 추가하여 [데이터 집합 디자이너]를 실행한다.
2) [서버 탐색기]에서 필요한 테이블을 화면으로 드래그하여 스키마를 완성한다. (데이터집합 클래스가 완성)
3) 도구상자에서 [DataSet]을 선택해서 윈도우 폼으로 드래그하면 DataSet 인스턴스를 만든다.
4) DataSet에 데이터를 채울 TableAdapter 또는 DataAdapter를 생성한다.

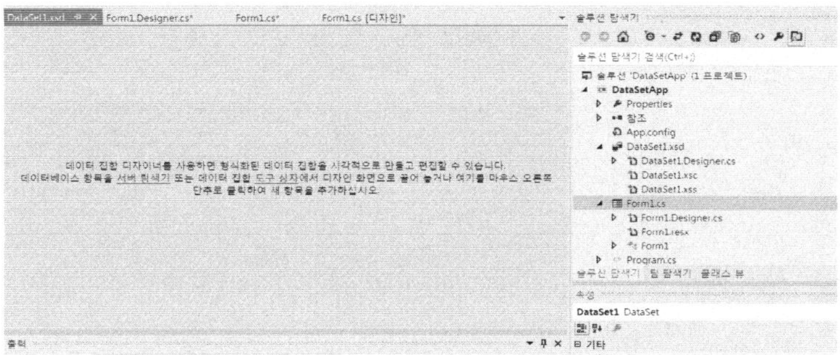

그림 8-5. 데이터 집합 디자이너 실행 화면

8.3.3 DataAdapter 객체에서 DataSet 생성하기

1) 우선 DataAdapter를 생성하기 위해 도구 상자에서 OracleDataAdapter 항목을 드래그 하여 폼에 추가한다.
2) [데이터 어댑터 구성 마법사]가 시작되며 먼저 사용할 데이터 연결을 새로 설정 또는 만들어진 연결을 사용한다.

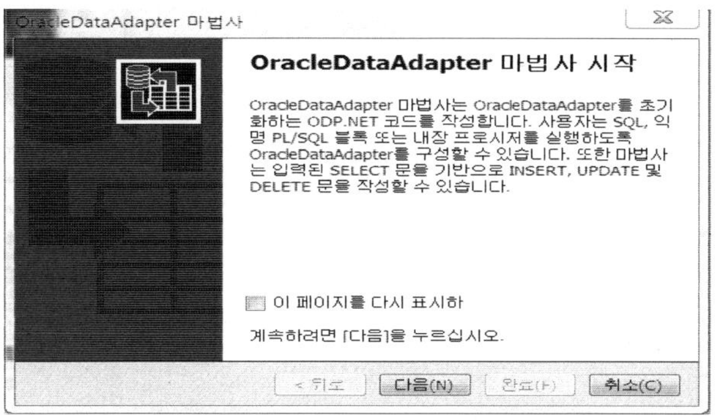

그림 8-6. DataAdapter 마법사

3) [데이터 어댑터에서 사용해야할 데이터 접속 선택]을 한 후 SQL SELECT 사용을 선택한다.

4) [다음]을 선택하여 필요한 SQL SELECT 구문을 입력한 후 자동으로 연관된 INSERT, UPDATE, DELETE문을 생성한다.

5) 생성된 데이터 어댑터의 스마트 태그에서 [데이터 집합 생성]을 선택하여 데이터집합 객체를 생성 한다. (DataAdapter마다 서로 다른 DataSet이 생성된다)

8.4 데이터 집합 디자이너

솔류션 탐색기에 있는 DataSet의 스키마(예, DataSet1.xsd)를 더블클릭하면 다음의 [데이터집합 디자이너]가 실행되며 DataSet의 구조를 보여준다. [그림 8-7]의 데이터집합에는 2개의 테이블이 만들어져 있으며 각 테이블마다 TableAdapter가 정의되어 있다.

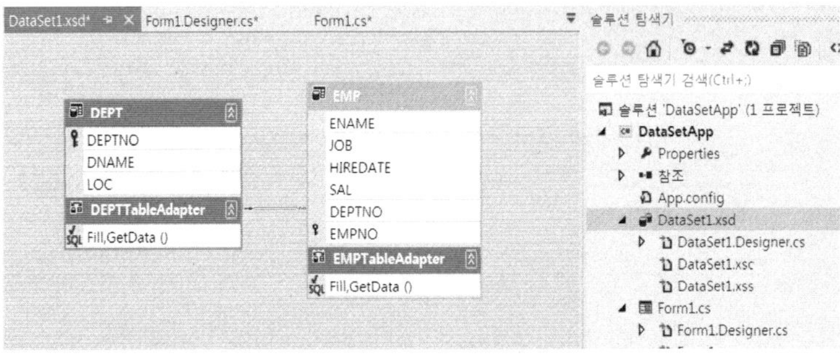

그림 8-7. 데이터 집합 디자이너 실행 결과

[데이터집합 디자이너]에서는 새로운 테이블을 추가하거나 또는 테이블을 변경하는 등 데이터 집합의 구조를 변경할 수도 있다.

8.5 Visual Studio에서 간단한 DataSet 응용 작성

윈도우 응용 프로그램에서 DataSet의 데이터를 폼에 표시하는 방법은 매우 다양하다. 여기서는 Visual Studio에서 [데이터 소스 구성 마법사]를 사용하여 DataSet의 데이터를 가장 쉽게 표시하는 방법을 알아본다.

본 설명에서는 Oracle 데이터베이스에 만들어진 EMP 테이블의 데이터를 윈도우 폼에 표시하는 방법을 예제로 사용하여 그 방법을 설명한다.

단계 1 윈도우 응용 프로그램 프로젝트를 생성한다.

단계 2 [데이터 소스 구성 마법사]를 사용하여 데이터 소스를 만든다.
메인 메뉴의 [보기]-[다른창]-[데이터소스]를 선택하여 데이터소스 화면이 나타나게 한다. 그 다음 [새 데이터 소스 추가]를 선택하여 [데이터 소스 구성 마법사]를 시작한다. 필요한 테이블을 선택하여 데이터 소스를 구성한다.

단계 3 데이터 소스에 있는 특정 테이블의 내용을 폼에 표시하는 방법으로 2가지 중에서 1가지를 선택한다. ([DataGridView]는 모든 레코드를, [자세히]를 선택하면 레코드 1개씩 - 여기서는 [자세히]를 선택한다)

단계 4 [데이터 소스] 창에 있는 EMP 테이블을 폼으로 드래그한다. dataSet, BindingSource, TableAdapter, BindingNavigator가 자동으로 생성된다. DataSet의 Hierarchical Update가 디폴트로 True로 설정 되어 있는 경우 TableAdapterManager도 생성된다. 따라서 [데이터집합 디자이너]에서 데이터집합을 열고 속성 창의 계층적 업데이트 (Hierarchical Update)를 False로 설정하면 TableAdapterManager 없이 만들 수 있다.

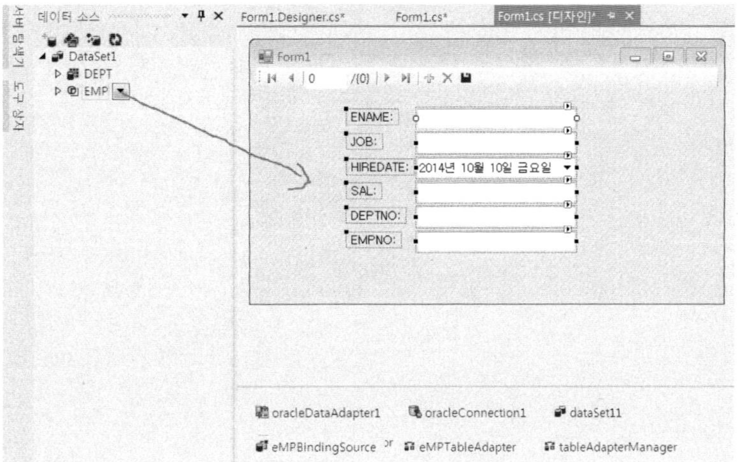

그림 8-8. EMP 자세히 보기 기능

단계 5 응용 프로그램을 빌드한 후 실행하면 레코드 탐색, 추가, 삭제, 저장 기능이 실행된다.

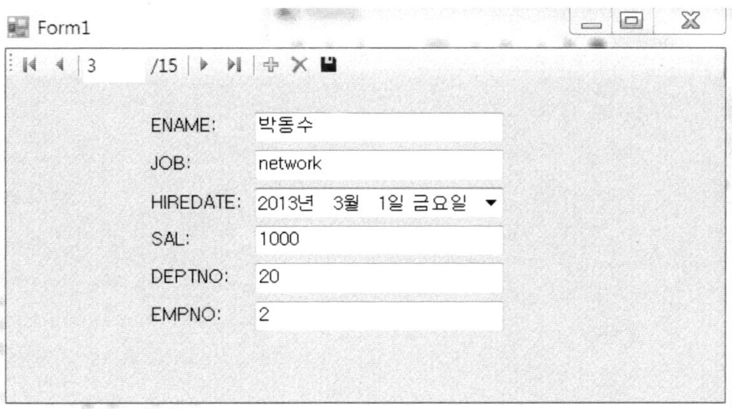

그림 8-9. 데이터 소스 마법사를 사용한 응용 실행 결과

Visual Studio에서 제공하는 [데이터 소스 마법사]를 사용하여 전형적인 데이터베이스 응용 프로그램의 일부분을 쉽게 만드는 방법을 알아보았다. 앞으로 여기서 사용된 BindingNavigator, BindingSource, DataAdapter, TableAdaptper 객체들에 대해서 자세히 알아본다.

Chapter 09

DataAdapter 사용

9

DataAdapter 사용

DataAdater 클래스는 ADO.NET 객체 모델에서 데이터베이스와 DataSet간의 다리 역할을 한다. 즉 DataAdapter를 사용하여 데이터베이스에서 데이터를 가져와서 비연결 객체인 DataSet에 보관함으로써 데이터베이스와 연결이 끊기더라도 DataSet 자체만으로 사용자는 작업을 수행할 수 있다.

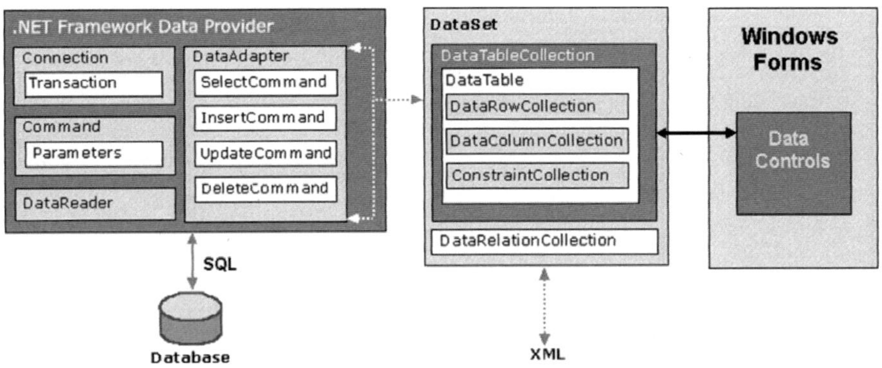

그림 9-1. 데이터 어댑터의 위치 및 역할

[그림 9-1]에서 DataAdapter는 데이터베이스에서 가져온 데이터를 DataSet에 저장하는 역할을 담당하고 있다.

9.1 DataAdapter의 분석

DataAdapter는 쿼리 결과를 DataSet 객체와 DataSet에 연결된 DaTaTable 객체에 저장하는 것을 돕기 위해 설계되었다. 즉 내부적으로 DataAdapter 객체는 일련의 Command 객체와 DataSet과 통신하는 방법을 결정하는 매핑 속성들의 컬렉션으로 구성되어 있다. 다음의 [그림 9-2]는 DataAdapter의 구조를 보여주고 있다.

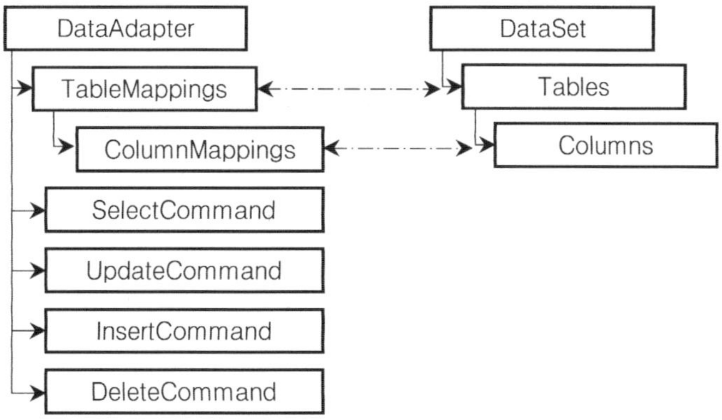

그림 9-2. DataAdapter의 구조

9.1.1 DataAdapter의 Command

DataSet에 필요한 데이터를 저장하기 위해서 DataAdapter를 사용할 때 DataAdapter는 데이터베이스와 데이터를 주고받기 위하여 Command를 사용한다. DataAdapter는 결과를 가져와서 DataSet의 컬렉션에 포함된 DataTable (DataSet의 Tables 컬렉션에 포함된 객체로써 관계형 테이블의 개념)의 새 행에 복사한다. 데이터베이스에서 데이터를 가져오기 위해서는 DataAdapter 객체의 SelectCommand 속성을 이용하며, 반대로 업데이트한 내용을 데이터베이스에 반영하기 위해서는 InsertCommand, UpdateCommand, DeleteCommad를 사용한다.

9.1.2 TableMappings 컬렉션

DataAdapter는 TableMappings 컬렉션을 이용하여 쿼리 결과를 비연결 객체인 DataSet의 구조로 맵핑시키는 메커니즘을 제공한다. 예를 들어 사용자가 "SELECT Empno, Ename, Deptno FROM EMP;"와 같은 쿼리를 실행한 결과 값들을 DataSet에 있는 EMPLOYEES 테이블의 EmpID, LastName, DeptID 컬럼에 각각 저장하는 경우를 살펴보자. DataAdapter 객체의 Fill( )메서드를 이용하여 결과값을 가져올 때 "Table"이라는 이름의 DataSet 내부의 테이블에 디폴트로 저장된다. 따라서 사용자는 DataAdapter 객체의 TableMapping 속성을 이용하여 DataTableMapping 객체를 만들고 원하는 이름의 테이블(Employees)을 만들어 원하는 결과 컬럼들과 맵핑되는 컬럼들(EmployID, LastName, DeptID)을 삽입할 수 있다. 마지막으로 사용자는 데이터베이스와 연결이 되지 않은 상태에서 DataSet의 테이블을 이용하여 필요한 작업을 처리할 수 있다.

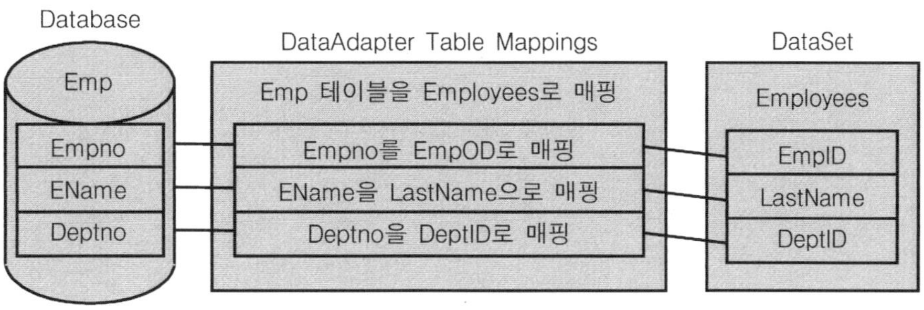

그림 9-3. 테이블 맵핑

[그림 9-3]과 같이 DataAdapter 객체의 TableMappings 컬렉션은 데이터베이스와 DataSet 간의 매핑 계층(Layer)를 만들 수 있게 한다. TableMappings 속성은 DataTableMappings 컬렉션을 포함하는 DataTableMappingsCollection 객체를 반환한다. 각 객체는 데이터베이스의 테이블(뷰 또는 저장 프로시저)과 DataSet의 일치하는 테이블 이름간의 매핑을 만든다. 또한 DataTableMappings 객체는 DataColumnMappingsCollection 객체를 리턴하는 ColumnMappings 속성을 가진다. 이 DataColumn MappingsCollection 객체는 DataColumnMapping 객체의 컬렉션을 구성한다. 각 DataColumnMapping 객체는 데이터베이스의 열을 DataSet의 열에 매핑한다.

9.2 Visual Studio.NET에서 DataAdapter 객체 만들기

Visual Studio.NET을 사용하여 DataAdapter 객체를 만드는 방법을 살펴보자.

9.2.1 도구 상자에서 DataAdapter 드래그 앤 드롭

DataAdapter 생성 방법을 알아보자.

단계 1 새로운 윈도우 폼 프로젝트를 생성한다.

단계 2 도구상자로부터 OracleDataAdapter(Oracle Provider를 사용하는 경우)를 드래그하여 폼에 추가한다. 그러면 [그림 9-4]와 같이 [OracleDataAdapter 마법사] 창이 나타난다. [Oracle DataAdapter 마법사]는 쉽게 DataAdapter 객체를 구성할 수 있게 해준다.

그림 9-4. 오라클 DataAdapter 마법사

단계 3 [그림 9-4]에서 [다음]을 선택하자. 그러면 [그림 9-5]와 같이 데이터베이스 연결을 지정할 수 있는 페이지를 볼 수 있다. 데이터 어댑터에서 사용할 데이터 연결을 선택 혹은 [새 접속] 버튼을 통해 새로 생성하자.

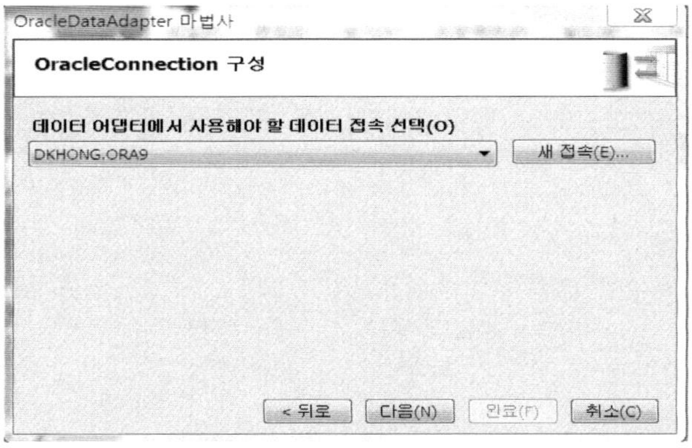

그림 9-5. 데이터 어댑터에서 사용할 연결 설정

단계 4 [다음] 버튼을 누르면 쿼리 형식을 지정할 수 있는 쿼리 형식 선택 페이지가 나타난다. 본 절에서는 SQL SELECT 구문을 실행할 것이므로 'SQL SELECT 문 생성'에 체크한 뒤 [다음]을 선택한다.

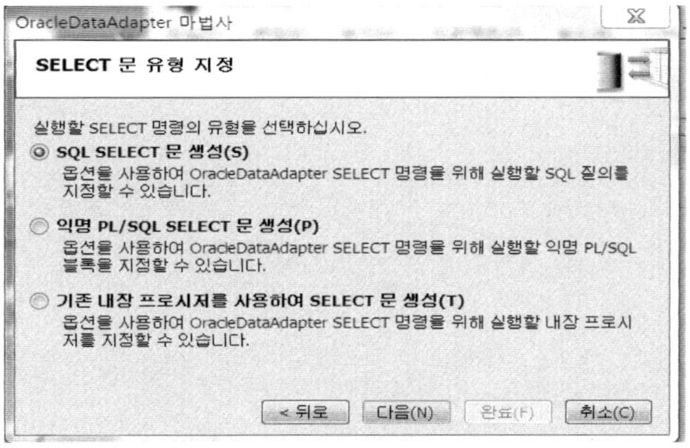

그림 9-6. SELECT문 유형 지정

단계 5 [그림 9-7]과 같이 SQL구문을 직접 입력하는 화면이 나타난다. 본 절에서는 "SELECT * FROM EMP" 구문을 입력한다. 데이터 어댑터가 데이터베이스에서 데이터를 읽어 DataSet에 저장할 때 이 SQL을 사용한다는 의미이다. 따라서 DataSet의 스키마와 일치하는 SQL을 사용하여야 한다.

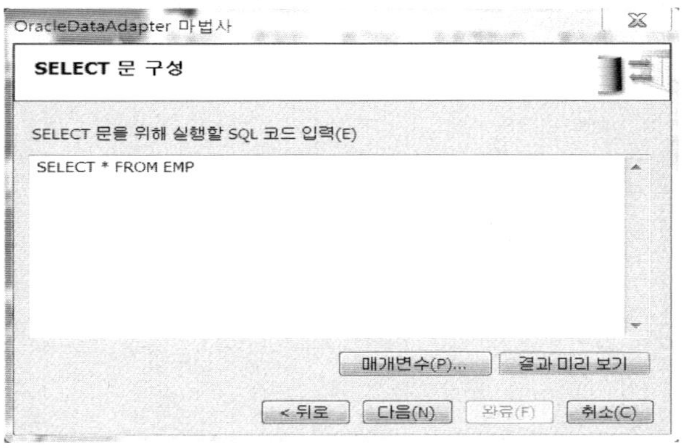

그림 9-7. DataAdapter의 SQL SELECT 구문 생성

단계 6 [다음] 버튼을 선택하면 INSERT, UPDATE, DELETE문 구성 화면이 나타난다. “자동”을 선택한다. 이것의 의미는 SELECT 구문의 형식을 이용하여 DataSet의 내용을 다시 데이터베이스에 저장할 때 사용할 3개의 SQL 구문을 자동 생성한다는 것이다.

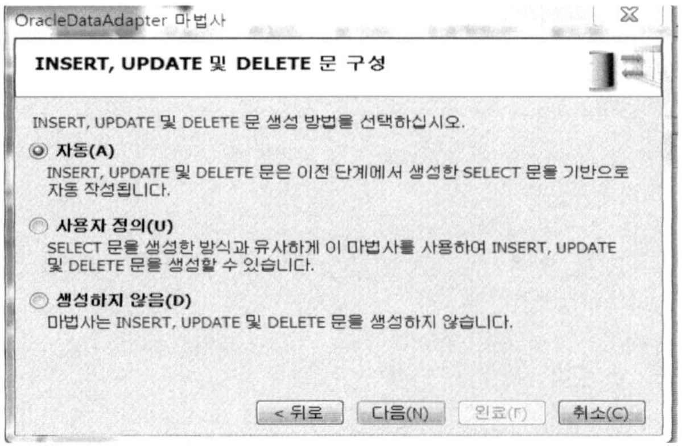

그림 9-8. INSERT,UPDATE, DELETE문 구성

단계 7 다음 버튼을 누르면 마법사는 다음의 화면을 보여준다.

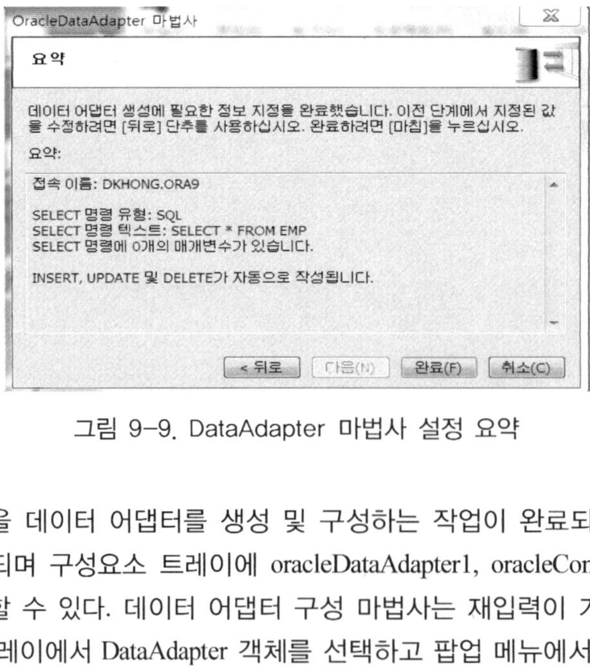

그림 9-9. DataAdapter 마법사 설정 요약

단계 8 완료 버튼을 데이터 어댑터를 생성 및 구성하는 작업이 완료되며 다시 메인 화면으로 돌아오게 되며 구성요소 트레이에 oracleDataAdapter1, oracleConnection1 객체가 생성된 것을 확인할 수 있다. 데이터 어댑터 구성 마법사는 재입력이 가능하다. 디자이너의 구성 요소 트레이에서 DataAdapter 객체를 선택하고 팝업 메뉴에서 [DataAdapter구성]을 선택하여 다시 설정 가능하다. DataAdapter가 생성한 내용을 코드로 확인도 가능하다. 코드보기에서 InitializeComponent() 메서드 내에 자동으로 생성된 코드를 확인할 수 있다.

9.2.2 데이터 어댑터의 결과 미리 보기

DataAdapter가 DataSet으로 읽어오는 데이터를 검토하기 위한 방법이 있다. 구성 요소 트레이에서 DataAdapter를 선택하면 [결과 미리보기...]를 볼 수 있다. 이를 클릭하면 다음과 같이 DataAdapter가 가져올 결과 값들을 볼 수 있다.

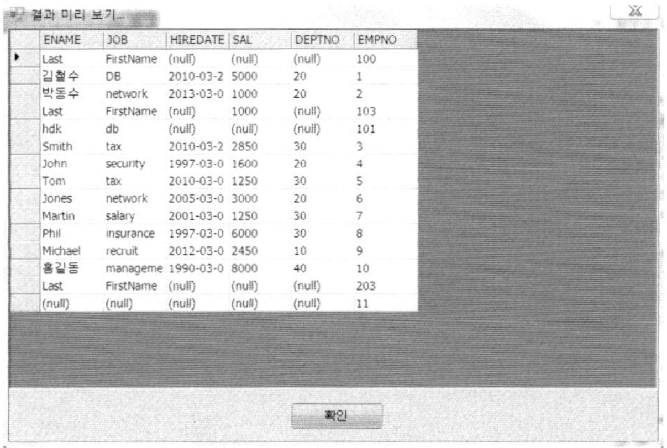

그림 9-10. DataAdapter가 가져올 데이터 미리 보기

9.3 DataAdapter를 이용하여 DataSet 채우기

DataAdapter 객체의 Fill 메서드를 호출하면 DataAdapter 객체의 SelectCommand 속성에 저장된 쿼리를 실행하고 결과를 DataSet의 DataTable에 저장한다.

단계 1 2개의 리스트박스로 구성된 윈도우 폼 프로젝트를 생성한다.

단계 2 [보기]-[다른 창]-[데이터 소스]를 선택하여 새 데이터 소스를 추가한다. 그리고 DEPT와 EMP 테이블을 선택하여 DataSet의 스키마 (DataSet1.xsd)를 생성한다.

단계 3 도구상자에서 DataSet을 윈도우 폼으로 끌기하여 DataSet 객체(dataSet11)을 생성한다.

단계 4 도구상자에서 OracleDataAdapter를 선택하여 앞에서 설명한 DataAdapter 설정 방법을 적용하여 EMP를 위한 데이터 어댑터(oracleDataAdapter1, oracleConnection1)을 생성한다. 같은 방법으로 DEPT를 위한 데이터 어댑터 (oracleDataAdapter2, oracleConnection2)를 생성한다.

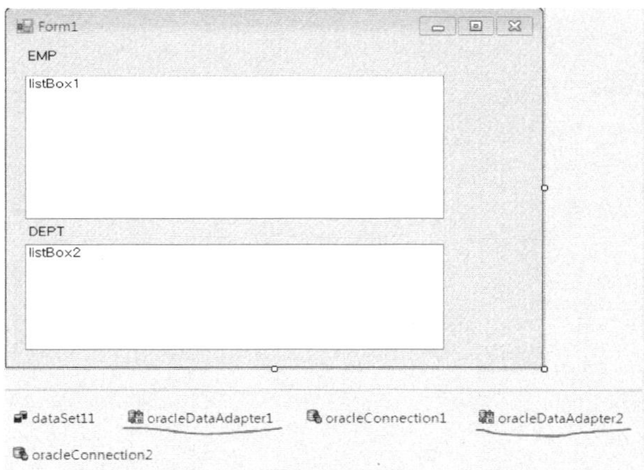

그림 9-11. 생성된 2개의 DataAdapter

단계 5 폼 로드 이벤트에 다음의 코드를 입력하여 폼이 나타나면서 데이터도 같이 출력되게 한다.

```
oracleConnection1.Open( );
oracleDataAdapter1.Fill(dataSet11, "EMP"); // DataSet의 EMP 테이블 채우기
oracleConnection1.Close( );

oracleConnection2.Open( );
oracleDataAdapter2.Fill(dataSet11, "DEPT"); // DataSet의 DEPT 테이블 채우기
oracleConnection2.Close( );

// connection이 close 된 상태에서 다음과 같이 DataSet의 사용
DataTable mytable1 = dataSet11.Tables["EMP"];
DataTable mytable2 = dataSet11.Tables["DEPT"];
foreach (DataRow mydataRow in mytable1.Rows)
{
        listBox1.Items.Add(mydataRow["ENAME"]);
}

foreach (DataRow mydataRow in mytable2.Rows)
{
        listBox2.Items.Add(mydataRow["DNAME"]);
}
```

단계 6 프로젝트를 실행하여 다음과 같이 DataSet의 내용을 확인해보자. 출력된 데이터는 DataAdapter에 의해 데이터베이스에서 DataSet으로 복사된 내용을 출력한 것이다.

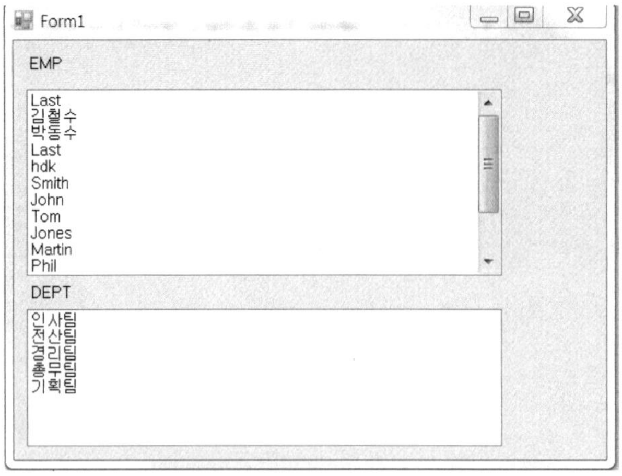

그림 9-12. DataSet의 내용을 출력

9.4 DataSet의 내용을 데이터베이스로 저장

DataSet에 저장된 데이터는 데이터베이스와의 연결이 종료된 상태에서 조작가능하다. 따라서 DataSet의 내용은 언제든지 변경될 수 있으며 새로운 데이터가 추가되기도 하고, 그 내용이 삭제 될 수도 있다. 따라서 DataSet에서 수정된 내용은 데이터베이스와 동기화를 위하여 DataAdapter를 이용하여 저장하여야 한다.

9.4.1 DataSet 데이터 수정

DataSet의 구성이 다음의 [그림 9-13]과 같을 때 DataSet의 DEPT 테이블에 새로운 데이터를 입력하는 기능과 DataSet에 입력된 내용을 데이터베이스로 저장하는 기능을 알아보자.

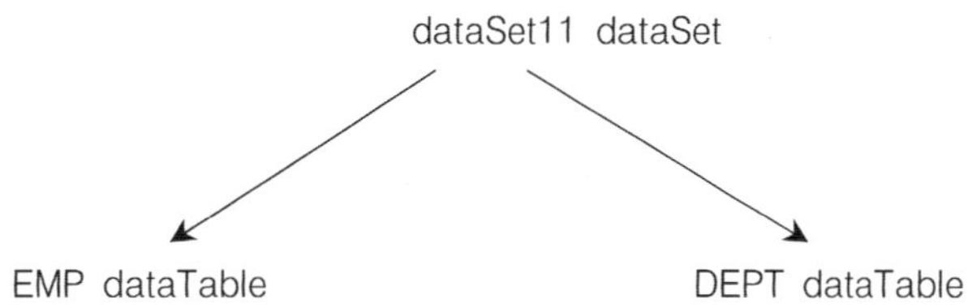

그림 9-13. DataSet의 구성

단계 1 윈도우 폼 프로젝트를 만들고 EMP, DEPT 2개의 테이블을 포함하는 Dataset(dataSet11)을 구성하고, 2개의 DataAdapter를 생성한다.

단계 2 다음의 응용 프로그램을 생성한다.

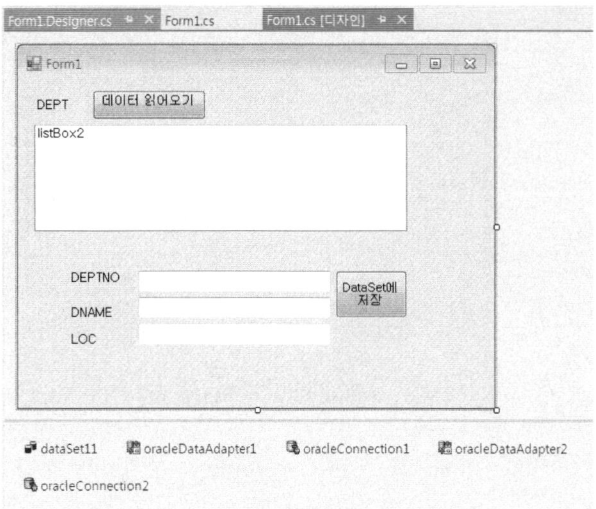

그림 9-14. DataSet 변경 확인을 위한 폼

단계 3 폼 로드 이벤트, "데이터 읽어오기" 버튼의 이벤트, "DataSet에 저장" 버튼 이벤트에 다음의 C# 코드를 입력한다.

```
public partial class Form1 : Form
   {
        DataTable mytable1; // 2개의 DataTable 사용
        DataTable mytable2;

        public Form1( )
        {
            InitializeComponent( );
        }
        private void Form1_Load(object sender, EventArgs e)
        {
            oracleConnection1.Open( );
            oracleDataAdapter1.Fill(dataSet11, "EMP"); // DataSet의 EMP 테이블 채우기
            oracleConnection1.Close( );

            oracleConnection2.Open( );
            oracleDataAdapter2.Fill(dataSet11, "DEPT"); // DataSet의 DEPT 테이블 채우기
            oracleConnection2.Close( );

            // connection이 close 된 상태에서 다음과 같이 DataSet의 사용
            mytable1 = dataSet11.Tables["EMP"];
            mytable2 = dataSet11.Tables["DEPT"];
        }
        private void button1_Click(object sender, EventArgs e)
        { // DataSet에서 데이터 읽어오기
            listBox2.Items.Clear( );
            foreach (DataRow mydataRow in mytable2.Rows)
            {
                listBox2.Items.Add(mydataRow["DEPTNO"].ToString( ) +
                        " " +  mydataRow["DNAME"].ToString( ));
            }
        }
        private void button2_Click(object sender, EventArgs e)
        {   // DataSet의 DEPT 테이블에 새로운 레코드 입력
            DataRow mynewDataRow = mytable2.NewRow( );
            mynewDataRow["DEPTNO"] = textBox1.Text;
            mynewDataRow["DNAME"] = textBox2.Text;
            mynewDataRow["LOC"] = textBox3.Text;
            mytable2.Rows.Add(mynewDataRow);
            MessageBox.Show("입력 성공");
        }
   }
```

단계 4 새로운 부서를 DataSet에 추가하고 그 내용을 읽어서 확인해보자. DataSet에 새로운 내용이 추가된 것을 확인할 수 있다.

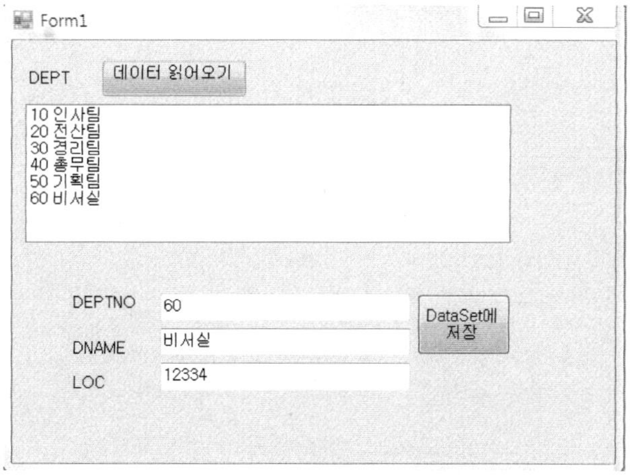

그림 9-15. DataSet에 추가된 내용의 출력

단계 5 SQLdeveloper로 데이터베이스의 DEPT 테이블 내용을 확인해보자. 데이터베이스의 DEPT 테이블 내용과 DataSetd의 DEPT 테이블이 내용이 서로 다른 것을 확인할 수있다. DataSet의 내용이 아직 데이터베이스에 저장되지 않았기 때문이다.

그림 9-16. 데이터베이스의 DEPT 데이터

9.4.2 DataSet 데이터를 데이터베이스로 저장

DataSet은 메모리에 생성되는 인메모리 데이터베이스와 같다. 따라서 DataSet에 저장된 내용은 다음의 방법으로 데이터베이스와 동기화가 필요하다. 동기화는 DataSet에 만들어진 DataTable에 데이터를 읽어오고 또 저장하는 기능을 담당하는 DataAdapter를 사용하여 이루어진다.

DataSet의 DEPT 테이블에 저장된 내용을 데이터베이스에 저장하는 방법을 알아보자.

단계 1 앞의 예제 윈도우 폼에 "DataSet을 DB와 동기" 버튼을 생성한다.

단계 2 DEPT 테이블의 내용을 DataSet으로 읽어오는 기능을 담당하는 DataAdapter인 oracle DataAdapter2를 이용하여 다음과 같이 코드를 입력한다.

```
// DataSet의 DEPT 테이블 동기화
private void button3_Click(object sender, EventArgs e)
{
        oracleConnection2.Open( );
        int numOfRows = oracleDataAdapter2.Update(mytable2);
        oracleConnection2.Close( );

        if (numOfRows < 1)
                MessageBox.Show("업데이트할것이없음");
        else
                MessageBox.Show("업데이트성공");
}
```

단계 3 DataSet의 DEPT 내용과 데이터베이스의 DEPT 내용이 서로 일치하는지 확인해보자.

9.5 DataTable의 검색 기능

관계형 테이블에 검색 기능은 SQL을 이용해서 이루어진다. 하지만 DataSet의 DataTable에 있는 데이터의 검색은 SQL을 사용하는 것이 아니라 DataTable의 메소드를 사용하여 이루어진다.

9.5.1 테이블의 키 값으로 검색

DataSet의 DEPT DataTable에서 키 값(DEPTNO의 값)으로 데이터를 검색하는 방법은 다음과 같이 DataTable.Rows.Find() 메소드를 사용하여 이루어진다.

```
mytable2 = dataSet11.Tables["DEPT"];

private void button4_Click(object sender, EventArgs e)
{
        DataRow myDataRow = mytable2.Rows.Find(textBox5.Text);
        if (myDataRow != null)
        {
            textBox6.Text = myDataRow["DNAME"].ToString( );
            textBox7.Text = myDataRow["LOC"].ToString( );
```

```
        }
    }
```

9.5.2 DataTable에서 일반 검색

관계형 데이터베이스에서의 연산과는 달리 DataSet에서는 SQL의 WHERE 절을 사용해서 데이터를 필터링하는 것이 아니라 "Select" 메소드를 사용한다. DataTable의 Select 메소드는 필터를 만족하는 모든 DataRow 개체의 배열을 가져온다.

Select 메소드는 다음의 4가지 형식을 가진다.

1) mytable.Select( ); 모든 행을 가져온다.
2) mytable.Select(filterExpression); filterExpression을 참으로 만족하는 모든 행을 가져온다.
3) mytable.Select(filterExpression, sort); filterExpression을 참으로 만족하는 모든 행을 sort 순서로 정렬해서 가져온다.
4) mytable.Select(filterExpression, sort, recordStates) recordStates를 만족하는 행 중에서 filterExpression을 만족하는 행들을 sort 순서로 정렬해서 가져온다.

```
// EMPNO값이 3보다 큰 모든 레코드를 ENAME의 내림차순으로 가져온다.
predicate_expr = "EMPNO > 3";
sortOrder = "ENAME DESC";
DataRow[ ] foundRows = mytable2.Select(predicate_expr, sortOrder);
```

DataSet은 여러 가지 버전의 데이터를 유지하고 있다. 다음 표는 Select 메소드의 3번째 매개변수 recordState 열거형 값의 종류를 나타낸다.

표 9-1. recordState 열거형 값

멤버 이름	설명
None	없음
Unchanged	마지막 Update후 변경되지 않은 행
Added	새로 추가된 후 아직 데이터베이스에 저장되지 않은 행
Deleted	Delete 메소드로 삭제된 후 아직 데이베이스에 저장되지 않은 행
ModifiedCurrent	수정된 데이터의 현재 버전, 수정 전 데이터는 ModifiedOriginal 참조
ModifiedOriginal	수정된 데이터의 원래 버전. 수정된 데이터는 ModifiedCurrent에 존재
OriginalRows	변경되지 않은 행과 삭제된 행을 포함한 원본 행
CurrentRows	로드된 후 변경되지 않은 행, 새로 추가된 행, 및 수정된 행을 포함한 현재 행 디폴트 recordState는 CurrentRows로 설정

EMP 테이블의 사원 중에서 봉급이 1000이 넘는 사원만 찾아서 사원번호 순서로 번호, 이름, 봉급을 출력해보자.

```
private void Form1_Load(object sender, EventArgs e)
{
        oracleConnection1.Open( );
        oracleDataAdapter1.Fill(dataSet11, "EMP");
        oracleConnection1.Close( );

        DataTable mytable = dataSet11.Tables["EMP"];
        // SAL 값으로 필터링, EMPNO값으로 정렬
        DataRow[ ] foundRows = mytable.Select("SAL > 1000", "EMPNO");

        foreach (DataRow mydataRow in foundRows)
                listBox1.Items.Add(mydataRow["EMPNO"] + " " +
                        mydataRow["ENAME"]+ " " + mydataRow["SAL"]);
```

DataTable.Select( ) 메소드는 1개의 테이블에서만 필터링을 지원하며, 관계 대수의 프로젝션 기능은 지원하지 않는다. 따라서 SQL에서 지원하는 기능을 모드 기대할 수는 없다. 뿐만 아니라 JOIN 기능도 지원하지 않는다. DataSet에서의 조인 기능은 나중에 설명할 DataRelation을 사용하여 지원한다.

9.6 DataView 활용

앞에서 살펴본 DataTable에서의 검색 기능은 그 결과를 DataRow 개체의 배열로 반환하며, Select() 메소드의 경우 테이블 전체를 스캔하여 그 결과를 반환한다. 따라서 그 결과를 다른 컨트롤로 데이터바인딩 하기가 어려우며 데이터의 양이 많거나 Select( )가 반복이 되면 성능도 느려진다. 이런 문제점을 해결하기 위한 방안으로 ADO.NET은 DataView를 사용한다.

DataView는 데이터베이스에 사용하는 view의 일부 개념을 DataSet의 DataTable에 적용한 것으로 다양한 종류의 윈도우 폼에 직접 바인딩 되는 장점이 있다. 따라서 DataView는 DataRow의 배열을 반환하는 DataTable의 필터링 결과와는 달리 DataGridView와 같은 컨트롤에 직접 바인딩되는 장점을 가지고 있다.

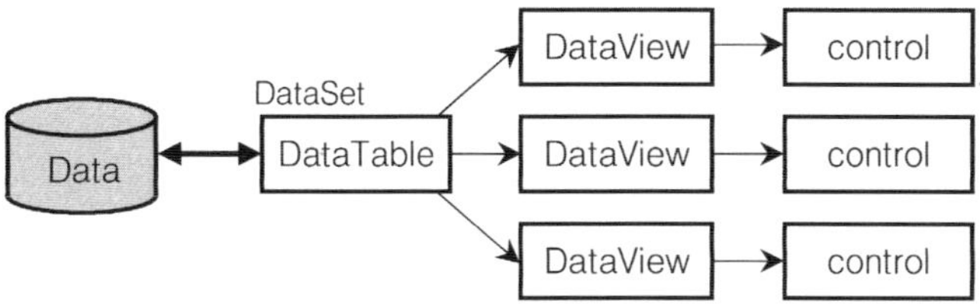

그림 9-17. DataView의 위치

9.6.1 DataView 생성

도구상자의 DataView를 윈도우 폼으로 드래그하여 생성한다. 그다음 DataView의 Table 속성을 데이터를 가져올 DataTable로 지정한다. 그런 다음 DataView의 RowFilter를 지정하여 가져올 데이터를 결정한다.

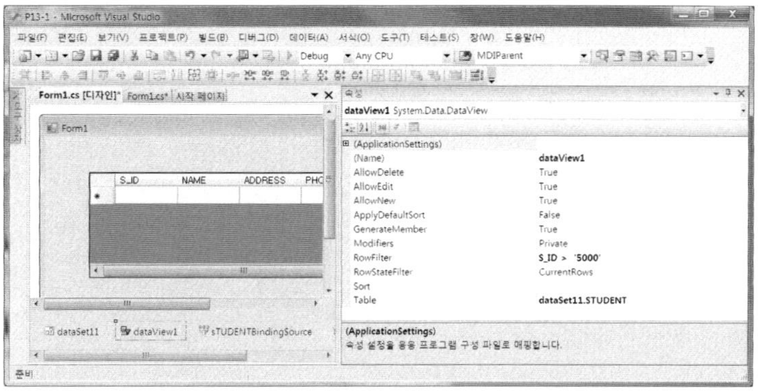

그림 9-18. RowFilter와 Table의 설정

9.6.2 DataView 활용

STUDENT 테이블의 전체 학생과 학생 중 S_ID 값이 5000 보다 큰 학생들을 화면에 출력하는 프로그램을 작성해보자.

단계 1 STUDENT 테이블을 포함하는 DataSet을 생성한다.

단계 2 DataGridView를 생성하여 STUDENT 테이블의 모든 학생을 출력한다. 이때 BindingSource와 TableAdapter가 자동으로 생성된다.

단계 3 도구상자에서 DataView를 폼으로 끌고와서 DataView를 생성한다. Table속성을 설정하고, RowFilter 속성을 'S_ID > 5000'으로 설정한다.

단계 4 DataGridView를 생성해서 DataSource를 생성된 DataView로 지정한다. (같은 BindingSource를 사용하는 경우이다. 필요에 따라 다른 BindingSource를 생성할 수도 있다.)

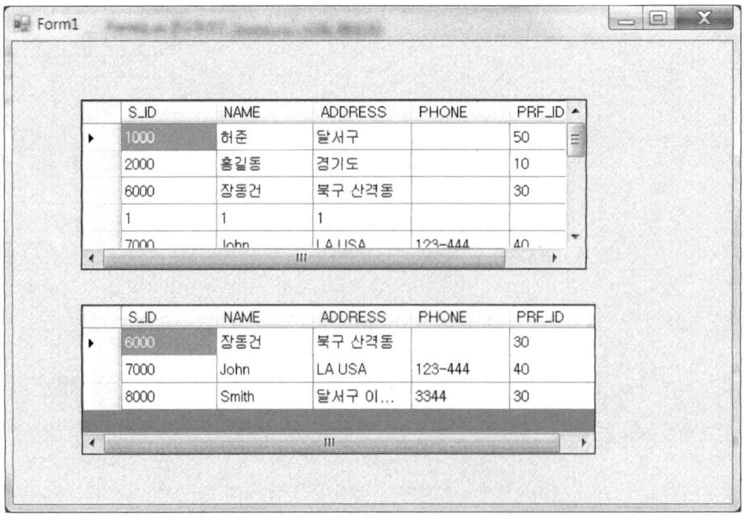

그림 9-19. DataView에 직접 바인딩

연습문제

1. Oracle의 Movie 테이블을 이용하여 DataSet과 DataAdapter를 생성하고 다음을 확인하시오.

   1) DataAdapter에 연결된 InsertCommand, DeleteCommand, SelectCommand, UpdateCommand의 CommandText 속성을 찾으시오.
   2) DataAdapter의 TableMappings 속성을 확인하시오.

2. Oracle의 Movie, StarsIn, Star 3개의 테이블로 DataSet과 DataAdapter를 작성하시오.

3. DataTable의 키 값으로 삭제할 데이터를 찾은 후 그 데이터를 삭제하는 기능을 추가하시오.

   힌트) 삭제버튼

```
private void button4_Click(object sender, EventArgs e)
{
        // 삭제할 레코드를 찾은 다음
        DataRow myDataRow = mytable.Rows.Find(textBox1.Text);
        // 검색된 레코드를 삭제
        if (myDataRow != null)
        {
                myDataRow.Delete( ); // DataSet에서 삭제
                MessageBox.Show("삭제완료);
        }
}
```

4. EMP 테이블을 포함하는 DataSet과 DataAdapter를 생성한 후 DataSet의 EMP DataTable에 다음의 기능을 구현하시오.

   1) 사원번호로 검색
   2) 사원 이름으로 검색 (이름의 일부분으로 검색하는 기능)
   3) 근무하는 부서번호로 검색

Chapter 10

TableAdapter 사용

10

TableAdapter 사용

TableAdapter는ADO.NET provider에 포함되어 있는 데이터 어댑터를 대체하는 새로운 개체로 .NET Framework 데이터 공급자의 주 구성 요소이다.

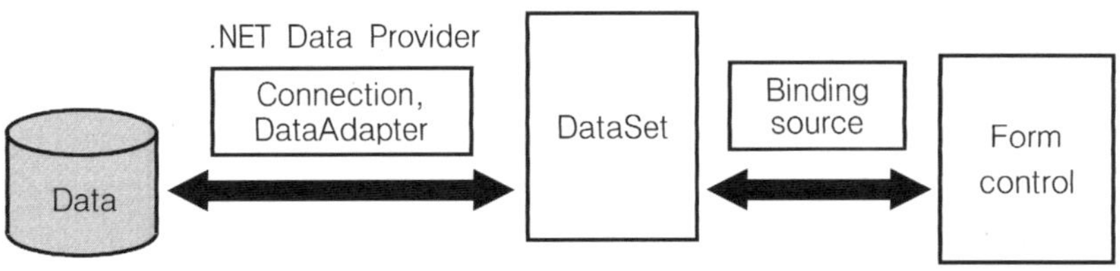

그림 10-1. DataAdapter의 위치

TableAdapter는 DataAdapter의 기능을 향상시킨 것으로 .NET provider에 포함되어 있지는 않지만 디자이너에서 생성한 구성 요소로 존재한다.

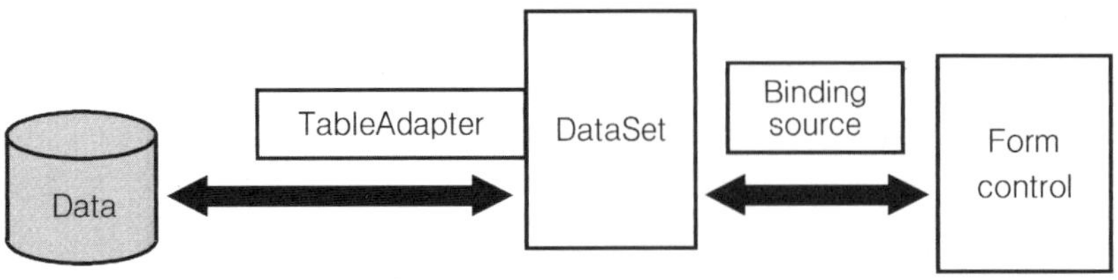

그림 10-2. TableAdapter의 위치

10.1 TableAdapter 생성

TableAdapter는 DataSet과 짝을 이룬다. 따라서 DataSet 생성 후 TableAdapter를 생성할 수 있다.

1) 메인 메뉴의 [보기]-[다른창]-[데이터소스]를 선택하여 데이터소스 화면이 나타나게 한다.
2) [새 데이터 소스 추가]를 선택하여 [데이터 소스 구성 마법사]를 시작한다.
3) [데이터 소스 형식 선택]에서 [데이터베이스]를 선택한다. 그리고 필요한 테이블을 선택하여 마법사를 완료하면 형식화된 데이터 집합이 프로젝트에 추가된다. (솔류션 탐색기에 데이터 집합 클래스가 생성, 디폴트로 DataSet11.xsd)
4) 도구상자에서 [DataSet]을 선택해서 윈도우 폼으로 드래그하면 DataSet 인스턴스를 만든다 (디폴트로 dataSet11).
5) dataSet11의 스마트태그 메뉴에서 [데이터 집합 디자이너에서 편집], 또는 솔류션 탐색기의 DataSet11.xsd를 더블클릭하면 DataSet에 만들어진 TableAdapter 클래스를 볼 수 있으며 또 그 내용을 수정할 수 있다.

그림 10-3. 데이터집합 디자이너에서 확인한 TableAdapter

10.2 TableAdapter를 이용하여 DataSet 채우기

데이터 소스 구성 마법사에 의해서 만들어진 DataSet의 구성을 보면 [그림 10-3]과 같이 테이블마다 기본적인 TableAdapter 클래스가 만들어져 있는 것을 알 수 있다. 앞에서 만들어진 TableAdapter를 이용하여 DataSet에 데이터를 채우고 그 내용을 출력하는 응용을 만들어보자.

단계 1 윈도우 폼 프로젝트를 만들고 폼에 리스트박스를 1개 추가한다.

단계 2 TableAdapter 인스턴스를 추가한다.

TableAdapter 인스턴스를 생성자를 사용하여 코드에서 직접 생성하는 방법은 다음과 같다.

```
DataSet1TableAdapters.DEPTTableAdapter deptTableAdapter1
                    = new DataSet1TableAdapters.DEPTTableAdapter();
```

하지만 조금 더 편리한 방법으로 Visual Studio 도구에서 DataSet 클래스 생성 후 프로그램을 빌드하면 도구 상자에 component class가 생성되어 TableAdapter 객체를 윈 폼으로 끌어오기하여 생성할

수 있게 해준다. (만약 보이지 않으면 프로젝트 도구상자 항목 새로 고침을 실행후 다시 확인)

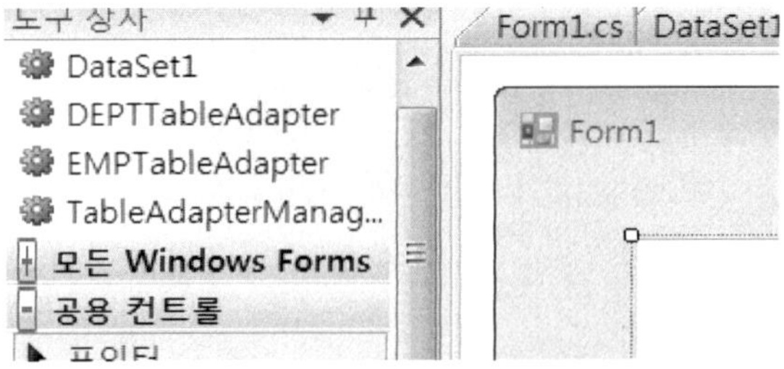

그림 10-4. 도구상자에 생성된 Component class

단계 3 폼 로드 이벤트에 다음의 코드를 입력하면 TableAdapter가 DataSet에 데이터를 채우는 것을 확인할 수 있다.

```
// DEPT 테이블에 데이터 채우기
// tableAdapter를 사용할 경우 Connection을 명시적으로 하지 않는다.
// TableAdapter 인스턴스를 다음과 같이 코드에서 생성 또는 도구상자에서 생성

// DataSet1TableAdapters.DEPTTableAdapter deptTableAdapter1
                    // = new DataSet1TableAdapters.DEPTTableAdapter();

deptTableAdapter1.Fill(dataSet11.DEPT); // 명시적 connection 요청이 필요 없음
DataTable mytable = dataSet11.Tables["DEPT"];
foreach (DataRow mydataRow in mytable.Rows)
{
      listBox1.Items.Add(mydataRow["DEPTNO"].ToString() +
       " " + mydataRow["DNAME"].ToString());
}
```

단계 4 프로젝트를 실행해서 다음의 결과를 확인해보자.

그림 10-5. TableAdapter 예제 실행 결과

10.3 TableAdapter 메소드

일반적으로 사용되는 TableAdapter의 메서드와 속성은 다음과 같다. 특히 dataAdaper와 Fill, Update 메소드의 형식이 다르다. TableAdapter는 Update도 다음과 같은 형식을 가진다.

```
deptTableAdapter.Update(dataSet11.DEPT);
```

멤버	설명
TableAdapter.Fill	TableAdapter에 연결된 데이터 테이블을 TableAdapter의 SELECT 명령에 대한 결과로 채운다.
TableAdapter.Update	변경 내용을 데이터베이스로 다시 보내고 업데이트로 변경된 행 수를 나타내는 정수를 반환한다.
TableAdapter.GetData	데이터로 채워진 새 DataTable을 반환한다.
TableAdapter.Insert	데이터베이스에 직접 새로운 행을 insert한다
TableAdapter.ClearBeforeFill	Fill 메서드 중 하나를 호출하기 전에 데이터 테이블이 비어 있는지 여부를 확인한다.

10.4 TableAdapter를 이용한 데이터 동기화

TableAdapter를 이용하여 다음의 기능을 수행하는 프로젝트를 만들어보자.

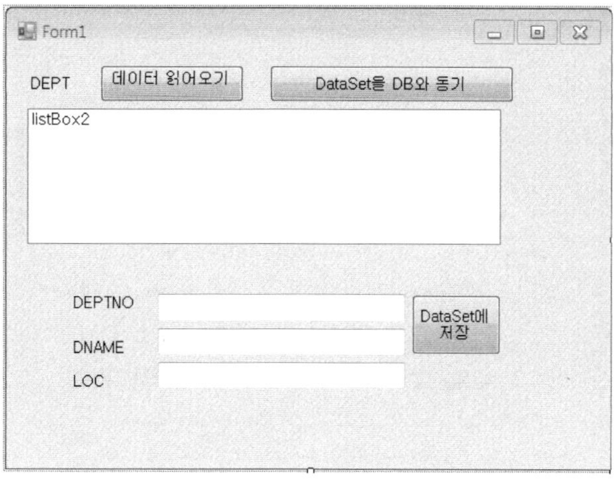

그림 10-6. 데이터 동기화 확인 윈도우 폼

단계 1 [그림 10-6]의 윈도우 폼 프로젝트를 생성한다.

단계 2 메인 메뉴의 [보기]-[다른창]-[데이터소스]를 선택하여 데이터소스 화면이 나타나면 [새 데이터 소스 추가]를 선택하여 [데이터 소스 구성 마법사]를 시작한다.

단계 3 DEPT 테이블을 포함하는 DataSet 스키마를 만들고 도구상자에서 [DataSet]을 선택해서 윈도우 폼으로 드래그하여 DataSet 인스턴스를 만든다 (디폴트로 dataSet11).

단계 4 도구상자에서 DEPTTableAdapter를 선택하여 화면으로 끌기한다. DEPTTableAdapter의 인스턴스가 생성된 것을 확인할 수 있다. 하지만 이전의 DataAdapter와는 달리 Connection 객체가 생성되지 않은 것을 확인할 수 있다.

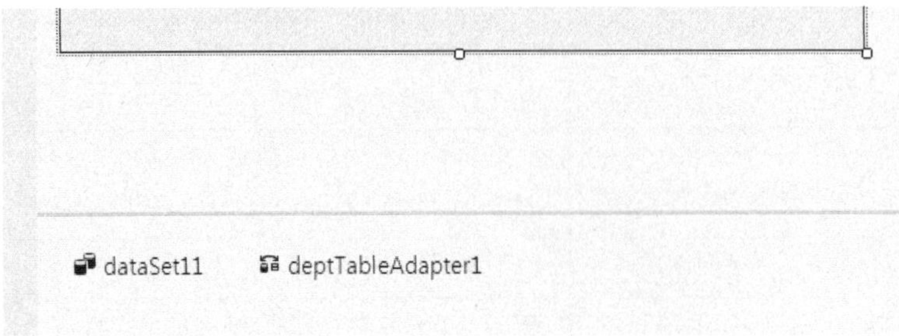

그림 10-7. DataSet과 TableAdapter 인스턴스 생성

단계 5 폼 로드 이벤트에 다음의 코드를 입력하여 데이터베이스의 데이터를 DataSet으로 읽어 온다.

```
public partial class Form1 : Form
  {
      DataTable mytable1; // 2개의 DataTable 사용
      DataTable mytable2;
      public Form1( )
      {
          InitializeComponent( );
      }
      private void Form1_Load(object sender, EventArgs e)
      {
          empTableAdapter1.Fill(dataSet11.EMP); // DataSet의 EMP 테이블 채우기
          deptTableAdapter1.Fill(dataSet11.DEPT); // DataSet의 DEPT 테이블 채우기
          // connection이 close 된 상태에서 다음과 같이 DataSet의 사용
          mytable1 = dataSet11.Tables["EMP"];
          mytable2 = dataSet11.Tables["DEPT"];
      }
      ...
  }
```

단계 6 "DataSet에 저장" 버튼의 이벤트에 다음의 코드를 입력하여 DataSet의 DEPT 테이블에 새로운 데이터를 입력할 수 있게 한다.

```
private void button2_Click(object sender, EventArgs e)
{   // DataSet의 DEPT 테이블에 새로운 레코드 입력
            DataRow mynewDataRow = mytable2.NewRow( );
            mynewDataRow["DEPTNO"] = textBox1.Text;
            mynewDataRow["DNAME"] = textBox2.Text;
            mynewDataRow["LOC"] = textBox3.Text;
            mytable2.Rows.Add(mynewDataRow);
            MessageBox.Show("입력 성공");
}
```

단계 7 "DataSet을 DB와 동기화" 버튼의 이벤트에 다음의 코드를 입력한다. DataSet의 DEPT 테이블에 변경이 생긴 것을 데이터베이스에 저장하게 한다.

```
private void button3_Click(object sender, EventArgs e)
{
     int numOfRows =  deptTableAdapter.Update(dataSet11.DEPT);
     if (numOfRows < 1)
         MessageBox.Show("업데이트할것이없음");
     else
         MessageBox.Show("업데이트성공");
}
```

단계 8 프로젝트를 실행하여 그 결과를 확인한다.

연습문제

1. EMP 테이블을 포함하는 DataSet과 TableAdapter를 성한 후 DataSet의 EMP DataTable에 다음의 기능을 구현하시오.

    1) 사원번호로 검색
    2) 사원 이름으로 검색 (이름의 일부분으로 검색하는 기능)
    3) 근무하는 부서번호로 검색
    4) EMP DataTable에 새로운 사원 입력
    5) DataTable 내용을 데이터베이스와 동기화 하는 기능

Chapter 11

DataRelation 활용

11

DataRelation 활용

관계형 데이터베이스에는 많은 테이블들이 존재하며 이들 테이블들은 서로 관련되어 있다. 따라서 연결 모드 방식을 사용하는 방식에서는 필요한 정보를 추출하기 위하여 Command의 SQL에 JOIN 구문을 사용한다.

비연결 방식의 DataSet을 사용한 어플리케이션을 개발할 경우 SQL JOIN을 사용하지 못하므로 DataSet에도 이러한 테이블들의 관계를 표현할 수 있는 방법이 필요하다. 본 장에서는 이러한 기능을 제공하는 DataRelation 객체에 대해 자세히 살펴보도록 한다.

11.1 DataRelation 객체의 필요성

ADO.NET에서 제공하는 DataRelation 객체는 2개의 DataTable 사이의 부모/자식 관계를 표현하는데 사용되어 테이블간의 관계를 정의하고 데이터의 검색에 효율성을 제공해준다. DataTable의 DataRelation 객체들은 DataRelationCollection에 들어 있으며, DataTable의 ParentRelation이나 ChildRelation 속성을 통해 접근할 수 있다. 또한 DataSet에서 Relations 속성을 통해 모든 DataRelation에 접근할 수도 있다.

11.2 Visual Studio.NET에서 DataRelation 객체 만들기

우선 여기에 이용되는 테이블은 다음과 같이 사원의 정보를 나타내는 EMP 테이블과 각 부서의 정보를 나타내는 DEPT 테이블이 있다. EMP 테이블과 DEPT 테이블 사이에는 다대일 관계가 존재하며 사원이 어느 부서에 근무하는지에 대한 정보를 표현한다.

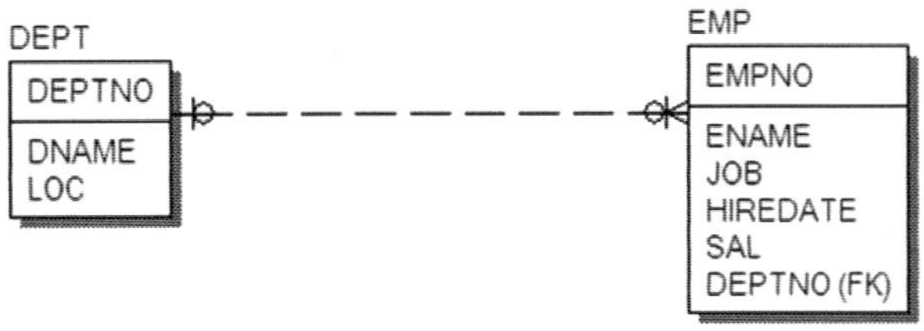

그림 11-1. IE 방식의 사원-부서 관계

[그림 11-1]을 데이터베이스에 표현하고, 그 다음 그 내용을 DataSet으로 표현한 후 데이터집합 디자이너에서 확인해보면 [그림 11-2]에서 데이터베이스에 표현된 주키(primary key)와 테이블 사이의 관계가 같이 표현되어 있는 것을 확인할 수 있다.

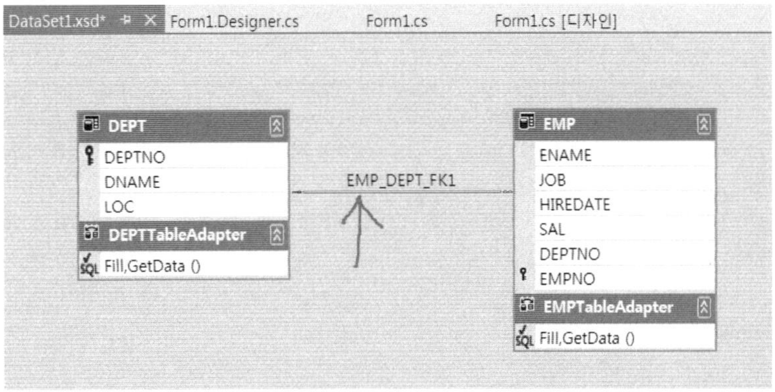

그림 11-2. 데이터집합 디자이너에서의 관계 표현

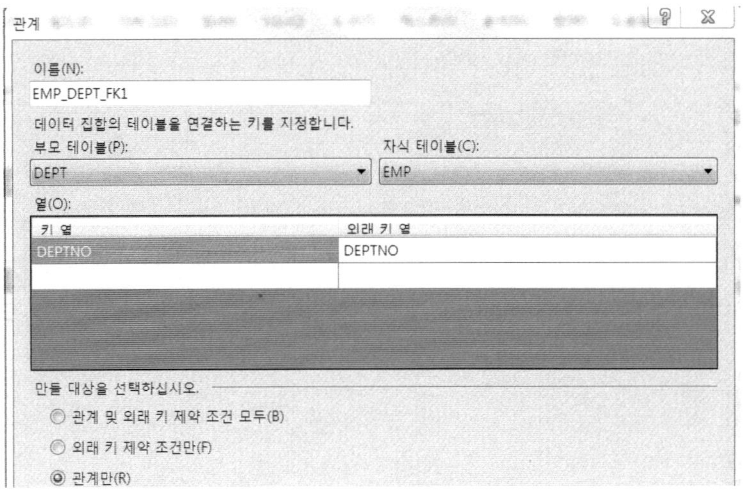

그림 11-3. 관계 편집 화면

이들은 서로 부모 자식 관계 (다대일에서 1에 해당하는 부분이 부모가 된다)에 있으며 Emp 테이블(자식 테이블)의 Deptno컬럼은 Dept 테이블(부모 테이블)의 Deptno 컬럼을 참조한다. 만약 테이블 사이의 관계가 설정되어 있지 않으면 디자이너 화면에서 [추가]-[관계]로 새로운 관계를 추가할 수 있다.

관계를 추가할 때 다음의 3가지 선택이 가능하다.

1) 관계 및 외래 키 제약 조건 모두(B)
2) 외래 키 제약 조건만(F - ForeignKeyconstraint)
3) 관계만(R) - DataRelation만 생성

관계는 parent에서 child, child에서 parent를 찾을 때 사용되며, 외래키는 참조 무결성을 지키기 위해 사용된다. 따라서 응용 프로그램의 요구에 따라 적절한 것을 선택한다.

외래키 제약 조건을 선택하는 경우 참조 무결성을 지키기 위하여 참조되는 컬럼 (부모 레코드)에 대하여 다음의 3가지 경우에 대한 선택이 가능하다.

업데이트 규칙 - 참조되는 컬럼의 값이 업데이트 되는 경우 (None, Cascade, SetNull, SetDefault)
삭제 규칙 - 참조되는 컬럼의 값이 삭제 되는 경우 (None, Cascade, SetNull, SetDefault)
적용/취소 규칙 - 부모 레코드의 변경 내용을 승인하거나 거부하는 경우(None, Cascade)

11.3 DataRelation 활용

DataRelation 객체를 이용해 다른 테이블에서 자식 행과 관련된 행을 찾는 것은 매우 쉽다. DataRow의 GetChildRows( ) 메서드를 호출하고 파라미터로 DataTable 객체간의 관계를 정의한 DataRelation 객체의 이름을 제공하면 된다. GetChildRows( ) 메서드는 관련된 데이터를 DataRow 객체 배열로 반환한다. 또 GetParentRow( ) 메서드를 이용하여 자식 DataRow에서 부모 DataRow를 찾을 수 있다.

GetChildRows( ) 메서드를 이용하여 Dept 테이블의 Deptno 컬럼을 참조하는 Emp 테이블의 행을 검색하는 방법을 알아보자 (즉 각 부서에 근무하는 사원들을 찾아보자.)

단계 1 [보기]-[다른창]-[데이터소스]-[새 데이터소스추가]를 사용하여 DEPT와 EMP를 포함하는 DataSet을 생성한다.

단계 2 dataAdapter를 사용하는 경우 DEPT와 EMP 각각을 위한 oracleDataAdapter를 생성한다.

단계 3 [데이터 집합 디자이너]를 실행하여 DEPT와 EMP 사이의 관계의 존재를 확인해보고 만약 없으면 [추가]-[Relation]을 실행하여 DataRelation을 추가한다.

단계 4 윈도우 폼에 다음과 같은 코드를 입력한다.

```
// DataAdapter를 이용할 경우
oracleConnection1.Open( );
oracleDataAdapter1.Fill(dataSet11, "DEPT"); // parent
oracleDataAdapter2.Fill(dataSet11, "EMP"); //child
oracleConnection1.Close( );

DataTable dt1 = dataSet11.Tables["DEPT"];
DataTable dt2 = dataSet11.Tables["EMP"];
DataRelation de_emp = dataSet11.Relations["EMP_DEPT_FK1"]; // DataRelation 이름

foreach(DataRow row1 in dt1.Rows) // 각각의 부서에 대해서
{
    textBox1.Text = textBox1.Text + ":" + row1["Deptno"] + "-" + row1["Dname"]
                  + ":" + Environment.NewLine;
    foreach(DataRow row2 in row1.GetChildRows(de_emp)) //GetChildRows 메서드 호출
    {
        textBox1.Text = textBox1.Text + row2["Ename"] + "-" +
                        row2["Empno"] + Environment.NewLine;
    }
}
```

단계 5 프로젝트를 실행하여 그 결과를 확인해보자.

(DataRelation의 또 다른 활용은 DataGridView에서 설명한다.)

연습문제

1. 각 부서와 그 부서에 근무하는 사원을 출력하는 앞의 예제를 TableAdapter를 사용하여 작성하시오.

힌트)

```
private void Form1_Load(object sender, EventArgs e)
{
      // TableAdapter instance DAdapter와 EAdapter 2개 생성
      // 다음 내용은 도구상자에서 폼으로 끌기하여 생성하는 방법도 가능
      DataSet1TableAdapters.DEPTTableAdapter DAdapter
      = new DataSet1TableAdapters.DEPTTableAdapter( );
        DataSet1TableAdapters.EMPTableAdapter EAdaper
      = new DataSet1TableAdapters.EMPTableAdapter( );

      // 생성된 2개의 tableAdapter 이름이 DAdapter, EAdapter일 경우
      // dataTable에 데이터 체우기
      DAdapter.Fill(dataSet11.DEPT); // parent
      EAdapter.Fill(dataSet11.EMP); //child

      DataTable dt1 = dataSet11.Tables["DEPT"];
      DataTable dt2 = dataSet11.Tables["EMP"];
      DataRelation de_emp = dataSet11.Relations["EMP_DEPT_FK1“]; // relation 이름

        foreach (DataRow row1 in dt1.Rows) // 각각의 부서에대해서
        {
            textBox1.Text = textBox1.Text + ":" + row1["Deptno"] + "-" + row1["Dname"]
            + ":" + Environment.NewLine;
            foreach (DataRow row2 in row1.GetChildRows(de_emp)) //GetChildRows 메서드
  호출
            {
                  textBox1.Text = textBox1.Text + row2["Ename"] + "-" +
                  row2["Empno"] + Environment.NewLine;
            }
        }
}
```

2. 윈폼 프로젝트에 2개의 listView를 추가하여 (listView1, listView2) listView1에는 부서를 출력하게하고, 부서를 선택하면 listView2에는 DataRelation을 이용하여 선택된 부서의 사원이 출력되게 하시오.

3. 윈폼 프로젝트에 listView와 textBox를 추가하여 (listView1, textBox1) listView1에는 모든 사원을 출력하게 하고, 사원을 선택하면 DataRelation을 이용하여 textBox1에 선택된 사원의 부서이름이 출력되게 하시오.

Chapter 12

DataGridView 사용하기

12

DataGridView 사용하기

Visual Studio에서 제공하는 컨트롤 중 데이터베이스 응용에 가장 많이 사용되는 컨트롤로서 과거 버전의 DataGrid를 대체하는 새로운 컨트롤이다. DataGridView는 여러 종류의 데이터 소스에서 가져온 표 형식의 데이터를 표시하고 편집할 수 있게 해주는 매우 편리한 컨트롤로서 데이터베이스 응용 프로그램의 사용자 인터페이스에 가장 많이 사용된다.

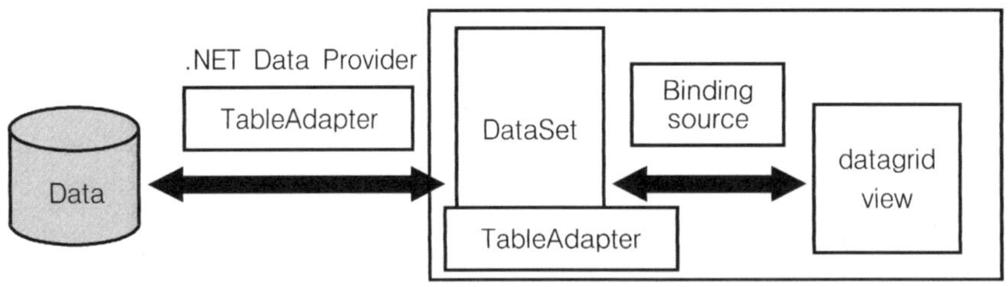

그림 12-1. DataGridView의 위치

12.1 DataGridView 생성

DataGridView를 사용하여 데이터베이스의 EMP 테이블의 내용을 출력하는 비연결 방식의 응용 프로그램을 작성해보자. DataGridView는 비연결방식이나 연결 방식에 모두 적용되지만 데이터를 클라이언트에 모두 가져와야하기 때문에 비연결 방식에 더 적합하다.

다음과 같이 DataGridView를 이용한 비연결 방식의 응용 프로그램을 만들어보자.

단계 1 프로젝트를 생성하고 윈도우 폼을 1개 생성한다.

단계 2 메인 메뉴의 [보기]-[다른창]-[데이터소스]를 선택하여 데이터소스 화면이 나타나게 한다. 그 다음 [새 데이터 소스 추가]를 선택하여 [데이터 소스 구성 마법사]를 시작하여 EMP 테이블을 포함하는 DataSet 스키마(DataSet1.xsd)를 생성한다.

단계 3 도구상자에서 DataSet을 화면으로 끌고와 DataSet 인스턴스(dataSet11)를 생성한다.

단계 4 도구상자에서 DataGridView 컨트롤을 윈도우 폼으로 드래그하여 생성한 후 적절한 크기로 조정한다.

단계 5 DataGridView 컨트롤을 사용하여 EMP 테이블의 모든 내용을 출력하기 위하여 DataGridView의 속성에서 [DataBinding]의 DataSource를 DataSet의 EMP 테이블로 설정한다. 그러면 [그림 12-2]와 같이 필요한 객체가 만들어진다. 자동으로 생성된 BindingSource 객체는 DataSet의 DataTable과 DataGridView를 동기화시키는 역할을 한다. 따라서 DataTable을 데이터로 채우면 그 내용은 DataGridView에 보이며, 또 DataGridView에서 변경, 입력, 삭제를 실행하면 그 내용은 DataTable에 적용된다.

그림 12-2. 데이터그리드 뷰의 생성

단계 6 프로젝트를 실행해보자. (아직 아무 코드도 입력하지 않았다.)

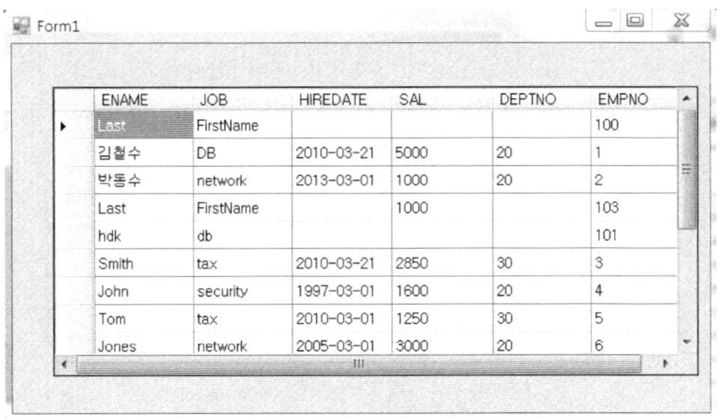

그림 12-3. 프로젝트 실행 결과

DataGridView를 생성하고 데이터 소스를 지정하고 나면 다음의 프로그램 코드가 디폴트로 생성되어 데이터를 채우게 된다.

```
private void Form1_Load(object sender, EventArgs e)
{
    // TODO: 이 코드는 데이터를 'dataSet11.EMP' 테이블에 로드합니다.
    this.eMPTableAdapter.Fill(this.dataSet11.EMP);
}
```

12.2 데이터그리드 뷰에서 레코드 입력, 변경, 삭제

DataGridView에서새로운 레코드의 입력, 기존 레코드의 변경, 레코드의 삭제는 쉽게 지원된다. 새로운 레코드의 입력은 가장 마지막 줄을 클릭한 후 각 컬럼의 값을 입력하면 된다. 삭제는 삭제할 레코드를 선택한 후 삭제 키를 눌러서 삭제하며, 변경은 변경 할 컬럼을 선택한 후 데이터를 입력하면 된다. 하지만 DataGridView에서 새로 입력, 변경, 삭제된 데이터는 dataSet에만 반영되기 때문에 프로젝트를 다시 실행하면 수정된 내용이 사라짐을 알 수 있다.

dataSet의 내용을 실제 데이터베이스에 저장하기 위해서는 TableAdapter의 (또는 DataAdapter) Update( )가 실행되어야 한다.

12.2.1 저장 버튼 추가

[그림 12-3]의 윈도우 폼에 [저장] 버튼을 만들고 다음과 같이 입력한다. dataSet의 EMP dataTable의 변경 내용을 데이터베이스에 저장한다.

```
private void button1_Click(object sender, EventArgs e)
{
    this.eMPTableAdapter.Update(this.dataSet11.EMP);
}
```

Update( ) 메서드는 테이블에서 삭제된 레코드, 테이블에 새로 삽입된 레코드, 변경된 레코드 데이터를 모두 데이터베이스에 적용시키는 역할을 한다.

12.2.2 입력, 삭제 버튼 추가

데이터그리드뷰를 통한 입력, 변경, 삭제는 BindingSource에 연결된 데이터소스에 가해지고 그 결과는 다시 데이터그리드뷰에 나타난다. 따라서 입력, 변경, 삭제는 BindingSource의 메소드를 사용하여 이루어진다.

* BindingSource

BindingSource는 Windows Forms 컨트롤과 데이터 소스 간의 현재 위치 관리, 변경 알림 및 기타 서비스를 제공한다. 데이터 소스의 탐색과 업데이트는 MoveNext, MoveLast, Remove 등의 메서드를 통해 이루어지며 정렬과 필터링 등의 작업은 Sort 및 Filter 속성을 통해 처리된다. 또 내부 데이터에 액세스하기 위한 멤버를 제공한다. 현재 항목은 Current 속성을 통해 검색할 수 있으며, 목록 전체는 List 속성을 통해 검색할 수 있다. 현재 항목에 대한 편집 작업은 Current 속성과 RemoveCurrent, EndEdit, CancelEdit, Add 및 AddNew 메서드를 통해 지원된다. 목록 내의 항목을 탐색하기 위해 Binding Navigator 클래스를 사용하여 BindingSource 구성 요소에 바인딩된 데이터 소스를 탐색하거나 관리할 수도 있다. BindingNavigator는 모든 데이터 소스에 바인딩될 수 있지만 BindingNavigator. BindingSource 속성을 통해 BindingSource 구성 요소와 통합되도록 디자인되어 있다.

윈도우 폼에 입력 기능을 추가해보자.

단계 1 윈도우 폼에 입력 버튼을 생성한다.

단계 2 생성된 버튼의 클릭 이벤트에 다음의 코드를 입력한다.

```
private void button1_Click(object sender, EventArgs e)
{
        eMPBindingSource.AddNew();
}
```

선택된 레코드를 삭제하기 위하여 윈도우 폼에 삭제 기능을 추가해보자.

```
private void button2_Click(object sender, EventArgs e)
{
        eMPBindingSource.RemoveCurrent( );
}
```

BindingSource에 입력, 삭제를 수행하면 그 BindingSource를 사용하는 DataGridView에 적용된다.

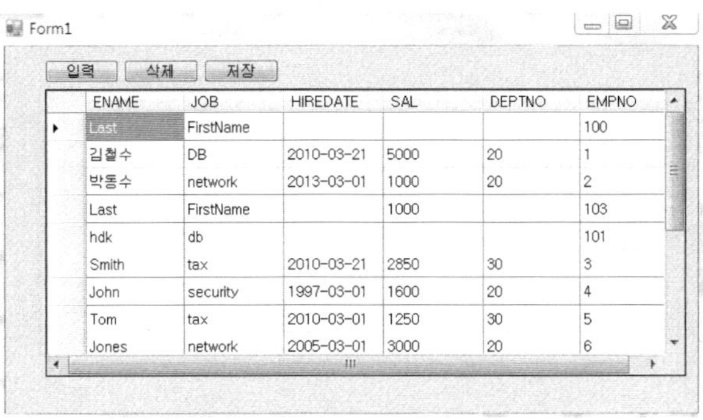

그림 12-4. 입력, 삭제 버튼의 추가

12.2.3 검색

DataGridView에서 필요한 값을 검색하여 커서를 그 값이 있는 레코드 위치로 신속히 이동 시키기 위해서는 데이터를 검색한 후 Position 속성값을 변경한다.

먼저 BindingSource의 Find 메서드를 이용하여 그 값에 해당하는 첫 번째 데이터의 검색을 수행한다. 다음 코드는 EMP 테이블의 EMPNO 값으로 검색하는 예제이다. 모든 컬럼에 적용 가능하다.

```
private void button4_Click(object sender, EventArgs e)
{
        int itemFound = eMPBindingSource.Find("EMPNO", textBox1.Text);
        eMPBindingSource.Position = itemFound;
}
```

12.2.4 정렬

정렬은 Sort 속성을 지정하여 실행한다. 다음은 정렬 버튼을 만들고, 버튼을 누르면 EMPNO의 오름차순으로 정렬하는 예제이다.

```
private void button5_Click(object sender, EventArgs e)
{
        eMPBindingSource.Sort = "EMPNO ASC";
}
```

이 정렬 기능은 데이터 그리드 뷰의 컬럼 이름을 클릭하면 자동으로 지원되는 기능이다.

12.2.5 필터링

필터링은 Filter 속성에 다음과 같이 필터링 정보를 입력하여 수행한다. PRF_ID의 값이 30인 것만 필터링할 경우 다음과 같이 프로그램을 입력한다.

```
eMPBindingSource.Filter = "DEPTNO = '30'";
```

필터링의 해제는 RemoveFilter 메서드를 호출하여 실행한다.

```
eMPBindingSource.RemoveFilter( );
```

[그림 12-5]에서 텍스트박스에 입력한 DEPTNO 값으로 필터링, 필터링 해제하는 기능은 다음의 코드로 실행될 수 있다.

```
private void button4_Click(object sender, EventArgs e)
```

```
{
    if (eMPBindingSource.Filter != null)
    {
        eMPBindingSource.RemoveFilter( );
        button4.Text = "필터";
    }
    else
    {
        eMPBindingSource.Filter = "DEPTNO = '" + textBox1.Text + "'";
        button4.Text = "필터해제";
    }
}
```

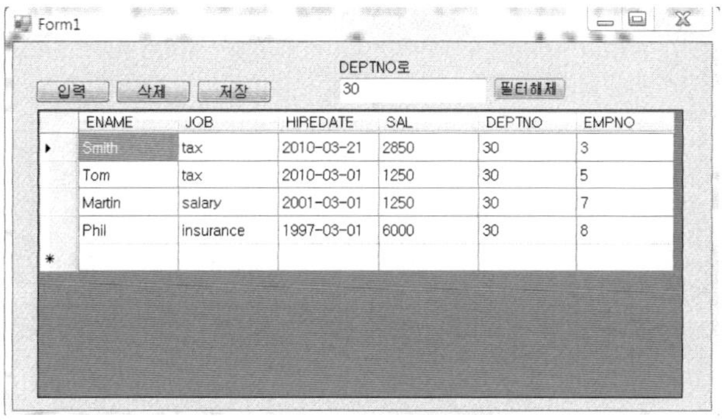

그림 12-5. DEPTNO로 필터링

12.3 BindingSource 연산 오류 방지 기능 추가

DataGridView를 통하여 레코드의 입력, 변경, 삭제를 실행할 경우 적절한 출력 메시지는 응용 프로그램 실행에서 오류 방지에 많은 도움이 된다. 예를 들어 DataGridView 컨트롤에서 행이 삭제될 때 UserDeletingRow 이벤트가 발생한다. 이때 확인 메시지를 보여주며 만약 사용자가 삭제를 취소할 경우 Cancel 속성을 true로 설정하여 행 삭제를 취소할 수도 있다.

```
private void dataGridView1_UserDeletingRow(object sender, DataGridViewRowCancelEventArgs e)
{
    if (MessageBox.Show("삭제하시겠습니까", "행삭제",
        MessageBoxButtons.YesNo) == DialogResult.No)
    {
        e.Cancel = true
    }
}
```

DataSet에 변경된 내용을 데이터베이스에 저장하기 위하여 다음의 Update()를 사용한다. 이때 데이터 소스를 업데이터하는 동안 오류가 발생할 수 있으므로 어댑터의 Update 메서드를 호출하는 코드는 try/catch 블록 내부에 사용하는 것이 일반적이다.

```
try
{
    this.eMPBindingSource.EndEdit( );
    int ret = this.eMPTableAdapter.Update(this.dataSet1.EMP);
    if (ret > 0)
        MessageBox.Show("Update successful");
}
catch (System.Exception ex)
{
    MessageBox.Show("Update failed");
}
```

12.4 대용량 데이터의 처리 (TableAdapter를 이용하여)

BindingSource를 이용하여 DataSet의 내용을 필터링하여 DataGridView에 보여주는 방법은 DataSet의 내용을 변경하는 것이 아니라 데이터는 DataSet에 그대로 유지한 상태에서 DataSet의 데이터 일부분만 필터링하여 DataGridView에 보여 주는 것이므로 DataSet의 데이터 양이 변하는 것은 아니다. 일반적으로 DataSet에는 응용에 필요한 데이터가 테이블 단위로 복사되는 것이 일반적이다. 하지만 데이터베이스의 데이터가 매우 많아 데이터베이스에서 특정 테이블의 데이터 중에서 필요한 데이터만을 DataSet에 가져와야 하는 경우도 있다.

TableAdapter는 데이터베이스의 데이터를 DataSet의 DataTable에 가져오는 역할을 한다. 따라서 TableAdapter의 질의를 변경하여 데이터베이스 테이블에 있는 데이터의 일부분만을 DataSet의 Datatable로 가져오는 방법을 알아본다.

TableAdapter의 설정 변경은 [데이터 집합 디자이너]를 사용하여 가능하다. [데이터 집합 디자이너]는 솔류션 탐색기에서 데이터집합을 더블클릭하여 실행하거나, 또는 윈도우 폼에서 데이터 집합을 선택하고 마우스 오른쪽 단추로 클릭한 다음 [디자이너로 데이터 집합 편집]을 선택한다. [데이터집합디자이너]에서는 다음의 [그림 12-6]과 같이 팝업 메뉴의 [추가]에서 데이터집합을 구성하는 TableAdapter, DataTable을 추가 생성할 수 있다.

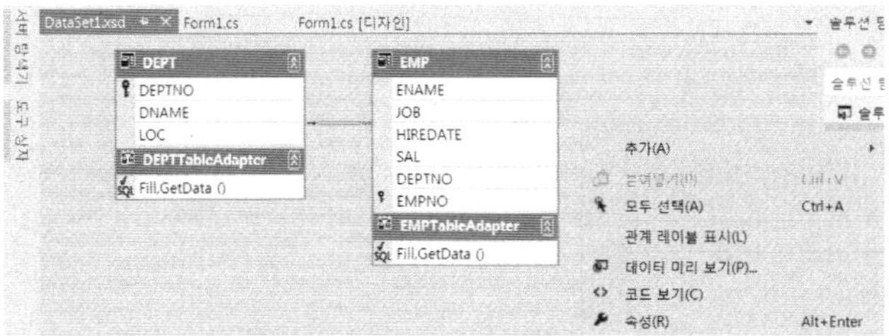

그림 12-6. 데이터집합 디자이너 바탕화면에서 팝업 메뉴

EMP DataTable의 EMPTableAdapter의 쿼리 변경은 [그림 12-7]과 같이 EMP 테이블의 팝업 메뉴에서 편집할 수 있다.

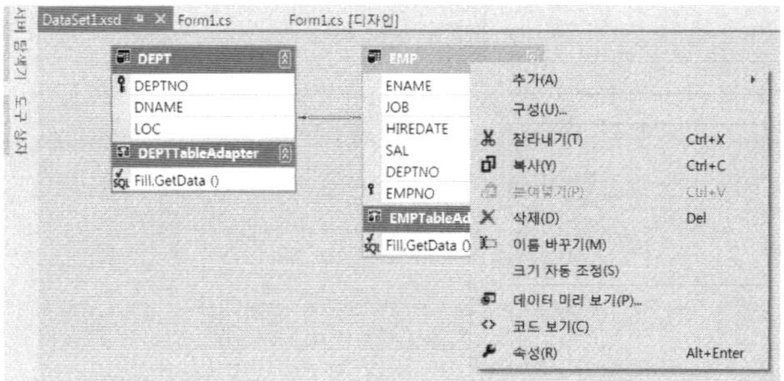

그림 12-7. EMP 테이블의 팝업 메뉴

[그림 12-7]에서 [구성]을 선택하면 TableAdapter 구성 마법사가 시작되어 Fill, GetData로 기본 등록된 SQL 구문을 변경할 수 있게 한다.

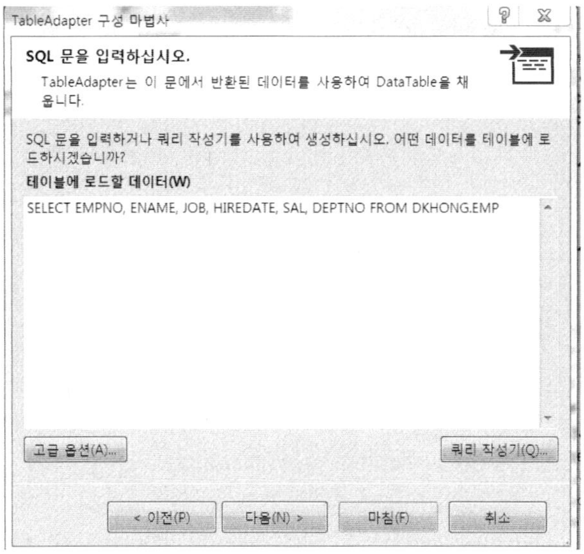

그림 12-8. TableAdapter 구성 마법사

반면 [그림 12-7]에서 [추가]-[Query]를 선택하면 [TableAdapter 쿼리 구성 마법사]가 실행되어 새로운 SQL을 추가할 수 있게 한다.

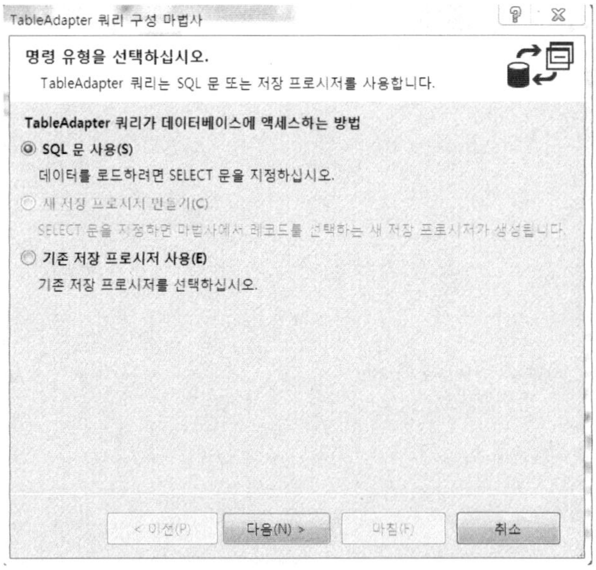

그림 12-9. TableAdapter 쿼리 구성 마법사

특정 조건을 만족하는 데이터만 데이터베이스에서 DataSet으로 가져오기 위하여 parameterized query로 다음의 SQL 구문을 추가해보자.

SELECT * FROM EMP WHERE DEPTNO = :PARAM

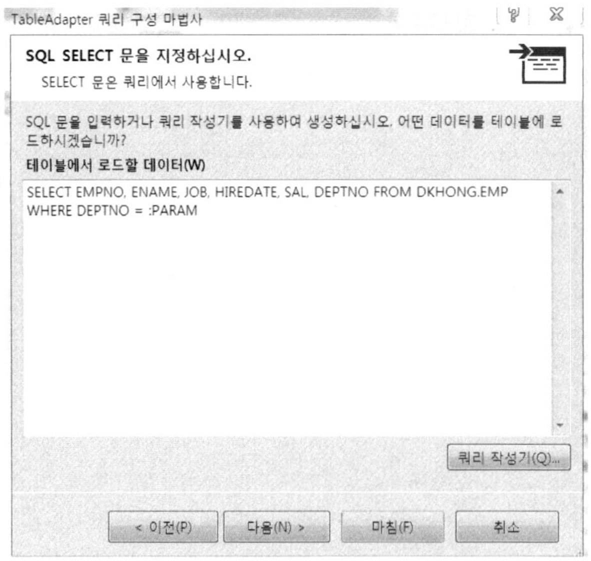

그림 12-10. TableAdapter에 새로운 쿼리의 추가

위의 SQL구문을 FillByDept 라는 이름으로 TableAdapter 쿼리로 추가하였다.

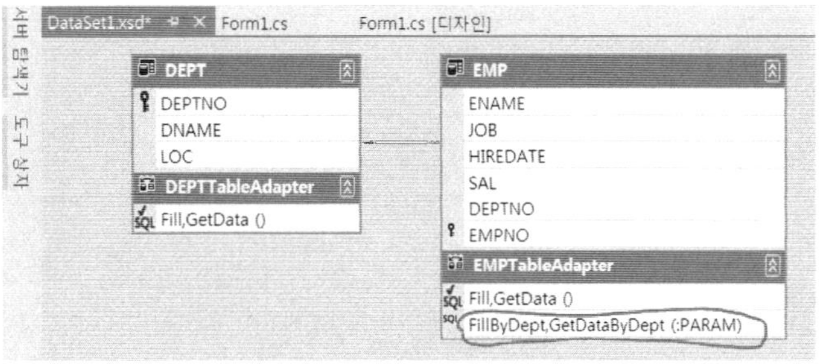

그림 12-11. FillByDept 추가

TableAdapter에 추가된 각 쿼리는 개체의 다른 메서드나 함수처럼 간단히 호출되는 공용 메서드로 노출된다. [그림 12-11]에서는 "FillByDept"라는 새로운 쿼리가 추가되었으며 추가된 쿼리는 다음과 같이 호출된다. [그림 12-12]의 "가져오기"버튼의 클릭 이벤트에 다음과 같이 코드를 입력한다.

```
private void button5_Click(object sender, EventArgs e)
{
        eMPTableAdapter.FillByDept(dataSet11.EMP, textBox2.Text);
}
```

실행 결과는 다음과 같다.

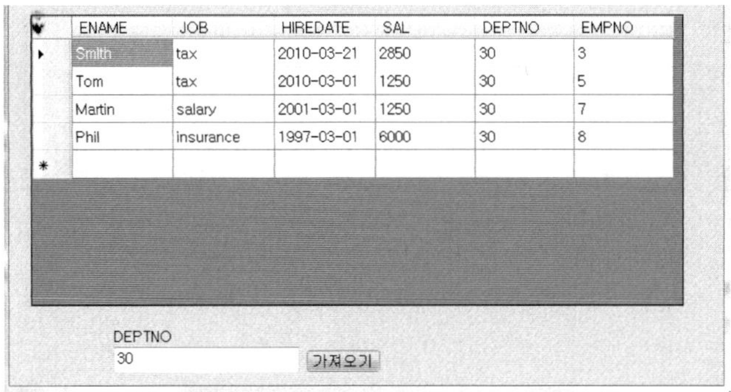

그림 12-12. DEPTNO 30만 가져오기

[그림 12-12]를 실행하면 데이터베이스에 있는 EMP 테이블에서 DEPTNO가 30인 데이터만 DataSet으로 가져오게 되는 것으로 [그림 12-5]의 필터를 사용하여 일부분의 데이터만을 DataGridView에 보여주는 방법과는 매우 다르다.

TableAdapter에 새로운 쿼리를 추가하여 데이터베이스의 데이터 일부를 가져오는 방법은 실제 응용에서 매우 자주 사용된다. 데이터베이스의 데이터를 모두 메모리의 DataSet으로 가져오기에는 데이터 양이 너무 많은 대용량 데이터를 처리하는데 적합한 방법이다.

12.4 조인 결과 출력

지금까지는 DataGridView가 1개의 테이블 위에 생성되었다. 이제 DataGridView를 테이블의 조인 결과에 생성하는 방법을 알아본다. EMP와 DEPT 테이블에서 다음의 SQL 결과로 만들어지는 조인을 사용하는 경우를 알아본다. 사원이 근무하는 부서명을 출력하기 위해서는 다음과 같이 조인이 이루어져야 한다.

```
SELECT EMPNO, ENAME, EMP.DEPTNO, DNAME
FROM EMP, DEPT
WHERE EMP.DEPTNO = DEPT.DEPTNO;
```

1) TableAdapter의 쿼리를 변경하는 방법

DataGridView를 EMP 테이블을 사용하여 생성한 후 tableAdapter에서 [데이터집합디자이너에서 쿼리편집] - 팝업메뉴의 [구성]에서 SQL을 수정하여 (앞의 join된 SQL 쿼리로 변경) 조인 결과를 출력할 수 있다. 일반적으로 조인 결과는 검색 목적으로만 사용되므로 [DataGridView]의 스마트태그에서 [추가사용], [편집사용], [삭제사용]을 선택하지 않음으로서 조인 결과를 통한 입력, 변경, 삭제를 할 수 없게 만들 수 있다.

그림 12-13. 조인 결과의 출력

2) 데이터베이스에서 미리 조인 뷰를 만들고 그 뷰를 DataSet의 DataTable로 생성

데이터베이스에서 미리 뷰를 만들고, DataSet에서는 데이터베이스의 뷰에 해당하는 DataTable을 생성한다.

12.5 마스터-디테일 (Master and Detail) DataGridView

데이터베이스 응용 프로그램에서 부모, 자식 관계를 가지는 테이블을 동시에 보여주는 경우가 많다. 이때 부모가 마스터가 되고, 자식이 디테일이 된다. 이런 경우를 쉽게 표현하는 응용 프로그램 개발 방법을 알아본다.

EMP와 DEPT 2개의 테이블을 사용하는 경우 DEPT 테이블은 마스터가 되며, EMP 테이블은 디테일이 된다. 부모-자식의 관계는 데이터베이스 설계에서 일대다의 관계를 가지는 경우 자연스럽게 형성된다. 여기서는 DataGridView와 앞에서 배운 DataRelation을 사용하여 그 응용을 개발하는 방법을 알아보자.

2개의 DataGridView를 사용하여 화면 왼쪽에 DEPT를 보여주고 부서를 선택하면 오른쪽에 그 부서에 근무하는 사원들을 보여주는 응용 프로그램을 만들어보자.

단계 1 1개의 폼을 가진 윈폼 프로젝트를 생성한다.

단계 2 [보기]-[다른 창]-[데이터소스]를 선택하여 EMP와 DEPT 테이블을 포함하는 DataSet 스키마(DataSet1.xsd)를 생성하고, 도구상자에서 DataSet을 화면으로 끌고와서 DataSet 인스턴스(dataSet11)를 생성한다.

단계 3 윈도우 폼에 DataGridView를 드래그하여 dataGridview를 생성하고, 데이터그리드뷰의 스마트태그의 [데이터소스 선택]에서 데이터소스 구성 마법사를 사용하여 부모 테이블인 DEPT 테이블에 바인딩 시킨다. (dataSet11, Bindingsource, tableAdapter 3개의 객체 생성)

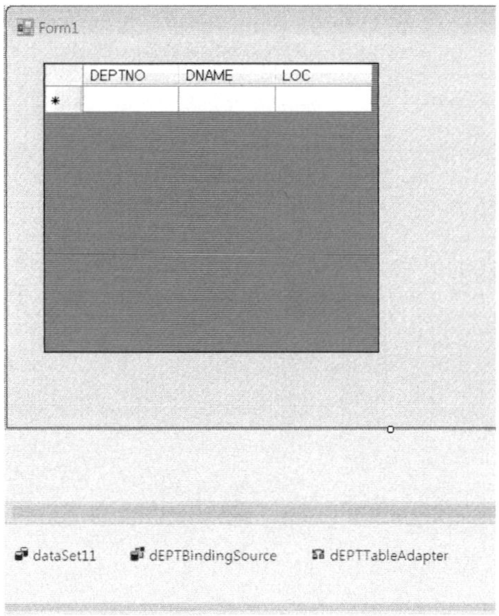

그림 12-14. 부모 그리드뷰 생성

단계 4 [데이터집합 디자이너] 편집화면에서 DEPT와 EMP 사이에 DataRelation을 확인한다 (없으면 추가한다). 필요하면 나중에 다시 [관계편집]에서 그 내용을 수정할 수 있다.

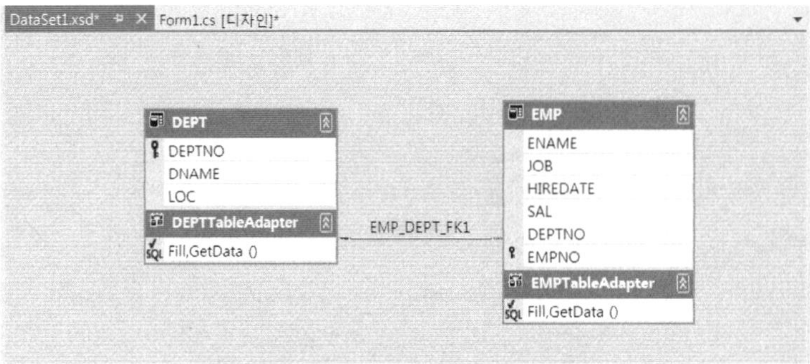

그림 12-15. 테이블 사이의 관계

단계 5 새로운 DataGridView를 추가 (Detail DataGridView) 생성하고, 데이터소스 선택에 DataRelation을 바인딩한다. [그림 12-17]과 같이 관계에 BindingSource가 생성되었는지 확인한다.

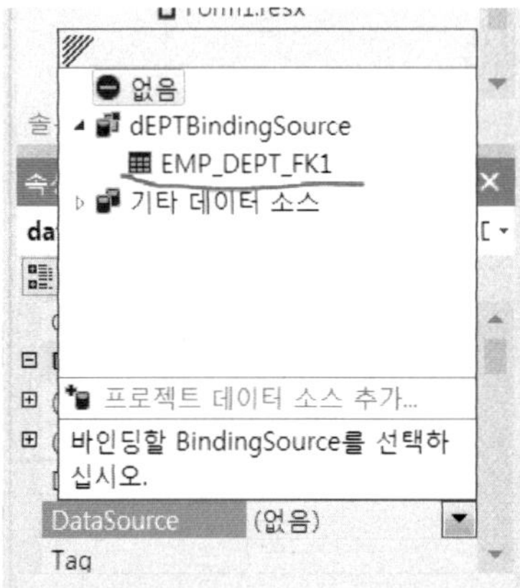

그림 12-16. DataRelation 바인딩

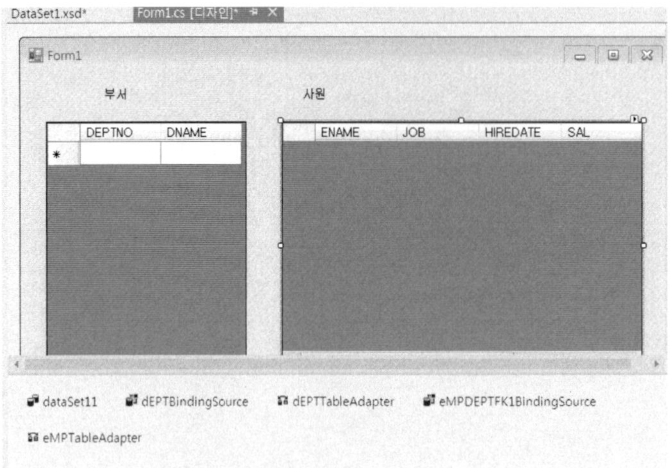

그림 12-17. DataRelation에 BindingSource 생성

단계 7 실행 결과

첫 번째 DatagridView의 DEPT 레코드를 선택하면 DataRelation으로 연결된 EMP 테이블의 레코드가 두 번째 DataGridView에 출력된다.

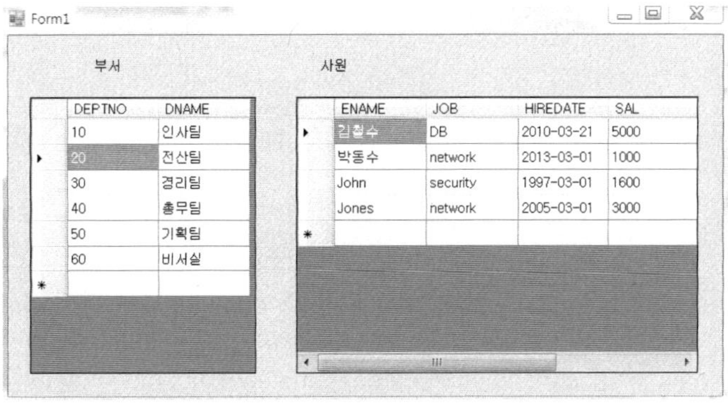

그림 12-18. 마스터-디테일 실행 결과

12.6 DataGridView 프로그래밍

실행 시간에 DataGridView의 속성, 메서드를 사용하기 위해서 DataGridView 클래스의 이벤트, 속성, 메서드에 대한 이해가 필요하다. DataGridViewRow 클래스는 DataGridView 컨트롤의 행을 나타내며, DatagridViewColumn은 컬럼, DataGridViewCell은 셀을 나타낸다.

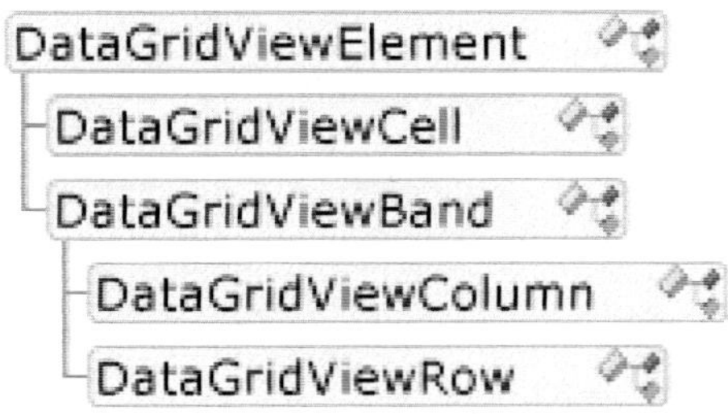

그림 12-19. DataGridView 상속계층

12.6.1 행 (Rows)

프로그램에서 행을 가져오는 방법은 다음과 같다.

DataGridView1.CurrentRow - 현재 활성화된 셀이 들어있는 행

dataGridView1.SelectedRows[0] - 선택된 행들의 첫 번째 행

dataGridView1.Rows[0] - 모든 행들의 첫 번째 행

12.6.2 Cells

프로그램에서 DataGridView의 셀 값을 다양한 방법으로 선택할 수 있다. 첫 번째 행의 첫 번째 컬럼의 셀 값은 다음과 같은 방식으로 표현된다.

dataGridview1.SelectedRows[0].Cells[0].Value - 셀에 포함된 실제 데이터

dataGridview1.SelectedRows[0].Cells[0].FormattedValue - 개체의 서식이 지정된 표현

dataGridview1.SelectedRows[0].Cells[0].EditedFormattedValue - 아직 커밋 되지 않은 값

앞의 방법을 이용하여 DataGridView의 선택된 셀의 내용을 메시지로 출력하는 예제는 다음과 같다.

```
private void dataGridView1_CellContentClick(object sender, DataGridViewCellEventArgs e)
{
    MessageBox.Show(dataGridView1.CurrentCell.Value.ToString());
    // MessageBox.Show(dataGridView1.SelectedCells[0].Value.ToString());
}
```

12.7 디자인 시점 DataGridView 모양 변경

DataGridView에 데이터를 표현할 때 사용자에게 더 편리하게 DataGridView의 모양을 다양하게 변경할 수 있다. 각각의 열 모양을 데이터의 특성에 적합하게 [DataGridView]-[열 편집]에서 DataGridView의 열 (컬럼) 모양을 변경할 수 있다.

샘플 데이터베이스 테이블은 다음의 테이블 스키마를 사용한다.

PROF (P_ID, P_NAME, P_ADDRESS, PROF_LEVEL, P_TENURE, YEAR_ENTER)
P_ID : 인사번호 (사원번호, 문자열)
P_NAME : 이름 (문자열)
P_ADDRESS : 주소 (문자열)
PROF_LEVEL : 조교수, 부교수, 교수 중에서 선택
P_TENURE : 정년보장 교수 (YES, NO 또는 참, 거짓)
YEAR_ENTER : 학교에 임용된 날짜

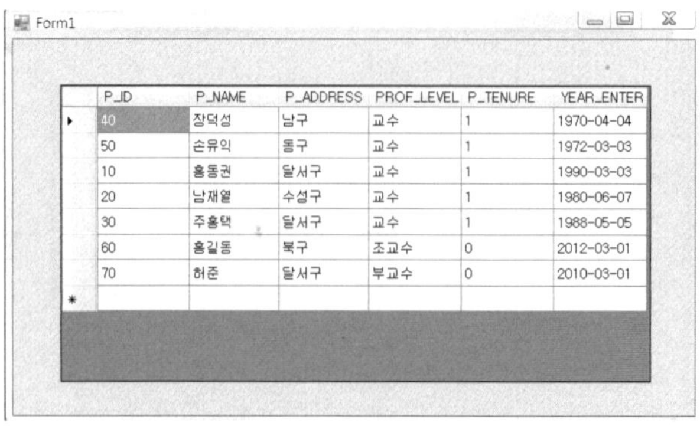

그림 12-20. PROF 테이블의 출력 결과

12.7.1 참, 거짓의 표현

PROF 테이블의 P_TENURE 컬럼과 같이 참(True), 거짓(False)과 같이 2개의 값만을 가지는 경우 CheckBox 형태로 모양을 설정하는 것이 매우 편리하다. 이때 check 된 경우가 true 또는 false 중에 어떤 것인지 설정하면 된다.

단계 1 DataGridView의 스마트태그에서 [열 편집]을 선택한다.

단계 2 P_TENURE 컬럼의 [ColumnType]을 DataGridViewCheckBoxColumn으로 지정한다.

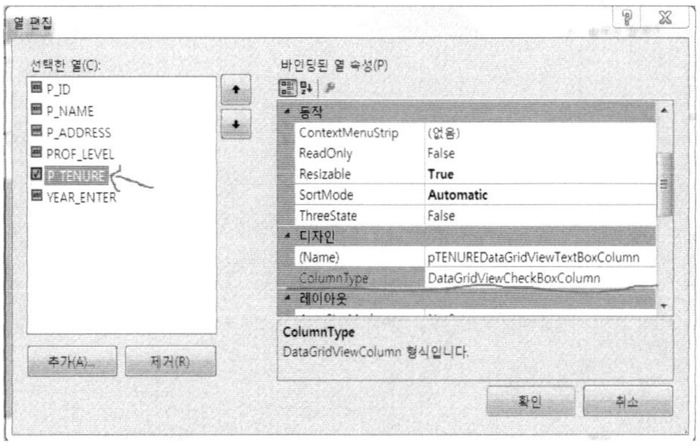

그림 12-21. 컬럼 모양의 변경

단계 3 FalseValue와 TrueValue를 지정한다. 여기서 0는 False로, 1은 True로 선택하는 경우이다.

그림 12-22. True, False 값의 지정

단계 4 저장한 후 프로젝트를 실행하여 P_TENURE 모양을 확인해보자.

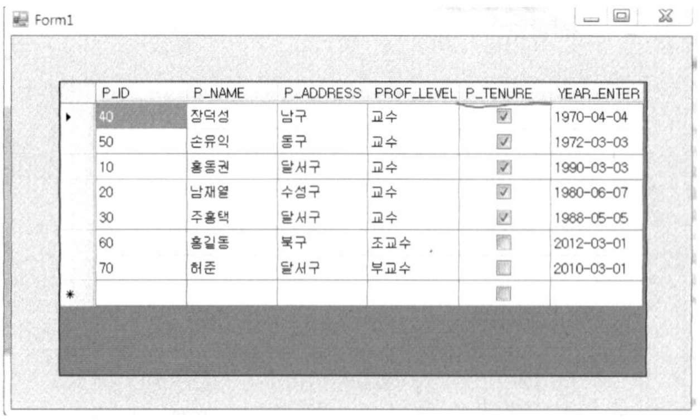

그림 12-23. True, False 모양 변경 결과

12.7.2 나열형 (enumeration)의 표현

PROF 테이블의 PROF_LEVEL 컬럼은 교수, 부교수, 조교수의 3가지 값 중에서 1개의 값을 가지는 나열형 자료 형식을 가진다. 나열형의 경우 ComboBox 모양으로 열 변경을 하면 다음과 같은 입력 오류를 방지할 수 있다.

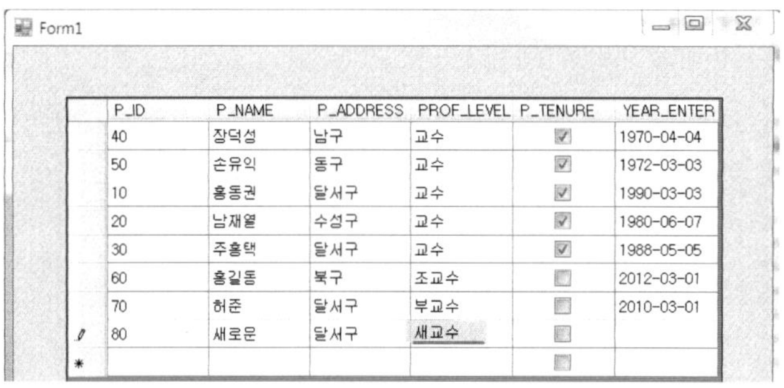

그림 12-24. PROF_LEVEL에 잘못된 입력

PROF_LEVEL을 ComboBox 형식으로 지정하는 방법을 알아보자.

단계 1 [열편집]에서 PROF_LEVEL의 [ColumnType]을 DataGridViewComboBoxColumn으로 정한다.

그림 12-25. ComboBox 형식으로 변경

단계 2 [Items]를 선택하여 ComboBox에서 사용할 item을 입력한다. 여기서는 교수, 부교수, 조교수 3가지를 입력한다.

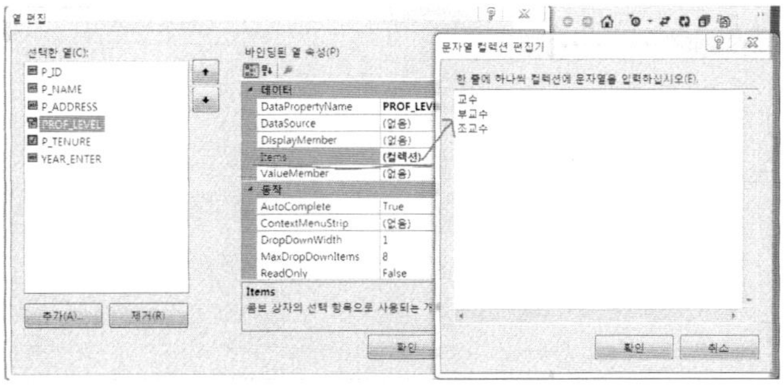

그림 12-26. 나열형 item을 입력

단계 3 프로젝트를 실행하여 새로운 데이터를 입력해보자. 이때 PROF_LEVEL은 콤보박스 형식으로 변경되어 입력 오류를 방지할 수 있다.

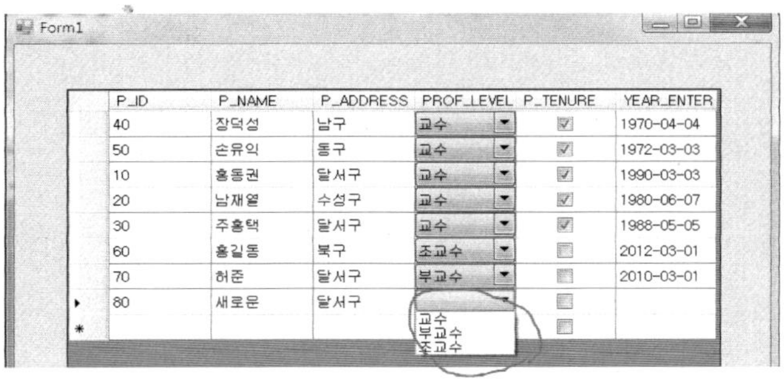

그림 12-27. 나열형 자료의 입력 방법 변경

12.7.3 날짜 형식의 지정

[DataGridView]-[열 편집]에서 다양한 형식의 날짜 형식을 지정할 수 있다.

단계 1 날짜 형식을 가지는 열을 선택하고 [모양]의 [DefaultCellStyle]을 선택하여 [CellStyle 작성기]를 실행시킨다.

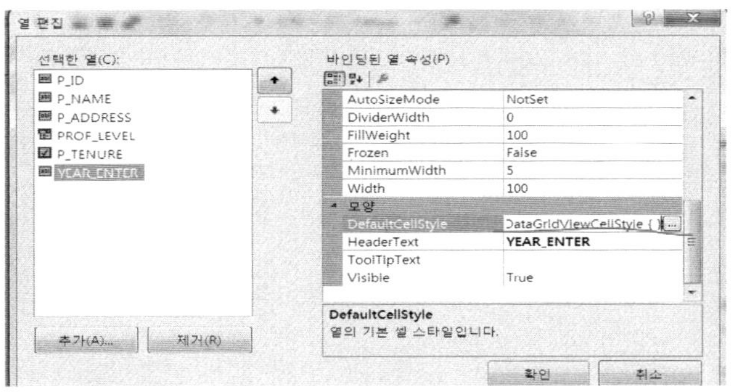

그림 12-28. 날짜 형식의 변경을 위한 셀모양 지정

단계 2 [Format]에서 [서식문자열대화상자]를 실행시킨다.

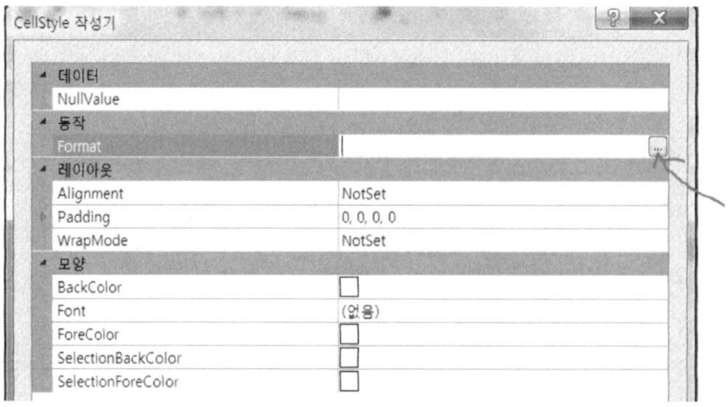

그림 12-29. 서식문자열 대화상자 실행 버튼

단계 3 [형식 문자열 대화 상자]에서 필요한 형식을 지정한다.

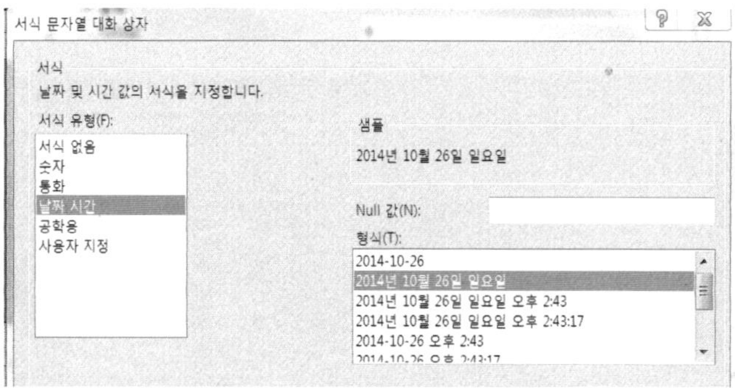

그림 12-30. 날짜 형식의 변경

단계 4 실행하여 날짜 형식의 변경을 확인해보자.

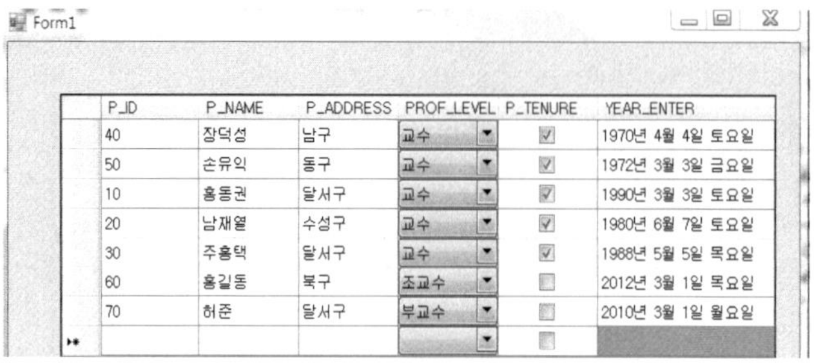

그림 12-31. 날짜 형식의 변경 확인

12.8 다른 테이블의 값 참조

테이블의 컬럼이 다른 테이블의 컬럼의 값을 참조하는 경우 입력 오류를 방지하기 위하여 외래키를 선언하면 잘못된 입력을 방지할 수 있다. datagridview에는 특정 컬럼의 값이 다른 테이블의 컬럼값을 직접 참조할 수 있게 하는 기능이 있어 데이터의 참조 무결성을 유지하게 하는데 매우 편리하다. DataGridView에서 그 방법을 알아본다. 앞의 예제에서 사용한 EMP와 DEPT를 사용하여 EMP 테이블에 새로운 데이터를 입력하는 과정에서 DEPT 테이블을 참조하는 과정을 살펴보자.

단계 1 윈폼 프로젝트에서 [보기]-[다른창]-[데이터소스보기]를 사용하여 EMP와 DEPT를 포함하는 dataset을 생성한다(dataSet11).

단계 2 DataGridView를 생성하고 데이터소스를 EMP로 선택한다.

단계 3 DataGridView의 [열편집]에서 DEPTNO를 선택하고 [ColumnType]에서 DataGridView ComboBoxColumn을 선택한다.

그림 12-32. DEPTNO 컬럼의 컬럼 타입 변경

단계 4 DataSource와 DisplayMember를 지정하여 참조하는 테이블 DEPT와 컬럼 DEPTNO를 지정한다.

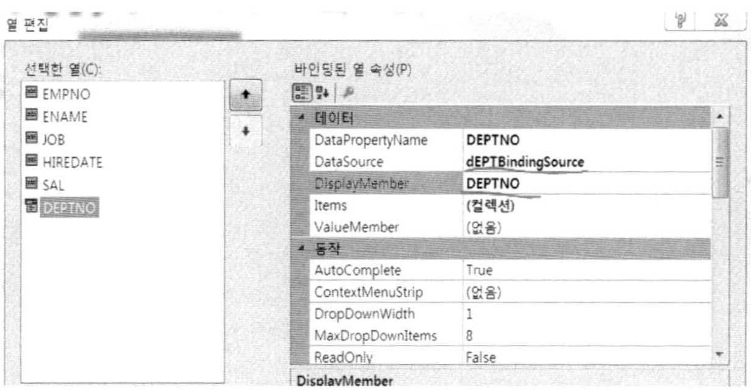

그림 12-33. DataSource와 DisplayMember 지정

단계 5 프로젝트를 실행하고 EMP 테이블의 레코드에 DEPTNO 컬럼값을 입력해보자. 콤보박스가 나타나며 DEPT 테이블의 DEPTNO 컬럼의 값이 나타나는 것을 확인할 수 있다.

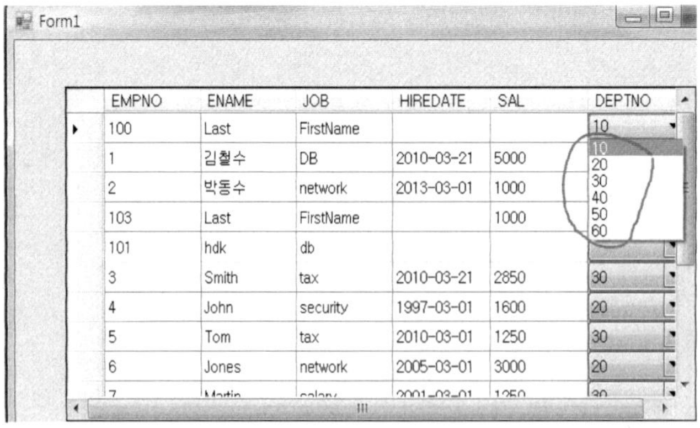

그림 12-34. DEPT 테이블의 DEPTNO 컬럼값 참조

연습문제

1. 다음의 DEPT, EMP 테이블과 DataGridView를 이용하여 각각의 테이블에 입력, 변경, 삭제, 저장 기능을 할 수 있는 응용 프로그램을 작성하시오.

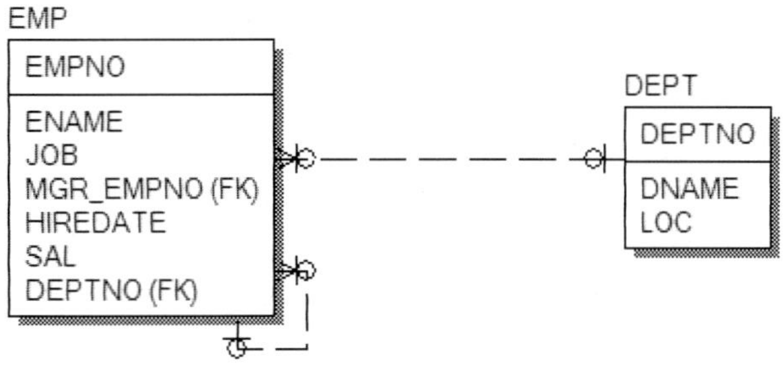

2. DataGridView를 이용하여 EMP 테이블에 다음 기능을 구현하시오.

   1) 전체보기 2) DEPTNO로 필터링 3) SAL로 필터링 4) HIREDATE로 필터링 5) JOB으로 필터링

3. DataGridView를 이용하여 DEPT 테이블에 다음 기능을 구현하시오.

   1) 전체보기 2) LOC에 필터링 (패턴매칭)

4. (1)번의 결과에 DataRelation의 외래키를 추가하여 부서의 레코드를 삭제할 때 참조 무결성을 지키지 못하는 삭제를 수행하지 못하게 하시오. (그렇지 않으면 나중에 데이터베이스에 저장할 때 오라클에 지정된 외래키에 의해 오류가 발생)

5. (1)번의 결과에서 사원의 레코드를 입력할 때 부서번호가 반드시 존재하는 부서가 되게 DataGridView에서 DEPT 테이블의 값을 참조하게 만드시오.

Chapter 13

BindingNavigator 활용

13

BindingNavigator 활용

데이터베이스 응용 프로그램은 다양한 방법으로 DataSet의 데이터를 조작하는 방법을 구현한다. BindgingNavigator는 데이터를 조작하는 응용 프로그램에서 매우 편리한 인터페이스를 제공하는 ToolStrip 컨트롤이다. 특히 BindingSource와 짝을 이루어 DataSet에서의 탐색, 새로운 레코드의 삽입, 레코드의 삭제 등에 필요한 사용자 인터페이스를 쉽게 만들 수 있게 한다.

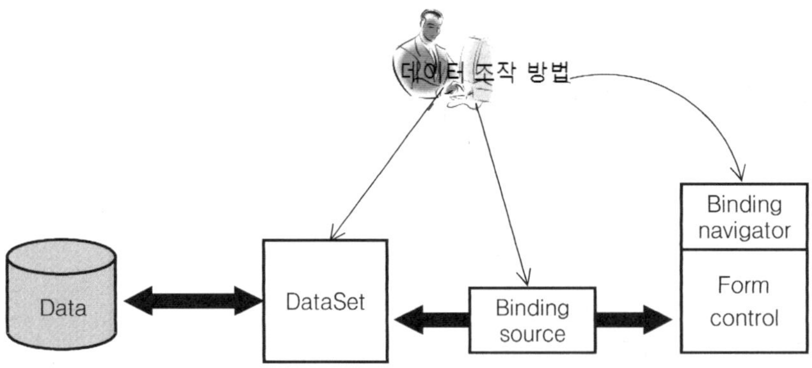

그림 13-1. 데이터조작에서 BindingNavigator의 위치

BindingNavigator의 생성 방법은 [데이터 소스 구성 마법사]를 사용한 자동 생성 방법과 도구상자의 도구를 이용하여 생성하는 방법이 있다.

13.1 BIndingNavigator 자동생성

BindingNavigator를 자동으로 만드는 방법을 알아보자.

단계 1 프로젝트를 만들고 빈 폼을 생성한다.

단계 2 [보기]-[다른창]-[데이터 소스]를 선택하고 [새 데이터소스 추가..]를 선택하여 [데이터 소스 구성 마법사]를 시작한다. [데이터 소스 구성 마법사]에서 DataSet에 필요한 테이블을 선택하여 DataSet을 구성한다.

단계 3 그 다음 데이터 소스의 테이블을 선택하여 폼으로 드래그하면 다음의 [그림 13-2]와 같이 dataset 객체, binding source, table adapter 객체와 함께 폼의 가장 위에 Binding Navigator가 만들어진다.

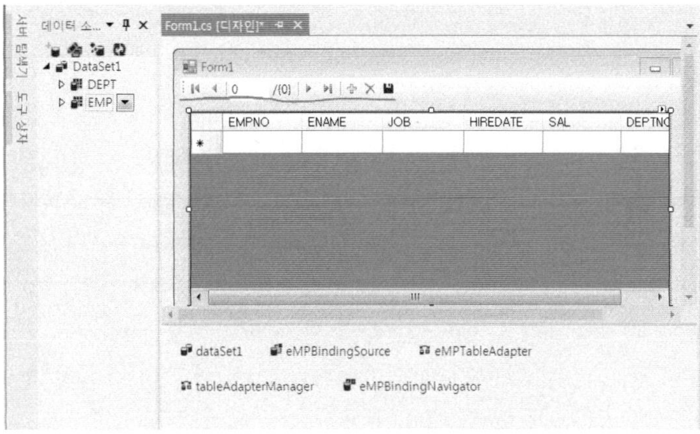

그림 13-2. BindingNavigator의 생성

단계 4 프로젝트를 실행하여 BindingNavigator의 동작을 확인해 보자.

BindingNavigator 컨트롤은 데이터 관련 작업에서 가장 일반적인 데이터 추가, 삭제 및 탐색을 위한 여러 ToolStripItem 개체와 함께 ToolStrip으로 구성되어 있다. BindingNavigator 컨트롤에는 기본적으로 다음 표와 같은 표준 단추가 들어 있다.

표 13-1. BindingNavigator 컨트롤 종류

컨트롤 종류	기능
AddNewItem 단추	내부 데이터 소스에 새 행을 삽입
DeleteItem 단추	내부 데이터 소스에서 현재 행을 삭제
MoveFirstItem 단추	내부 데이터 소스의 첫 번째 항목으로 이동
MoveLastItem 단추	내부 데이터 소스의 마지막 항목으로 이동
MoveNextItem 단추	내부 데이터 소스의 다음 항목으로 이동
MovePreviousItem 단추	내부 데이터 소스의 이전 항목으로 이동
PositionItem 텍스트 상자	내부 데이터 소스 내의 현재 위치를 반환
CountItem 텍스트 상자	내부 데이터 소스의 전체 항목 수를 반환

이 컬렉션의 각 컨트롤에 대해 프로그래밍 방식으로 동일한 기능을 제공하는 BindingSource 구성 요소의 해당 멤버가 존재한다. 예를 들어, MoveFirstItem 단추는 BindingSource 구성 요소의

MoveFirst 메서드에 해당하고 DeleteItem 단추는 RemoveCurrent 메서드에 해당한다. (따라서 따로 이벤트 처리 기능을 추가하지 않는다)

표준 단추 외에 필요한 구성 요소를 추가하는 경우 각 추가된 구성 요소에는 따로 이벤트 처리기가 만들어져야 한다. [그림 13-3]의 BindingNavigator에서 저장 버튼은 표준 단추가 아니다.

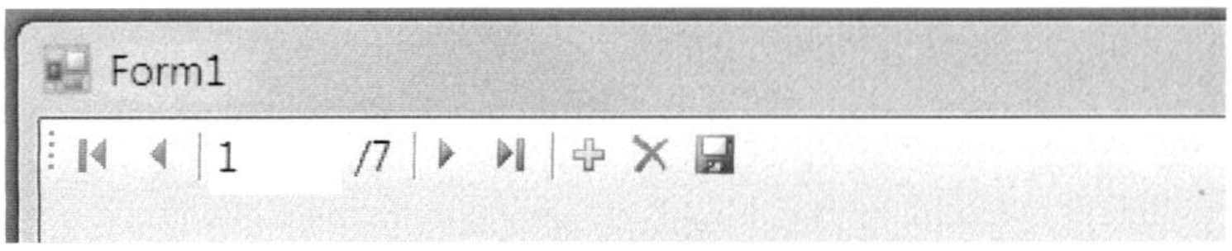

그림 13-3. 자동으로 생성된 BindingNavigator

따라서 저장 버튼에 대한 이벤트에 대해서는 다음과 같이 코드가 자동으로 생성되어 있다.

```
private void eMPBindingNavigatorSaveItem_Click(object sender, EventArgs e)
{
        this.Validate( );
        this.eMPBindingSource.EndEdit( );
        this.tableAdapterManager.UpdateAll(this.dataSet1);
}
```

13.2 BindingNavigator와 기존의 datagridview와 연결

이미 생성되어 있는 DatagridView에도 BindingNavigator를 연결할 수 있다. DataGridView가 생성되어 있는 프로젝트에 연결하기 위해서는 [도구상자]에서 BindingNavigator를 선택해서 폼으로 끌고온다. [그림 13-4]와 같이 기본적으로 화면의 가장 위에 만들어진다.

그림 13-4. 도구에서 추가된 BindingNavigator

그 다음 생성된 BindingNavigator 객체의 BindingSource 속성의 값을 datagridview에 연결된 BindingSource 객체를 찾아서 선택한다. [그림 13-4]와 같이 도구에서 추가된 BindingNavigator에는 저장 단추가 기본으로 추가되어 있지 않다.

데이터베이스 응용 프로그램에서 BindingNavigator를 사용하기 위해서는 DataSet, BindingSource, 데이터를 출력할 컨트롤이 필요하다. 데이터를 출력할 도구로는 DataGridView가 많이 사용되지만 텍스트박스도 데이터를 출력할 도구로 사용되기도 한다. 도구에서 BindingNavigator를 생성하고 DataSet과 연결한 후 텍스트박스와 연결하는 방법을 알아보자.

단계 1 윈도우 폼을 만들고 TextBox 2개를 추가한다.

단계 2 [보기]-[다른창]-[데이터소스]-[새 데이터 소스 추가]를 선택하여 EMP 테이블을 포함하는 DataSet을 생성한다(DataSet1.xsd).

단계 3 [도구상자]에서 DataSet을 폼으로 끌고와서 DataSet 객체를 생성한다(dataSet11).

단계 4 [도구상자]에서 BindingNaviator를 폼으로 가져온다.

단계 5 TextBox1의 Text 속성 (속성에서 DataBindings 그룹에 있는 Text 속성)을 프로젝트데이터 소스의 DataSet11의 EMP 테이블의 EMPNO로 지정한다.

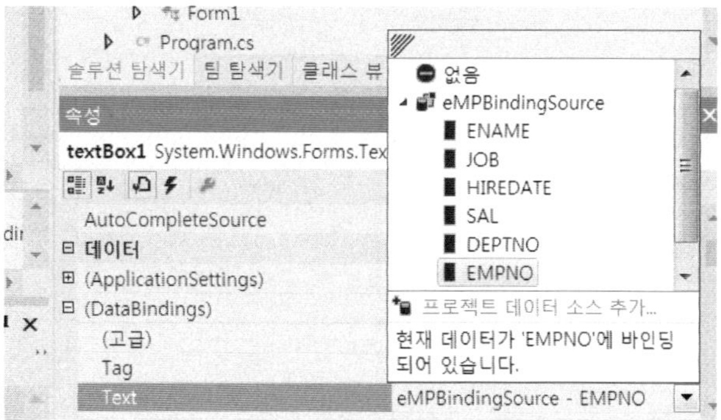

그림 13-5

단계 6 같은 방법으로 TextBox2의 DataBindings-Text 속성을 EMP 테이블의 ENAME으로 지정한다.

단계 7 생성된 BindingNavigator1의 BindingSource 속성을 eMPbindingSource로 지정한다.

단계 8 생성된 응용 프로그램을 실행해서 그 기능을 확인해보자. BindingNavigator의 탐색, 입력, 삭제 기능을 확인해보면 DataSet에서 정상적으로 입력, 삭제가 실행되는 것을 확인할 수 있다. 데이터베이스로의 저장 기능은 구현되어 있지 않다.

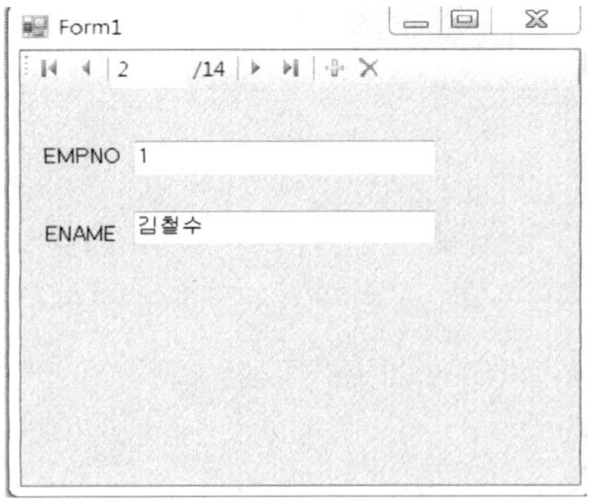

그림 13-6

13.3 BindingNavigator에 단추 추가

BindingNavigator의 [항목편집]에서 [항목 컬렉션 편집기]를 실행하면 [그림 13-7]의 표준단추는 다음과 같이 구성되어 있다. 여기서 필요한 단추를 추가할 수 있다.

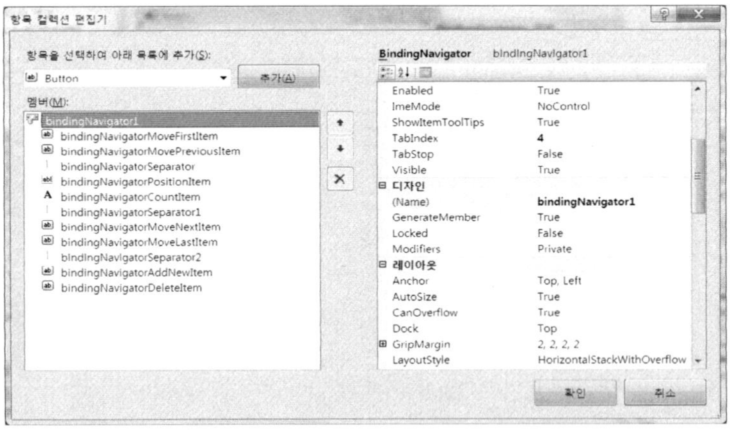

그림 13-7. 항목 컬렉션 편집기 화면

또 다른 방법으로는 [그림 13-8]과 같이 [표준 항목 삽입]을 하여 표준 ToolStrip을 추가한 후 필요한 단추만 남기고 나머지 단추는 삭제한다.

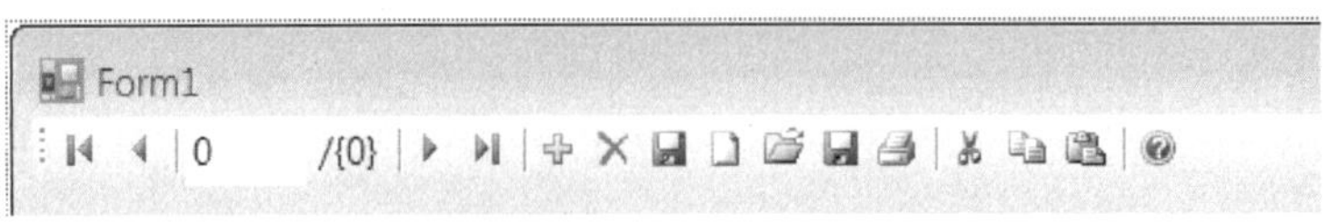

그림 13-8. 표준항목 삽입

연습문제

1. BindingNavigator와 DataGridView를 이용하여 EMP, DEPT 테이블에 탐색, 입력, 삭제, 저장 기능을 구현하시오. (저장 기능은 따로 구현하여야 함)

2. STUDENT, PROF 테이블을 이용하여 BindingNavigator와 DataGridView를 추가한 응용을 구현하시오.

Chapter 14

MDI 응용

14

MDI 응용

C#에서 메뉴를 이용한 MDI (Multiple Document Interface) 응용 개발 방법을 알아보자. MDI 응용은 메뉴와 여러 개의 자식 창 (Child windows)을 사용하여 복잡한 데이터베이스 응용 인터페이스를 쉽게 개발할 수 있게 한다.

14.1 메인 메뉴 (Menu) 만들기

윈도우 폼에서 [도구상자]-[MenuStrip]를 선택하여 (ContextMenuStrip은 상황 메뉴 – 팝업 메뉴를 작성할 때 사용) 폼으로 끌어놓기하면 [여기에 입력]이라는 문구가 표시된다. 메뉴 항목으로 "파일(&F)"이라고 입력을 하면 2개의 [여기에 입력] 문구가 표시된다. 오른쪽은 다음 메인 메뉴를 입력하는 곳이고, 아래쪽은 "파일" 메뉴의 서브 메뉴를 입력하는 곳이다.

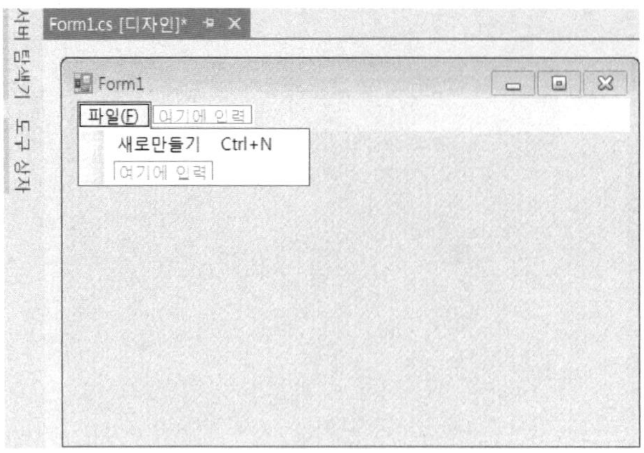

그림 14-1. 메인 메뉴의 입력화면

14.1.1 가속키

가속키(Accelerator Key)는 마우스를 사용하지 않고 키보드의 키로 메뉴 항목을 쉽게 선택하는 방법을 제공한다.

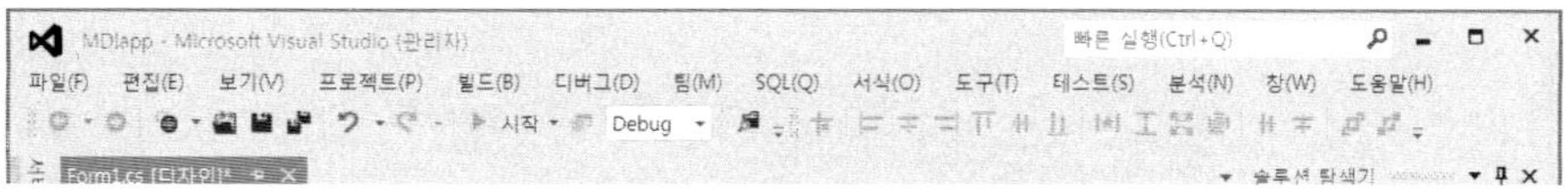

그림 14-2. Visual Studio 도구의 가속키

예를 들어 "파일(&F)"를 메뉴항목으로 설정할 때 이때 사용한 &기호가 가속키를 나타낸다.

가속키의 사용은 다음과 같다.

- 메뉴바 상태에서 : Alt 키와 단축 문자를 누름
- 드롭다운메뉴 : 메뉴를 선택하여 메뉴 항목이 보이는 상태에서 단축문자를 누름

따라서 앞의 "파일" 메뉴를 마우스로 선택하는 대신 Alt_F를 선택하면 파일 메뉴가 선택된다. 반면 드롭다운 메뉴에서 가속키는 다음과 같다. 다음의 메뉴에서 N을 누르면 "새 파일" 메뉴가 실행된다.

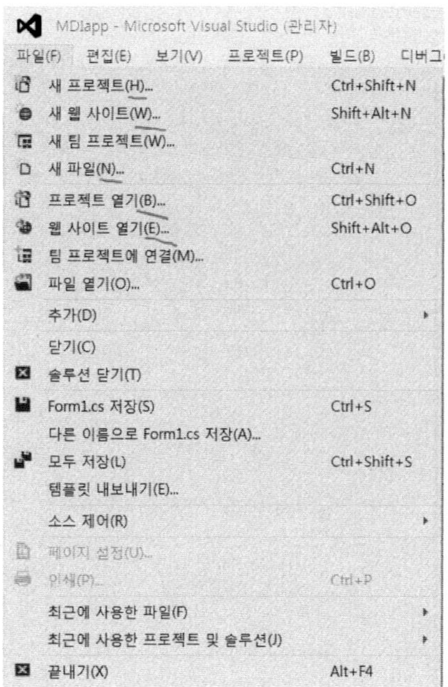

그림 14-3. 드롭다운 메뉴에서 가속키

14.1.2 단축키

단축키는 마우스를 사용하지 않고 키보드의 키 조합으로 메뉴 항목을 쉽게 선택하는 방법을 제공한다.

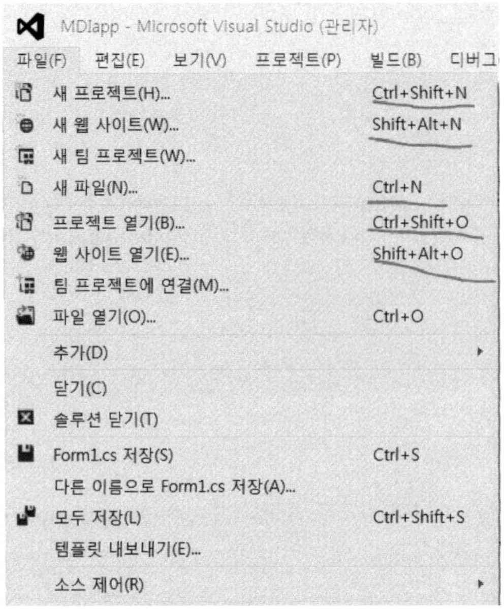

그림 14-4. 단축키의 사용

각각의 메뉴항목에 단축키 (Shortcut Key)를 지정하는 방법은 각각의 메뉴 항목의 속성에서 ShortcutKeys 속성의 설정 메뉴에서 사용할 키를 지정한다.

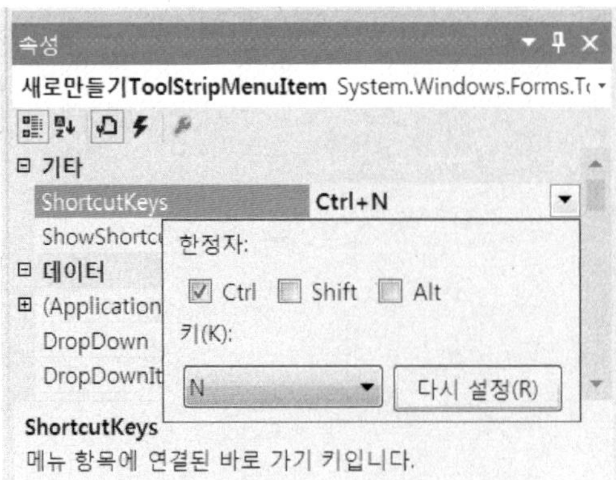

그림 14-5. Shortcut key의 지정

14.1.3 구분선 넣기

서브 메뉴를 입력할 때 "-" 기호를 입력하면 메뉴 아이템 사이에 구분선이 삽입된다. 메뉴 항목들을 기능에 따라 그룹화할 때 사용된다.

14.2 메뉴에 코드 입력

메뉴가 연결되어 있는 윈도우를 MDI의 메인 윈도우 또는 컨테이너 형태로 동작하도록 하기위해서 윈도우의 [IsMdiContainer] 속성 값을 True로 설정한다. 그러면 다음의 [그림 14-6]과 같이 메뉴 부분 외는 다른 정보를 표시하지 않으며 자식 윈도우를 보여줄 공간을 마련한다.

그림 14-6. MDI 윈도우 실행 모습

기존 프로젝트에 새로운 폼을 추가하는 방법은 [프로젝트]-[Window Form 추가]를 선택하여 템플릿에서 [Windows Form]을 선택하면된다. 그 다음 메뉴에서 오픈하는 윈도우는 MDI 윈도우의 자식 윈도우로 오픈되어야 하므로 다음과 같은 형식으로 윈도우를 오픈한다. 새로 추가되어서 오픈될 폼을 Form2라고 하면 다음의 코드를 사용한다.

```
Form2 form2 = new Form2( );
form2.MdiParent = this;
form2.Show( );
```

다음의 [그림 14-7]은 MDI 방식으로 STUDENT 데이터를 출력하는 응용 프로그램의 일부분이다.

그림 14-7. MDI방식의 STUDENT 출력

14.3 자식 윈도우 레이아웃

MDI 윈도우에서는 LayoutMdi 메서드를 사용하여 자식 윈도우를 다양한 형태로 보여줄 수 있다.

종류	설명
ArrangeIcons	자식 윈도우를 아이콘 형태로 배치
Cascade	자식 윈도우를 케스케이드 형태로 배치
TileHorizontal	자식 윈도우를 수평으로 최대 확대해서 배치
TileVertical	자식 윈도우를 수직으로 최대 확대해서 배치

다음과 같은 형식을 지정한 예를 살펴보자.

```
this.LayoutMdi(MdiLayout.TileVertical);
```

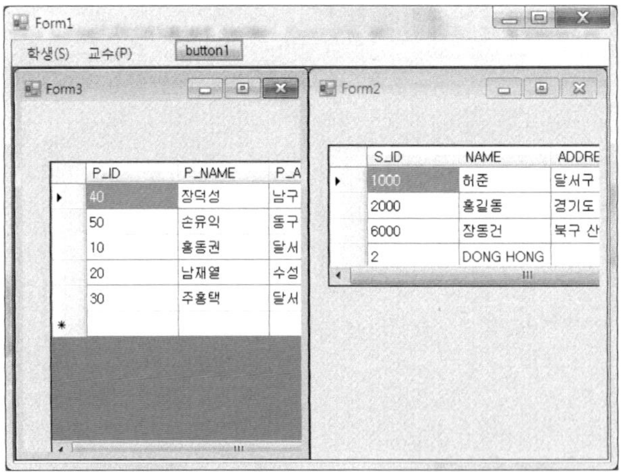

그림 14-8. TileVertrical의 실행

연습문제

1. 도서관 또는 서점의 DB에서 책을 나타내는 Book_kind(ISBN, 책제목, 저자, 출판사) 테이블에서 다음과 같은 MDI 형식의 도서검색 응용 프로그램을 구현하시오. (ISBN, 책제목, 저자, 출판사로 검색하는 기능 구현)

Chapter 15

챠트 컨트롤 활용

15

챠트 컨트롤 활용

챠트(Chart)는 숫자와 문자만으로 표현된 데이터를 다음의 [그림 15-1]과 같이 그림으로 표현하여 데이터의 특성을 쉽게 나타낼 수 있게 한다.

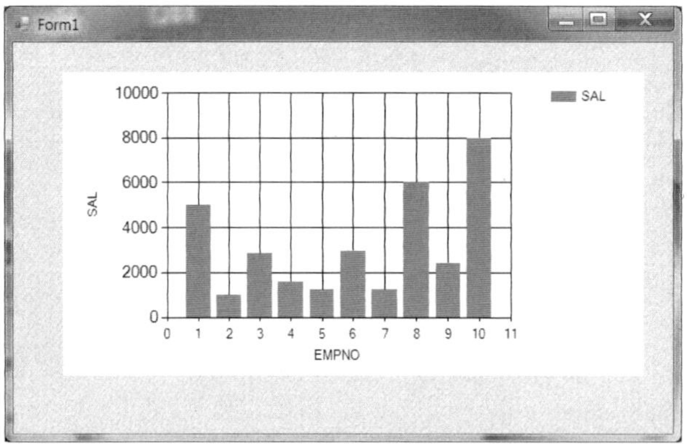

그림 15-1. 샘플 챠트

MS에서는 visual studio 2010 (.NET 4.0)이후 부터 데이터를 차트 형식으로 표현하기 위한 Chart 컨트롤을 기본적으로 제공하고 있다.

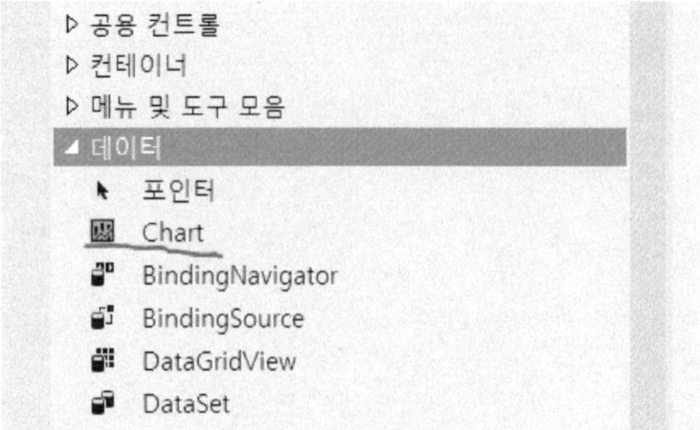

그림 15-2. 차트 컨트롤

만약 도구상자에 Chart 컨트롤이 보이지 않으면 [도구상자 항목 선택]에서 Chart를 선택하도록 한다.

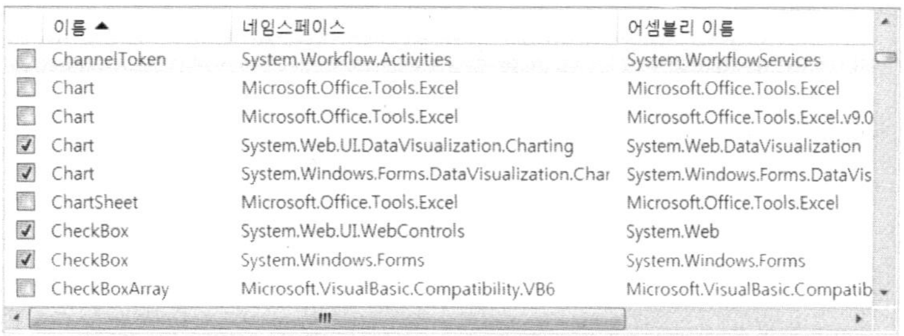

그림 15-3. 도구상자항목 선택에서 "Chart" 선택

15.1 챠트 생성하기

디자인 시점에 Chart 컨트롤을 사용하는 방법으로 [도구상자]-[Chart]를 선택하여 디자인 화면으로 (drag)끌기하면 다음과 같은 초기화면이 만들어진다.

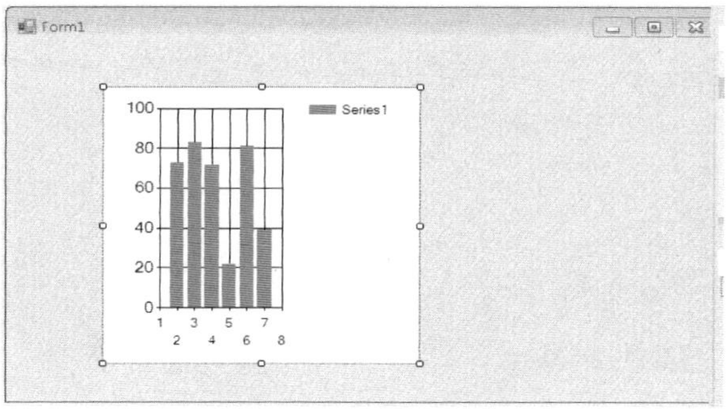

그림 15-4. 초기 화면

챠트 컨트롤을 사용하면 솔류션 탐색기의 참조에는 다음의 그림과 같이 System.Windows.Forms.DataVisualization이 추가된 것을 확인할 수 있다.

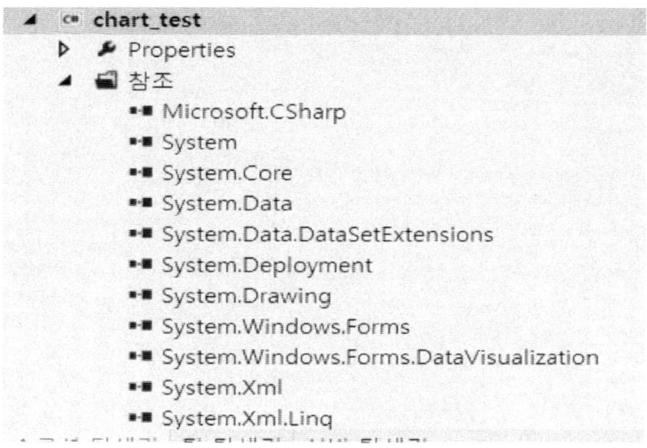

그림 15-5. Forms.DataVisualization 추가

15.2 차트 속성 설정

생성된 Chart 컨트롤인 Chart1의 속성을 살펴보면 다음과 같다. 이 중에서 차트의 대부분의 데이터 관련 작업은 [챠트] 그룹의 5가지 속성을 다루는 컬렉션 편집기에서 이루어진다.

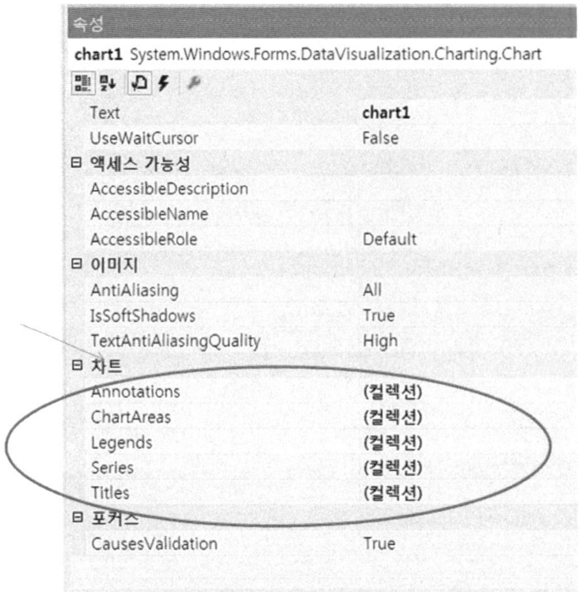

그림 15-6. 챠트 속성의 컬렉션 편집기

15.2.1 ChartAreas 속성

ChartArea는 챠트영역을 몇 개의 영역으로 나누어 사용하는지를 결정한다. [ChartAreas] 선택 – Chart 컬렉션 편집기를 시작하면 다음과 같은 화면이 나타난다.

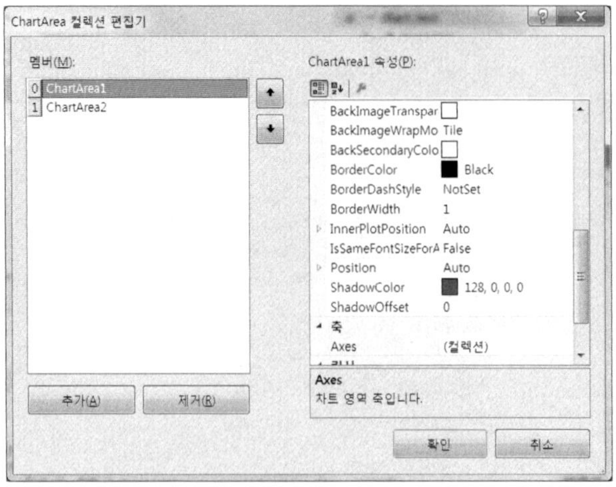

그림 15-7. ChartArea 설정(2개의 경우)

앞의 그림에서 CharArea가 1개 있는 경우와 2개 있는 경우는 다음의 그림과 같이 Chart를 보여주는 영역이 다르게 된다.

1개의 ChartArea　　　　2개의 ChartArea

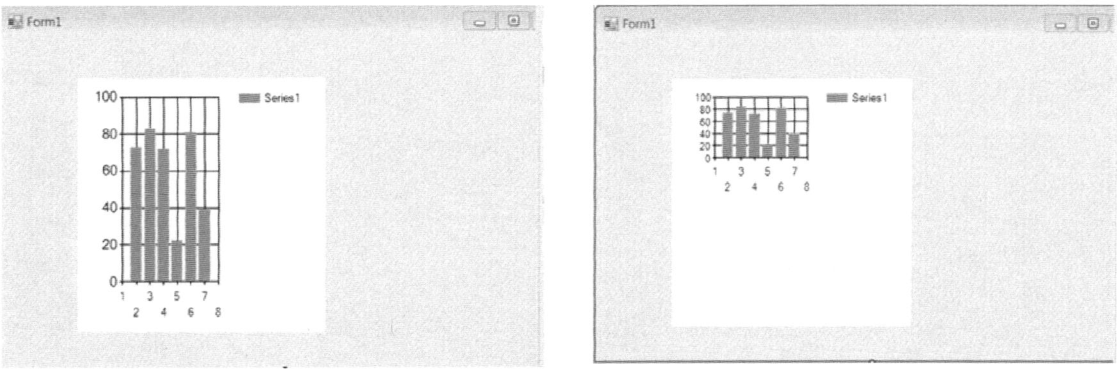

그림 15-8. Chart Area 개수에 따라 영역이 분할

특별한 경우가 아니면 대부분의 경우 1개의 ChartArea를 사용하여 차트 영역 전체를 1개의 차트가 사용한다.

15.2.2 Series 속성

Series는 비교 대상이 되는 데이터의 특성 종류를 나타낸다. 예를 들어 나이와 키를 비교한다면 2개의 series를 사용하여 나타내고, 나이만 표현하려면 1개의 series를 사용한다.

series를 사용하는 방법은 다음과 같다. 차트 속성에서 [Series]를 선택하여 Series 컬렉션 편집기를 실행한다. 그리고 Series의 이름을 결정하고 (디폴트는 Series1) 그것이 어느 ChartArea에 연결될 것인지, 또 ChartType을 결정한다. (기본은 Column형식)

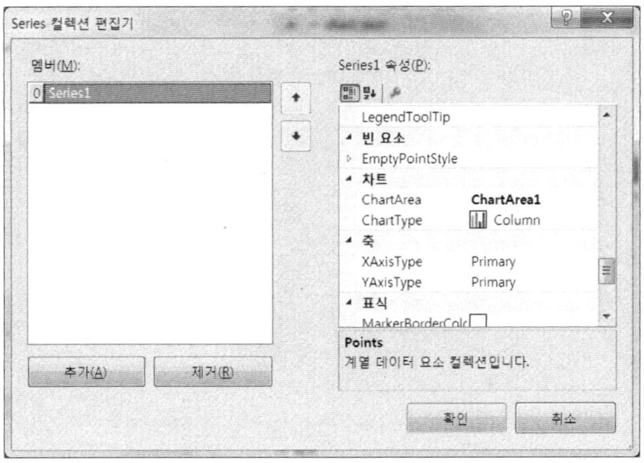

그림 15-9. Series 컬렉션 편집기

지금까지의 순서와 같이 먼저 ChartArea를 결정하고 그 다음 Series를 추가한 후 어느 ChartArea에 Series가 추가될지 결정한다.

챠트의 Series에 실제 데이터를 추가하는 방법으로 Points 컬렉션을 이용할 수 있다. 다음의 그림과 같이 Series 컬렉션 편집기에서 [Points]를 선택하여 DataPoint 컬렉션 편집기를 실행하여 X축 값과 Y축 값 등을 추가할 수 있다.

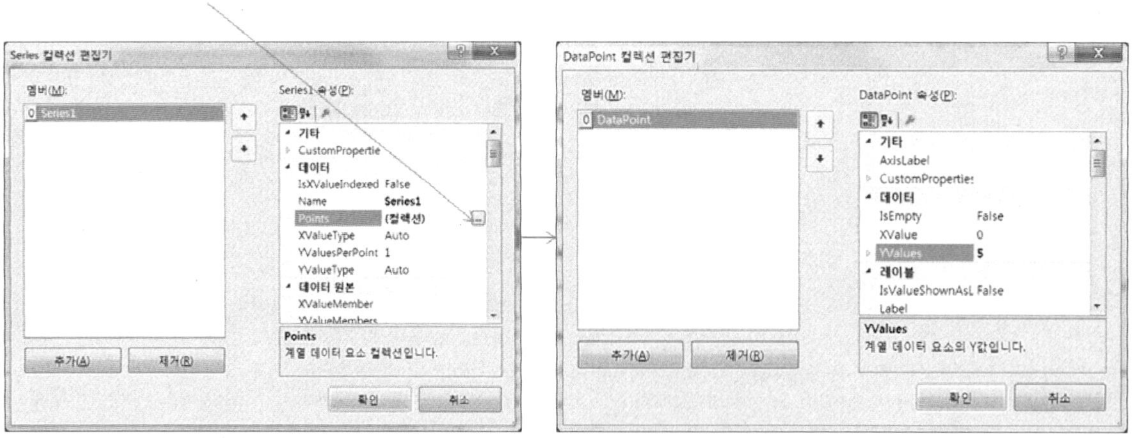

그림 15-10. DataPoint 컬렉션 편집기 실행 화면

예를 들어 6개의 데이터를 (DataPoint0에서 DataPoint5까지)사용하여 다음의 값을 (XValue, YValues)에 입력해보자.

샘플 데이터 : (1, 5), (2, 3), (3, 1), (4, 2), (5, 6), (6, 10)

그 다음 실행해서 다음의 차트가 생성되는지 확인해보자.

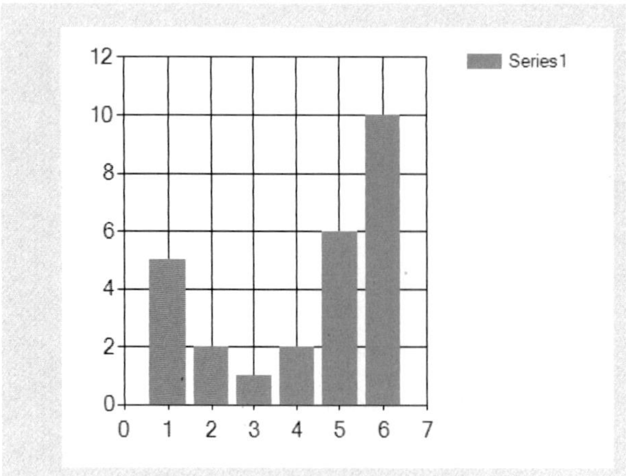

그림 15-11. Series에서 Points 데이터 표현

1개의 차트 영역에 2개의 Series를 추가하면 다음과 같은 챠트의 모양이 만들어진다. 서로 다른 2가지 이상의 데이터를 비교할 경우에 여러 개의 Series를 생성하여 데이터를 비교하는데 적합하게 사용할 수 있다.

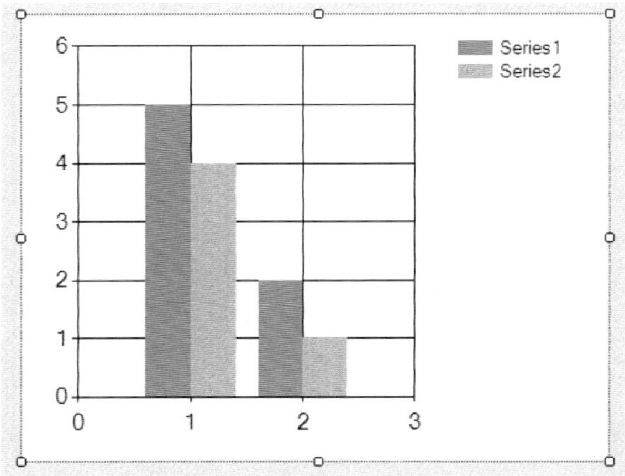

그림 15-12. 2개의 Series를 사용

15.2.3 Legend (범례) 추가하기

Legend의 모양과 위치 등을 설정한다. 설정하는 방법은 차트 속성에서 [Legends]를 선택하여 Legend 컬렉션 편집기를 실행한다. 많이 사용되는 속성과 그 값은 다음과 같다.

속성	값	비고
DockedToChartArea	ChartArea1	범례가 ChartArea1에 연결
Docking	Right	범례의 위치가 오른쪽
IsDockedInsideChartArea	False	범례가 Chart 외부에 존재

만약 차트에서 범례가 필요하지 않은 경우 Enabled 속성을 False로 선택하여 범례를 생략할 수 있다.

15.2.4 제목 추가하기 (차트 전체의 제목)

Chart의 속성에서 [Title] 속성을 선택하여 Title 컬렉션 편집기를 실행한다. 그리고 [모양]의 Text 속성을 지정한다.

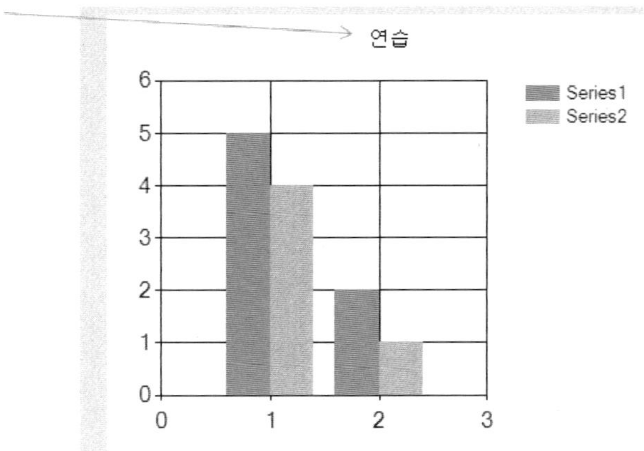

그림 15-13. 제목 추가

15.2.5. Annotation (설명)

차트에 설명을 추가하기 위하여 Annotation을 사용한다. Chart 속성에서 [Annotations]를 선택하여 Annotation 컬렉션 편집기를 실행한다. 다음은 데이터의 시작점에 화살표를 설정하기 위하여 [StartCap]을 Arrow로 설정한 예제이다.

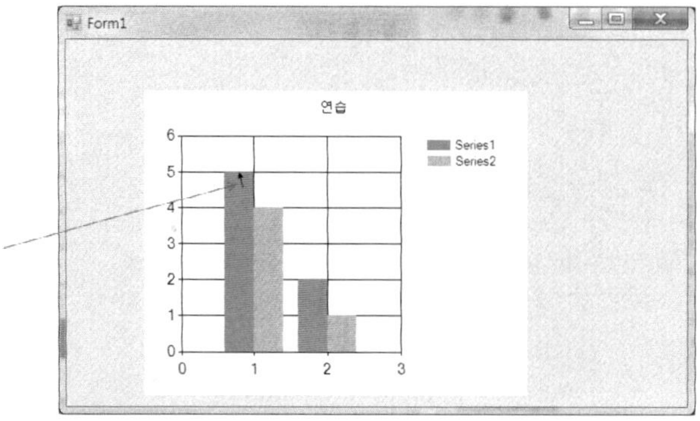

그림 15-14. 데이터 위치 화살표로 Annotation

15.3 차트의 데이터 바인딩

차트의 데이터를 비연결방식의 DataSet에서 가져오는 방법을 알아본다. Dataset에 있는 특정 DataTable의 값을 차트에 바인딩하는 것은 매우 쉽다. 차트의 [DataSource] 속성에 차트에 사용할 테이블을 지정하여 쉽게 데이터를 챠트에 바인딩할 수 있다. (BindingSource가 설정된다)

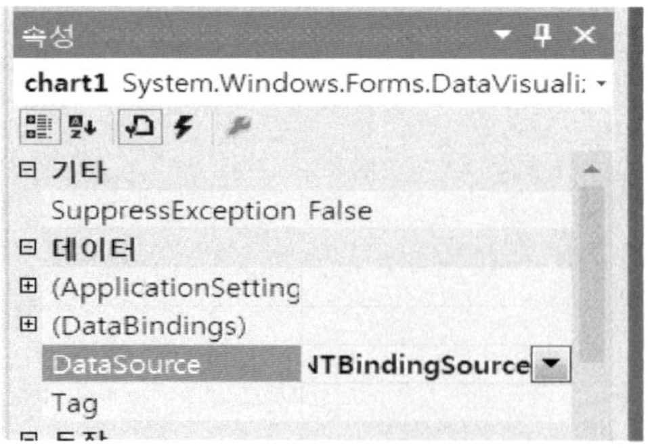

그림 15-15. DataSource 지정

사원과 사원의 봉급으로 구성된 차트를 만들어보자. (dataset이 구성된 상태에서) 필요한 데이터는 사원 (EMP) 테이블에 존재하므로 DataSet의 사원 테이블을 사용한다.

단계 1 윈도우폼에 Chart 컨트롤을 드래그한다.

단계 2 Chart 컨트롤의 [DataSource]를 DataSet에 있는 EMP 테이블로 설정한다.
(eMPBindingSource와 eMPTableAdapter가 생성된다)

단계 3 [ChartArea] 컬렉션 편집기에서 [축]-[Axes]를 선택하여 Axes 컬렉션 편집기를 실행한다. 여기서 X축과 Y축의 타이틀을 설정한다.

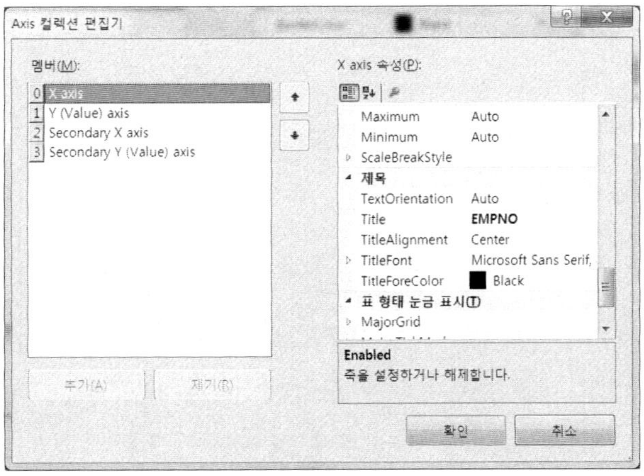

그림 15-16. X축의 타이틀 설정 화면

단계 4 챠트의 [Series] 속성에서 XValueMember를 EMPNO, YValueMember를 SAL로 선택하고, Name속성을 SAL로 지정한다.

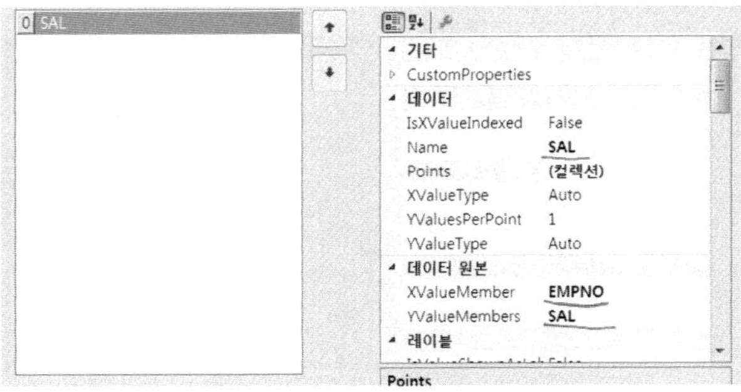

그림 15-17. Series 속성 설정

단계 5 실행하여 각 사원별 봉급을 챠트로 출력한다.

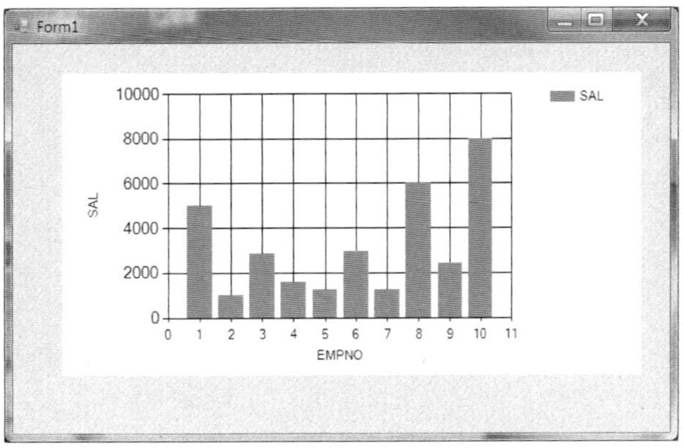

그림 15-18. 데이터 바인딩 실행 화면

15.4 뷰 사용 (Group by SQL 사용)

각 부서별 사원 수를 챠트로 표시하는 방법을 알아본다. 먼저 각 부서별 (부서의 이름) 사원의 수는 테이블에 컬럼으로 직접 존재하는 것이 아니므로 다음의 SQL로 구할 수 있다.

```
SELECT dname, count(EMPNO)
FROM EMP, DEPT
WHERE EMP.deptno = DEPT.deptno
GROUP BY dname;
```

따라서 앞의 연산을 미리 뷰로 생성해두면 chart 생성이 매우 편리하다. 뷰는 실제로 데이터를 가지고 있는 것이 아니라 EMP, DEPT의 테이블에 다음의 연산을 실행한 결과이므로 테이블의 데이터가 변경되면 뷰의 내용도 자동으로 변경된다.

15.4.1 DBMS에서 뷰 생성

먼저 오라클의 SQLDeveloper를 사용하여 뷰를 생성하자.

단계 1 오라클에서 다음의 SQL을 사용한 뷰 (view)를 만든다. (예, dept_emp_count)

```
SELECT dept.dname, COUNT(EMPNO) as empcount
FROM emp, dept
WHERE emp.deptno = dept.deptno
GROUP BY dept.dname
```

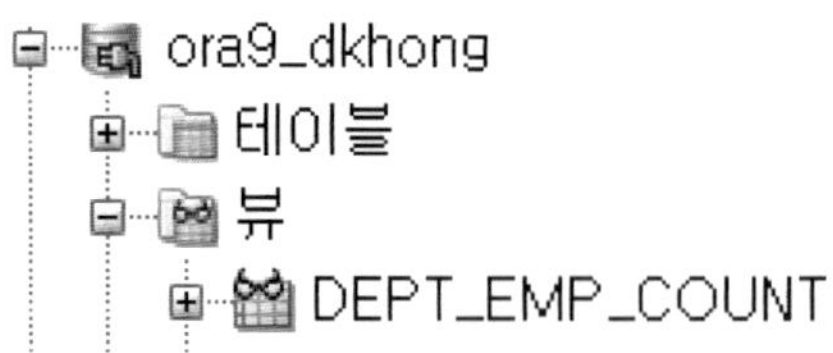

그림 15-19. 생성된 뷰

단계 2 윈도우 폼 프로젝트에서 Dataset을 생성할 때 뷰를 dataset에 포함시킨다.

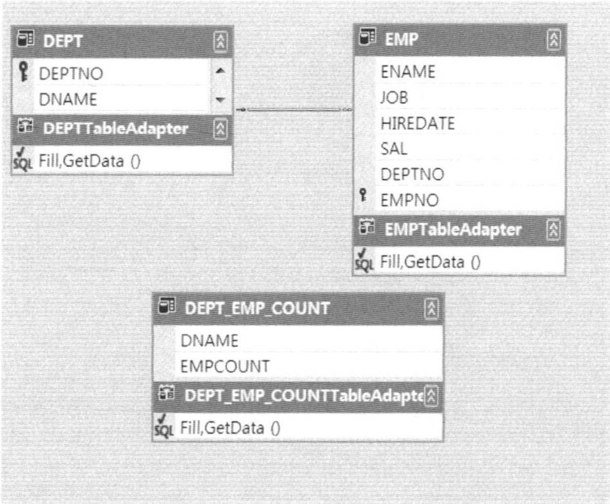

그림 15-20. DataSet에 추가된 뷰

단계 3 윈도우 폼에 차트 컨트롤을 생성한다.

단계 4 차트 컨트롤의 DataSource를 생성된 뷰 (dept_emp_count)로 설정한다.

단계 5 챠트의 [Series] 속성에서 XValueMember를 DNAME, YValueMember를 EMPCOUNT로 선택하여 각 부서별 사원수를 챠트로 출력한다.

단계 6 [ChartArea] 컬렉션 편집기에서 [축]-[Axes]를 선택하여 Axes 컬렉션 편집기를 실행한다. 여기서 X축과 Y축의 타이틀을 설정한다.

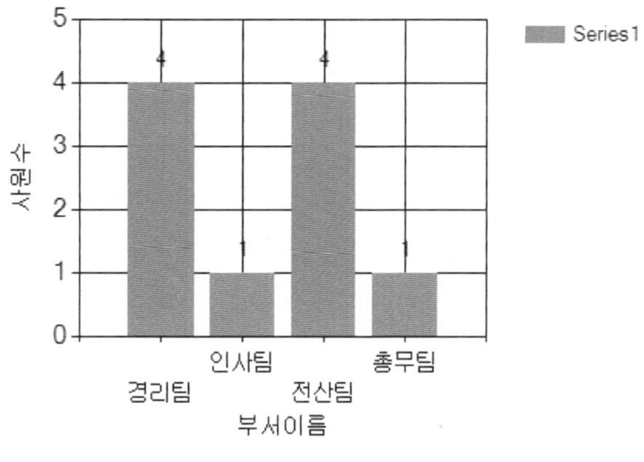

그림 15-21. 실행 결과

만약 [Series]에서 [ChartType]을 "Pie"로 설정하면 다음과 같이 pie chart결과를 볼 수 있다.

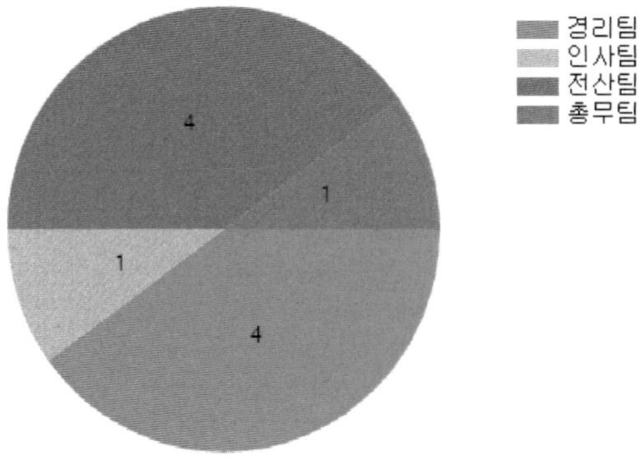

그림 15-22. pie chart 결과

15.4.2 Dataset과 Chart 갱신

데이터베이스의 DEPT와 EMP 데이터가 업데이트되면 DEPT_EMP_COUNT 뷰를 통한 데이터 억세스도 테이블에 변경된 내용을 반영한다. 하지만 DataSet에 만들어진 DEPT_EMP_COUNT는 그 내용을 반영하지 못하므로 다시 TableAdapter의 Fill 메소드를 사용하여 다시 데이터를 가져오는 과정이 필요하다.

```
this.dEPT_EMP_COUNTTableAdapter.Fill(this.dataSet11.DEPT_EMP_COUNT);
```

이때 DatagridView는 refresh를 하지 않아도 새로운 데이터를 즉시 반영하여 보여주지만 chart는 dataset에 변경된 내용을 반영하기 위하여 챠트의 DataBind() 메소드를 호출하여 chart의 refresh 과정이 필요하다.

```
chart1.DataBind( );
```

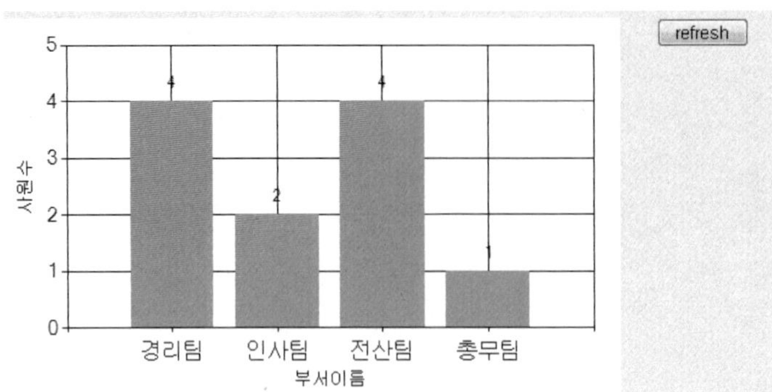

그림 15-23. Chart에 Refresh 기능 추가

```
// Refresh 버튼에
 private void button1_Click(object sender, EventArgs e)
 {
```

```
        this.dEPT_EMP_COUNTTableAdapter.Fill(this.dataSet11.DEPT_EMP_COUNT);
        chart1.DataBind();
    }
```

15.5. 연결 방식에서 차트의 사용

앞에서 비연결 방식의 DataSet을 사용하여 차트를 출력하는 방식을 알아보았다. 또 다른 방법으로 차트의 데이터를 SQL을 사용하여 직접 데이터베이스에서 읽어와서 그 내용을 차트로 출력하는 방법도 있다. 연결 방식에서는 Command 객체를 사용한 SQL을 실행하고, 그 결과를 DataReader로 받는다. DataReader에서 각 레코드를 1개씩 읽으면서 X, Y 값을 차트의 Series 속성에 있는 Points 컬렉션 값을 지정함으로써 차트에 데이터를 입력할 수 있다.

예제로 사원 테이블에서 "각 연도별 입사한 사원수를 차트로 출력하시오"를 실행하기 위해서 먼저 SQL을 작성하면 다음과 같다.

```
SELECT to_char((trunc(HIREDATE, 'Year')), 'yyyy') AS myyear,
                    count(EMPNO) as num
FROM EMP
GROUP BY trunc(HIREDATE, 'Year');
```

또 다른 방법으로는

```
SELECT extract(YEAR FROM hiredate) AS myyear, COUNT(empno) as num,
FROM emp
GROUP BY extract(YEAR FROM hiredate);
```

SQL 구문을 Command의 CommandText로 설정하고 실행 시킨 후 그 결과를 디자인 시점에 만들어져 있는 chart1의 데이터로 추가하는 방법을 사용하였다.

```
private void Form1_Load(object sender, EventArgs e)
{
        oracleConnection1.Open( );
        oracleCommand1.CommandText =
                "SELECT to_char((trunc(HIREDATE, 'Year')), 'yyyy') AS myyear, " +
                        "count(EMPNO) as num" +
                " FROM EMP" +
```

```
            " GROUP BY trunc(HIREDATE, 'Year')";
        OracleDataReader rdr = oracleCommand1.ExecuteReader( );

        while (rdr.Read( ))
        {
                listBox1.Items.Add(rdr["myyear"].ToString( ) +    "    " +
                                        rdr["num"].ToString( ));
                // Series point에 데이터 입력
                chart1.Series[0].Points.AddXY(rdr["myyear"], rdr["num"]);

        }
        rdr.Close( );
        oracleConnection1.Close( );
}
```

각 연도별 입사원 사원수를 챠트로 나타낸 결과는 다음과 같다.

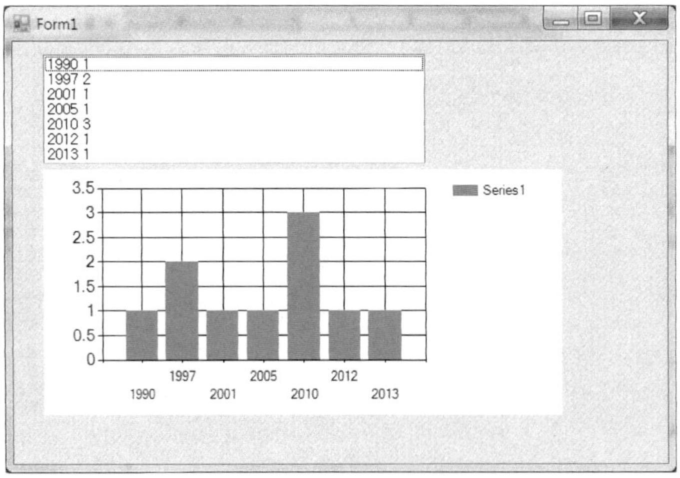

그림 15-25. 연도별 입사 사원수

앞의 예제에서 X축의 값을 다음과 같이 숫자형으로 변환하면 차트는 X값의 최소값과 최대값 사이에서 균등한 값을 배분하여 챠트를 출력한다.

```
chart1.Series[0].Points.AddXY(Convert.ToInt32(rdr["myyear"]), rdr["num"]);
```

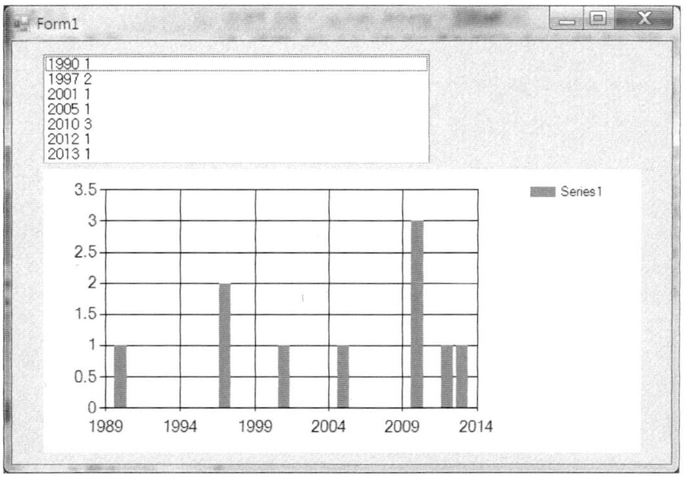

그림 15-26. X값을 숫자로 변환한 경우

15.6. Chart의 동적 생성

앞의 예제와 설명들은 visual studio에서 디자인 시점에 도구모음에서 챠트를 생성하였다. 또 다른 방법으로는 다음과 같이 프로그램 실행 시점에 챠트를 생성하는 방법도 있다. 하지만 차트의 크기와 위치를 직접 조절해야 하므로 주의를 기울여야 한다.

예제로 윈도우에 있는 버튼을 클릭하면 각 부서에 근무하는 사원들이 받는 봉급의 최대값과 평균값을 출력하는 챠트를 생성해보자.

실행 시점에 차트 생성

```
...
// 다음의 네임스페이스 추가
using System.Windows.Forms.DataVisualization;
using System.Windows.Forms.DataVisualization.Charting;
...
private void button1_Click(object sender, EventArgs e)
{
    Create_chart( ); // 차트의 동적 생성
    Add_data( ); // 차트에 데이터 추가
}
private void Create_chart( )
{
     ChartArea chartArea1 = new ChartArea( );
     Legend legend1 = new Legend( );
     // 2개의 시리즈 사용
     Series series1 = new Series( );
```

```
        Series series2 = new Series( );
        Chart chart1 = new Chart( );
        chartArea1.Name = "ChartArea1";
        chart1.ChartAreas.Add(chartArea1);
        legend1.Name = "Legend1“;
        chart1.Legends.Add(legend1);
        chart1.Location = new System.Drawing.Point(32, 128); // 차트의 위치
        chart1.Name = "chart1";
        series1.ChartArea = "ChartArea1";
        series1.Legend = "Legend1";
        series1.Name = “MAX_SAL";
        series2.Name = “AVG_SAL";
        chart1.Series.Add(series1);
        chart1.Series.Add(series2);
        chart1.Size = new System.Drawing.Size(613, 283); // 차트의 크기

        // 앞에서 생성된 챠트를 윈도우에 컨트롤로 추가
        Controls.Add(chart1);
}
```

차트에 데이터 추가

```
private void Add_data( )
{
     oracleConnection1.Open( );
     oracleCommand1.CommandText = "SELECT dept.dname, MAX(SAL) as max_sal " +
                                  " FROM emp, dept " +
                                  " WHERE emp.deptno = dept.deptno " +
                                  " GROUP BY dept.dname";
     oracleCommand2.CommandText = "SELECT dept.dname, AVG(SAL) as avg_sal " +
                                  " FROM emp, dept " +
                                  " WHERE emp.deptno = dept.deptno " +
                                  " GROUP BY dept.dname";
    OracleDataReader rdr = oracleCommand1.ExecuteReader( );
    OracleDataReader rdr2 = oracleCommand2.ExecuteReader( );
    while (rdr.Read( ))
    {
         // Series point에 데이터 입력
         chart1.Series[0].Points.AddXY(rdr["dname"], rdr["max_sal"]);
    }
       while (rdr2.Read( ))
    {
```

```
            chart1.Series[1].Points.AddXY(rdr2["dname"], rdr2["avg_sal"]);
        }
        rdr.Close( ); rdr2.Close( );
        oracleConnection1.Close( );
}
```

앞의 코드에 의해 동적으로 생성된 챠트는 다음의 [그림 15-27]과 같다.

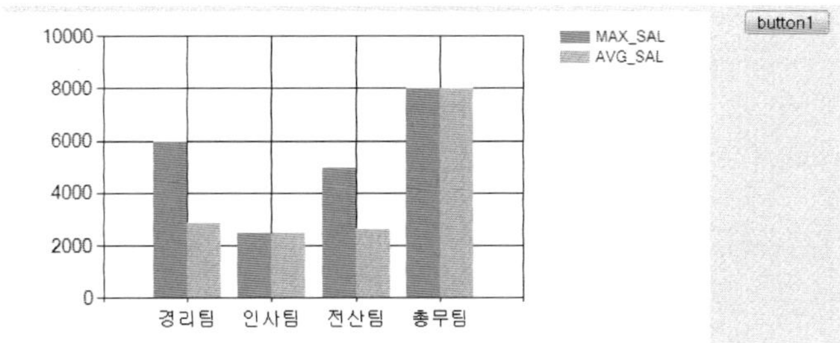

그림 15-27. 동적 생성된 차트

15.7 X축 레이블 조정

X축에 나타는 레이블은 여백이 충분하지 않으면 다음과 같이 레이블의 일부분만 표현된다.

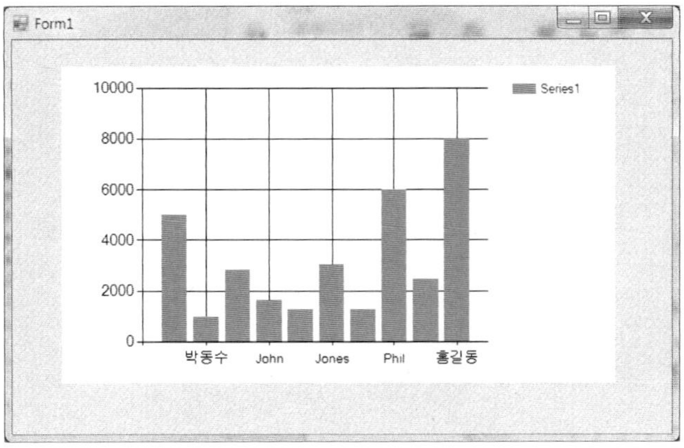

그림 15-28. X축 레이블의 일부분만 표현

하지만 응용 프로그램의 특성에 따라 모든 레이블이 전부 나타나게 해야할 경우도 있다. 다음과 같이 사원별 봉급을 나타내는 경우 X축의 모든 레이블이 표시되어야 한다. 그 방법은 [ChartAreas]-[Axis 컬렉션 편집기]-[X axis]-(간격)[interval]의 값을 기본값 Auto에서 1로 변경한다. 그 결과는 다음과 같다.

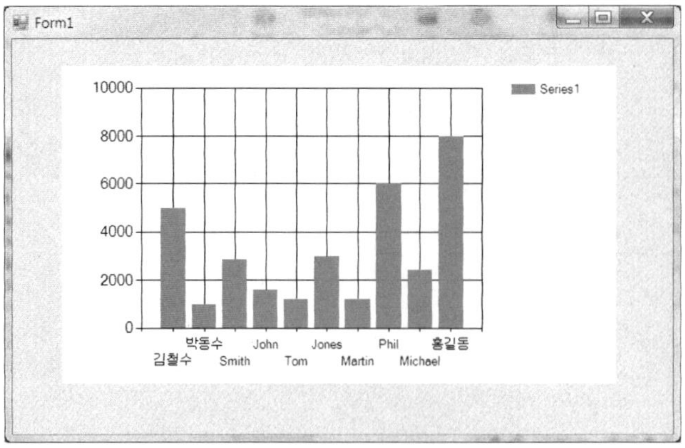

그림 15-29. X축의 모든 레이블을 표현

연습문제

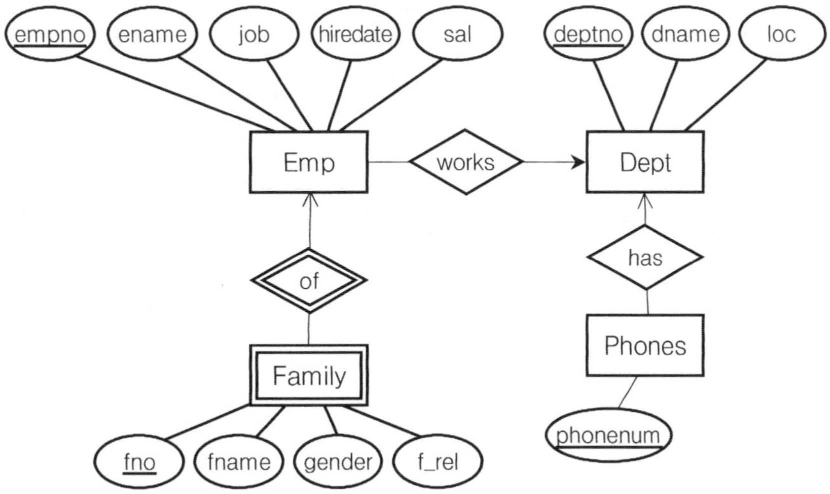

그림 15-30. ER 확장 모델로 표현한 샘플 데이터베이스 스키마

앞의 ER 다이아그램으로 표현된 설계를 관계형 모델의 스키마로 표현하면 다음의 4개의 테이블로 구성된다.

Emp (<u>empno</u>, ename, job, hiredate, sal, deptno)
Dept (<u>deptno</u>, dname, loc)
Family (<u>empno, fno</u>, fname, gender, f_rel)
Phones (<u>phonenum</u>, deptno)

1. 앞에서 사용한 EMP-FAMILY 테이블을 이용하여 각 사원별 가족수를 차트로 출력하시오.

2. 각 부서별 전화 수를 차트로 출력하시오.

Chapter 16

ASP.NET Web API

16

ASP.NET Web API

현재 널리 사용되는 객체지향 프로그래밍 (Object Oriented Programming) 패러다임은 클래스의 재사용으로 프로그램 생산성을 높였다. 재사용의 개념은 네트워크의 발전으로 인하여 더 확장되어 운영체제, 프로그래밍 언어 등의 제약을 받지 않는 서비스의 재사용 개념으로 변화되었다. SOA(Service Oriented Architecture, 서비스 지향 아키텍처)는 대규모 소프트웨어를 만들 때 업무의 기능을 서비스로 분류하고 네트워크상의 서비스를 사용하여 소프트에어를 구축하는 방법론으로 서비스를 제공하는 하드웨어, 소프트웨어에 제약을 받지 않는 훨씬 더 유연한 프로그래밍 모델을 제공한다. 이런 서비스를 네트워크상에서 제공한다는 것을 강조하여 웹 서비스(web service)라는 이름으로 사용하고 있다.

웹 서비스의 구현 방법으로는 원격 프로시저 호출(Remote Procedure Call: RPC) 방식을 사용하는 SOAP(Simple Object Access Protocol)와 HTTP의 기본 기능만으로 원격의 서비스에 접근하는 REST(Representational State Transfer) 방식이 사용되고 있다. MS(Microsoft, 마이크로소프트)는 WCF(Windows Communication Foundation)를 제공하여 SOA를 위한 웹 서비스 기술을 제공해 왔으며 SOAP와 REST를 모두 제공해왔다. 최근에는 MS가 ASP.NET Web API를 닷넷 (.NET) 4.5부터 제공하면서 HTTP를 이용한 REST 서비스를 더 쉽게 구축하는 방법을 제공하고 있다. 윈도우 환경에서 ASP.NET Web API를 활용한 웹 서비스 구축 및 활용 방버에 대해 알아보자.

16.1 ASP.NET Web API 시작

Visual Studio를 (여기서는 2012 버전)사용하여 ASP.NET Web API 생성 방법을 알아보자.

단계 1 [파일]-[새 프로젝트]-[웹]을 선택하여 다음의 [그림 16-1]에서 “ASP.NET MVC4 웹 응용 프로그램”을 선택한다.

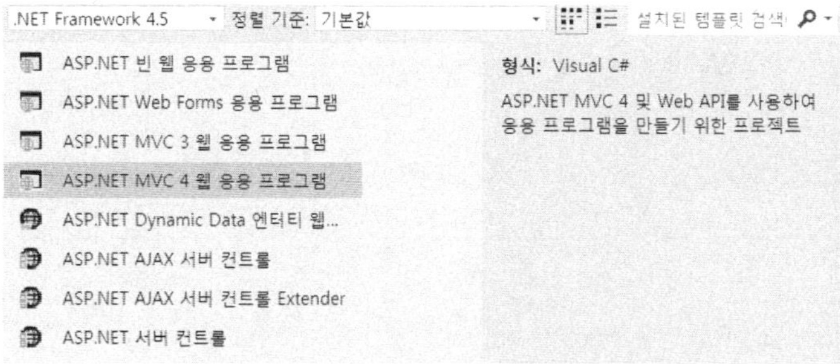

그림 16-1. ASP.NET MVC4 선택

단계 2 [그림 16-2]의 프로젝트 템플릿 화면에서 Web API를 선택한다.

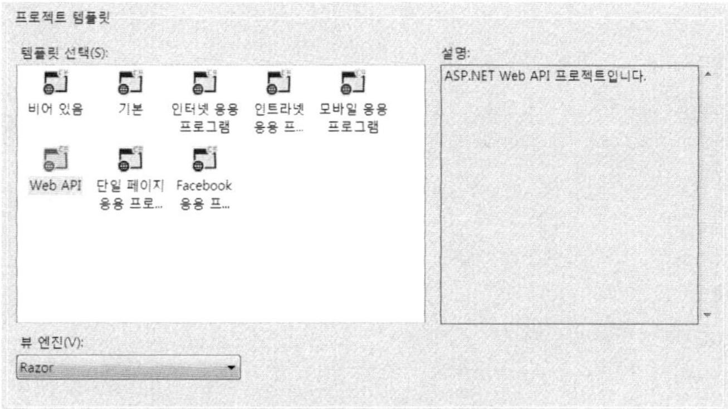

그림 16-2. Web API 템플릿 선택

단계 3 생성된 프로젝트의 솔루션 탐색기에서 ValuesController.cs를 선택한다.

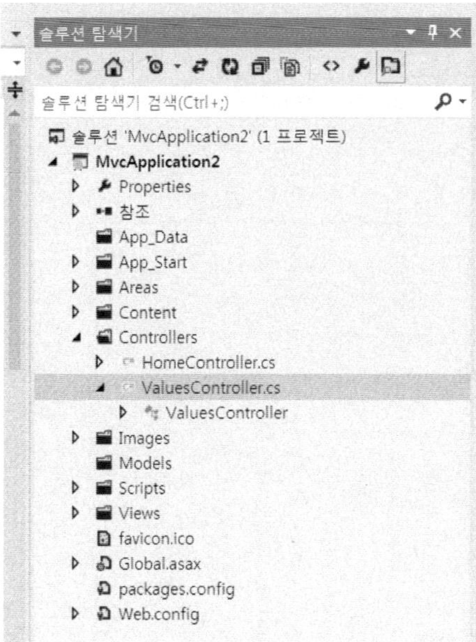

그림 16-3. 솔루션탐색기에 생성된 파일들

단계 4 생성된 ValuesController는 Apicontroller의 서브클래스로 생성되며 HTTP verb에 해당하는 메소드 탬플릿이 자동으로 생성되어 있다. 그 내용은 다음과 같다. 다음의 템플릿을 수정하여 필요한 로직을 구현한다.

```
...
    public class ValuesController : ApiController
    {
        // GET api/values
        public IEnumerable<string> Get( )
        {
            return new string[] { "value1", "value2" };
        }
        // GET api/values/5
        public string Get(int id)
        {
            return "value";
        }
        // POST api/values
        public void Post([FromBody]string value)
        {
        }
        // PUT api/values/5
        public void Put(int id, [FromBody]string value)
        {
        }
        // DELETE api/values/5
        public void Delete(int id)
        {
        }
    }
```

16.2 개발된 Web API를 실행

개발된 Web API를 실행하는 방법은 로컬 호스트에서 실행하는 방법과 웹 서버에서 실행하는 방법이 있다.

16.2.1 로컬 호스트에서 실행

앞의 Controllers 폴더의 ValuesControllers.cs 파일을 구현한 후 프로젝트를 빌드하여 프로젝트의 팝업 메뉴에서 '브라우져에서 보기'를 실행하면 localhost에서 실행된다.

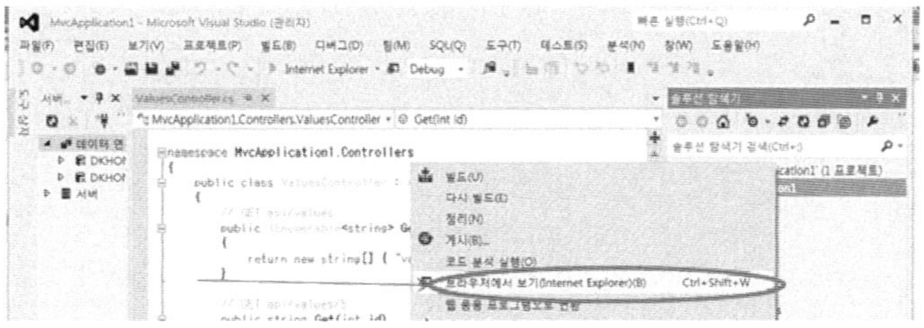

그림 16-4. 브라우저 보기 실행

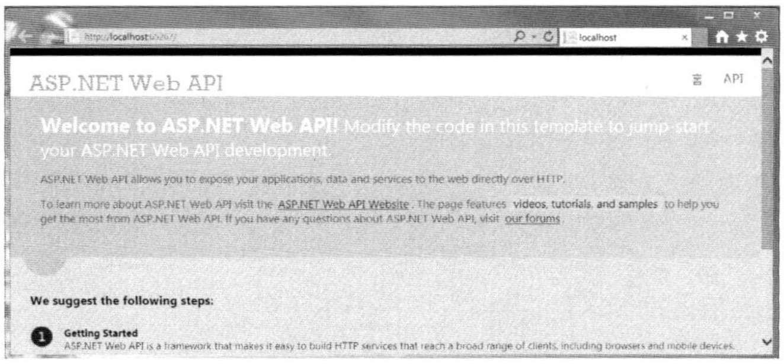

그림 16-5. localhost에서 ASP.NET Web API 시작 페이지

다음과 같이 http://localhost:<port>/api/values를 사용하여 (ValueController의 메소드를 사용하므로) GET 메소드를 호출할 수 있다.

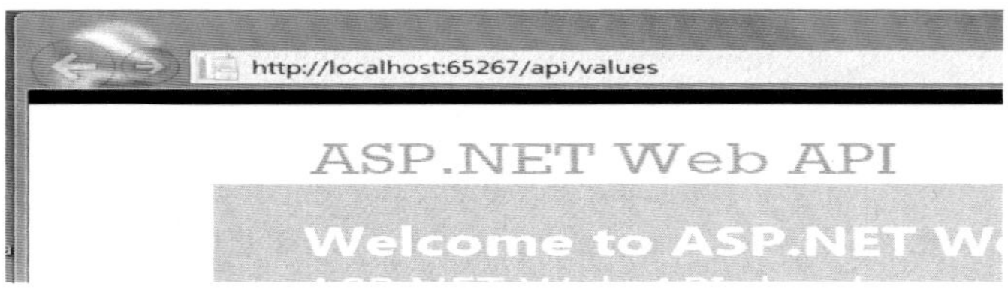

그림 16-6. GET 메소드 호출

실행 결과는 다음과 같다. (json으로 결과를 반환)

그림 16-7. GET 메소드 실행 결과

반환된 결과 내용을 메모장으로 확인하면 다음과 같다.

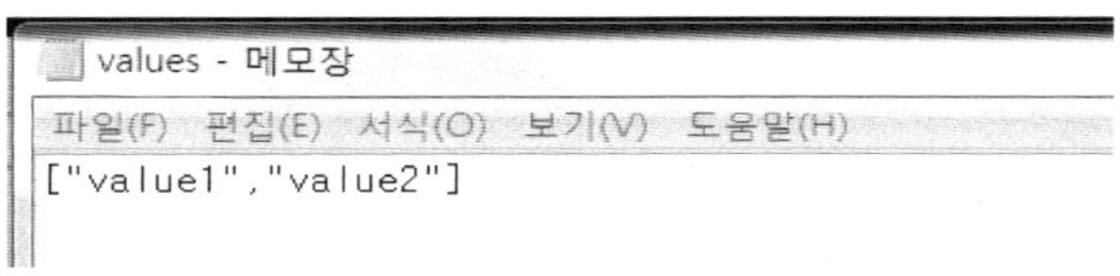

그림 16-8. GET 메소드로 반환된 결과 확인

16.2.2 웹 서버 IIS에 게시 (publish)

localhost에서의 실행은 그 기능을 테스트하는데 편리하지만 실제 사용하기 위해서는 웹 서버에 게시하는 것이 필요하다. 개발된 Web API 프로젝트는 Visual Studio의 publish 기능을 이용하여 윈도우 웹 서버 IIS에 쉽게 게시할 수 있다.

단계 1 먼저 프로젝트의 메뉴에서 '게시'를 선택한다.

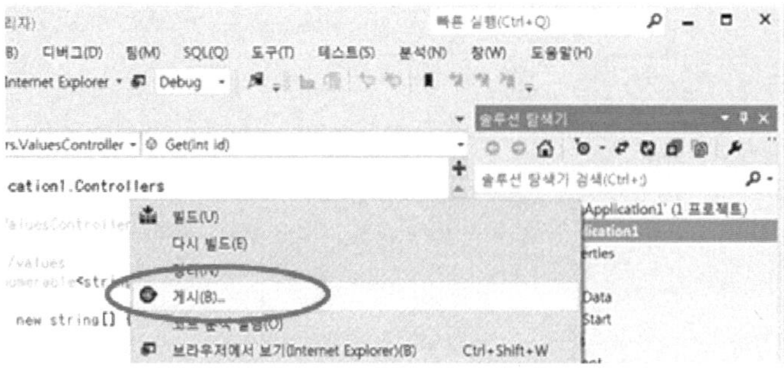

그림 16-9. Visual Studio에서 게시 (publish)

단계 2 게시 방법은 "파일 시스템"을 선택하고, 대상 위치에 폴더를 지정한다.

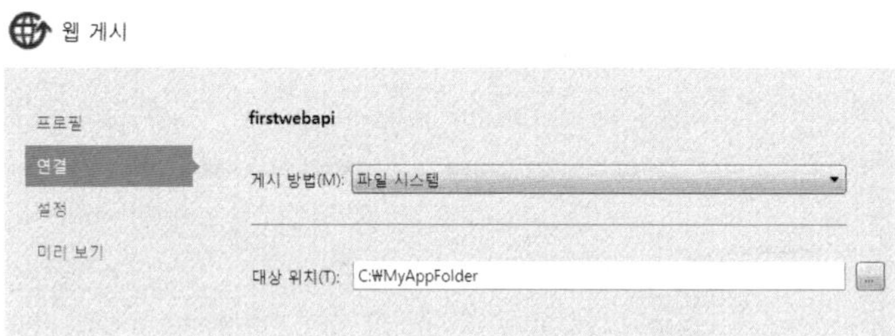

그림 16-10. 프로젝트를 파일 시스템에 게시

16.3 파일 시스템에 게시된 web API를 IIS에서 실행

윈도우에서 IIS관리자를 시작하여 IIS가 C:\MyAppFolder에 있는 웹 서비스를 실행할 수 있게 한다.

단계 1 [제어판]-[관리도구]에서 IIS관리자를 실행한다.

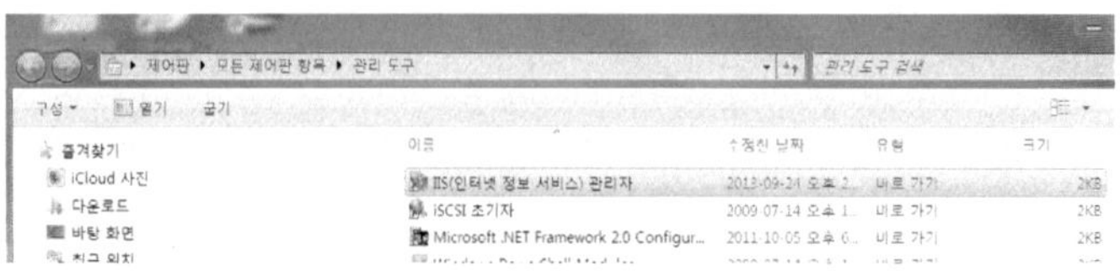

그림 16-11. IIS 관리자 시작

단계 2 IIS 관리자를 다음과 같이 설정한다. IIS 관리자를 이용한 설정 내용을 보면 포트번호는 5678 (변경 가능)이며, MyAppFolder에 있는 웹 서비스를 실행한다는 것을 알 수 있다.

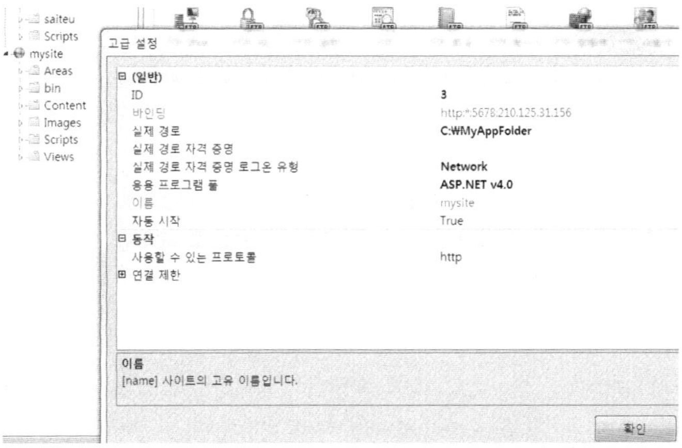

그림 16-12. mysite 설정 내용

단계 3 다음과 같이 브라우져에서 정상적으로 실행되는지 확인한다.

그림 16-13. 브라우져에서 IIS에 설정된 웹 API 실행

(로컬 컴퓨터에서는 되는데 다른 외부 컴퓨터에서 접근 못하는 경우 방화벽을 확인한다. 본 예제에서는 IIS에서 web api를 위한 설정시 포트를 지정하고, 방화벽에서 그 포트를 허용하게 설정하였다.)

16.4 ASP.NET Web API를 다른 기기에서 소비(Consume)

ASP.NET Web API는 HTTP가 지원되는 모든 기기에서 소비 가능하다. C#을 사용하는 클라이언트와 Objective-C를 사용하는 기기에서 ASP.NET Web API를 소비하는 방법을 알아보자.

16.4.1 C# 클라이언트(webrequest)에서 소비

C#의 webrequest 클래스를 이용하여 소비하는 방법을 알아보자.

단계 1 윈폼 프로젝트를 생성하고 1개의 버튼과 1개의 텍스트박스를 생성한다.

단계 2 버튼의 이벤트에 다음의 코드를 입력한다.

```
...
using System.Net;
using System.IO;
 ...
private void button1_Click(object sender, EventArgs e)
{
    // get data from web api and show it here
    HttpWebRequest request;
    request = WebRequest.Create("http://210.125.xx.xxx:5678/api/values")
                                  as HttpWebRequest;
    HttpWebResponse response = request.GetResponse( ) as HttpWebResponse;
    StreamReader reader = new StreamReader(response.GetResponseStream( ));
    string return_text = reader.ReadToEnd( );
    textBox1.Text = return_text;
}
```

단계 3 윈폼 프로젝트를 실행하여 다음의 결과를 확인해보자.

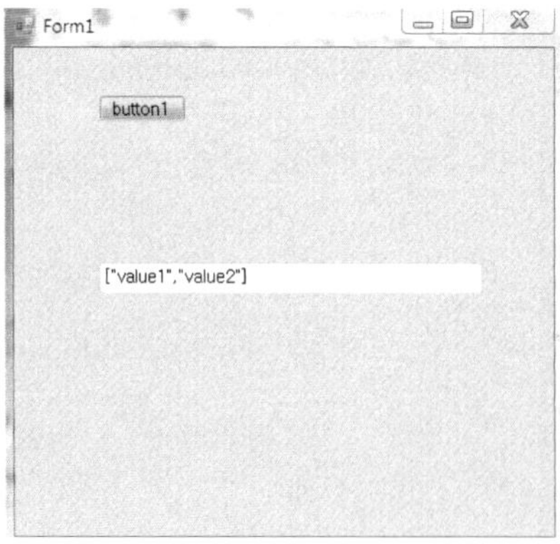

그림 16-14. web api 호출 실행 결과

16.4.2 C# http 클라이언트에서 소비

C#에서는 httpwebrequest외에 httpclient를 사용하여 ASP.NET WEb API를 소비할 수도 있다. HttpClient를 사용한 방법을 알아보자.

```
using System.Net.Http;
using System.Net.Http.Headers;
...
        private void button1_Click(object sender, EventArgs e)
        {
            string serviceUrl;
```

```
            HttpResponseMessage response;
            HttpClient client = new HttpClient( );
            string baseUrl = "http://210.125.xx.xxx:5678"; //
            client.BaseAddress = new Uri(baseUrl);

            serviceUrl = "api/values";
            response = client.GetAsync(serviceUrl).Result;
            if (response.IsSuccessStatusCode)
            {
                // parse the response body
                textBox1.Text = response.Content.ReadAsStringAsync().Result;
            }
        }
```

클라이언트에서 ASP.NET Web API를 사용하여 데이터를 전송하는 방법은 다음과 같다. 이때 전송할 데이터는 XML 또는 JSON을 사용하여 표현한다.

```
....
using System.Net.Http;
using System.Net.Http.Headers;
using System.IO;
using Newtonsoft.Json;
...
        private void button2_Click(object sender, EventArgs e)
        {
            HttpResponseMessage response;
            HttpClient client = new HttpClient( );
            Employee newEmployee = new Employee( )
            {
                FirstName = "first",

                LastName = "Last"
            };
            response = client.PostAsJsonAsync<Employee>
                    ("http://210.125.xx.xxx:5678/api/employees", newEmployee).Result;
            if (response.IsSuccessStatusCode)
            {
                MessageBox.Show("POST Success");
            }
        }
 ....
```

16.4.3 아이폰에서 web api 소비

웹 서비스는 운영체제와 프로그래밍 언어에 제약을 받지 않는다. ASP.NET Web API는 MS의 윈도우에서 개발되어 운용되고 있지만 다른 종류의 기기에서도 HTTP만 지원되면 ASP.NET Web API를 쉽게 사용할 수 있다. iOS를 사용하는 애플의 아이폰에서 Objective-C를 사용하여 ASP.NET Web API를 소비하는 방법을 알아보자. 다음의 샘플 코드를 입력하여 그 결과를 확인해 보면 [그림 16-5]와 같다.

```
....
// ASP.NET web api call from iphone
NSString *request =
    [NSString stringWithFormat:@"http://210.125.xx.xxx:5678/api/values"];

NSURL *URL = [NSURL URLWithString:[request
            stringByAddingPercentEscapesUsingEncoding:NSUTF8StringEncoding]];
NSError *error = nil;
NSData *data = [NSData dataWithContentsOfURL:URL
                                    options:NSDataReadingUncached error:&error];
self.jsonText.text = [[NSString alloc] initWithData:data
                                        encoding:NSUTF8StringEncoding];
....
```

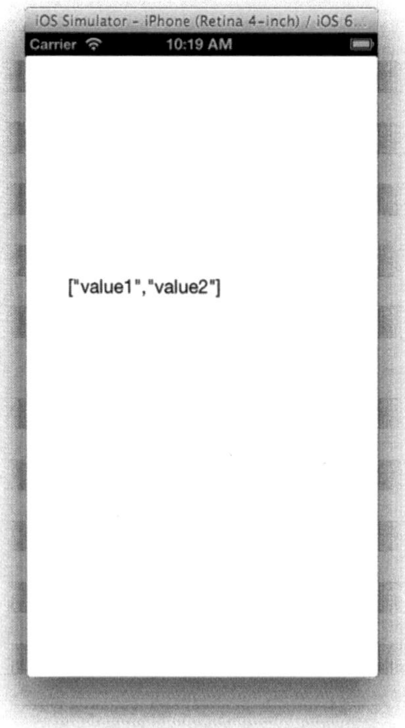

그림 16-5. 아이폰에서 web API 호출 실행 결과

16.5 웹 서비스에 DBMS 연결

다음의 그림과 같이 웹 서비스에 DBMS(여기서는 오라클을 사용)를 연결하는 방법을 알아보자. [그림 16-6]과 같이 시스템을 구성함으로써 모바일 기기들은 어떤 장소에든지 HTTP만 제공되면 오라클 데이터를 사용할 수 있게된다. 데이터를 읽기 위한 웹 서비스의 구성과 데이터를 새로 저장하기 위한 웹 서비스의 구성 방법을 알아보자.

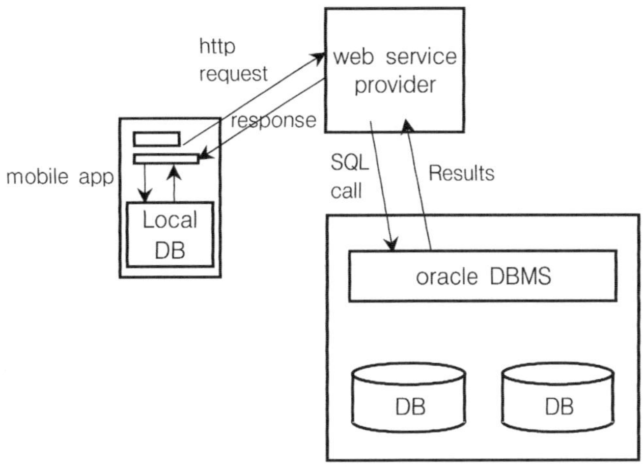

그림 16-6. 웹 서비스에 오라클 연결

16.5.1 데이터 읽기 웹 서비스 구성

오라클에 생성되어 있는 DEPT 테이블에서 데이터를 읽어오는 웹 서비스를 구성해보자. 웹 서비스의 HTTP GET 메소드에 다음과 같이 코드를 입력한다. GET요청이 발생하면 오라클에 연결한 후 DEPT 테이블의 모든 데이터를 읽어서 가져온다. 가져온 데이터는 C#의 리스트에 저장한 후 클라이언트에서 반환하게 하였다. 이때 리스트의 데이터는 디폴트로 JSON으로 전달된다.

```
using Oracle.DataAccess.Client;

public class ValuesController : ApiController
 {
      // GET api/values
      public HttpResponseMessage Get( )
      {
            List<Dept> mylist = new List<Dept>( );
            using (OracleConnection conn =
                  new OracleConnection("DATA SOURCE=ORA9;USER ID=DKHONG;PASSWORD =xxx"))
            {
                  conn.Open( );
```

```
            string cmdStr = String.Format("SELECT DEPTNO, DNAME, LOC FROM DEPT");
            OracleCommand cmd = new OracleCommand(cmdStr, conn);
            OracleDataReader rd = cmd.ExecuteReader( );

            if (rd.HasRows)
            {
                while (rd.Read( ))
                        mylist.Add(new Dept(rd["DEPTNO"].ToString( ),
                           rd["DNAME"].ToString( ), rd["LOC"].ToString( )));
            }
            conn.Close( );
        }
        return Request.CreateResponse<List<Dept>>(HttpStatusCode.OK, mylist);
    }
```

구현된 ASP.NET Web API 서비스를 빌드하고, IIS에 게시한 후 웹 브라우저를 통해서 다음과 같이 실행해보자.

그림 16-7. 웹 브라우저에서 실행

반환된 결과를 확인해보면 다음과 같이 JSON으로 전달된 것을 확인할 수 있다.

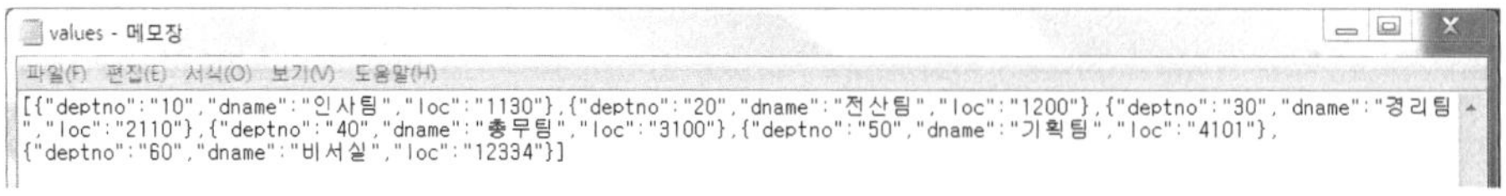

그림 16-8. JSON으로 반환된 DEPT 테이블의 내용

앞에서는 웹 브라우저를 사용하여 웹 서비스를 소비하였다. 이제 C# 클라이언트 프로그램을 사용하여 웹 서비스를 소비해보자.

단계 1 윈폼 프로젝트를 생성하고 명령 버튼과 텍스트 박스를 생성한다.

단계 2 명령 버튼의 클릭 이벤트에 다음의 코드를 입력하여 웹 서비스를 소비한다.

```
...
using System.Net;
using System.IO;
 ...
private void button1_Click(object sender, EventArgs e)
{
    // get data from web api and show it here
    HttpWebRequest request;
    request = WebRequest.Create("http://210.125.xx.xxx:5678/api/values")
                                  as HttpWebRequest;
    HttpWebResponse response = request.GetResponse( ) as HttpWebResponse;
    StreamReader reader = new StreamReader(response.GetResponseStream( ));
    string return_text = reader.ReadToEnd( );
    textBox1.Text = return_text;
}
```

단계 3 프로젝트를 실행하여 다음의 결과가 반환되는지 확인해보자.

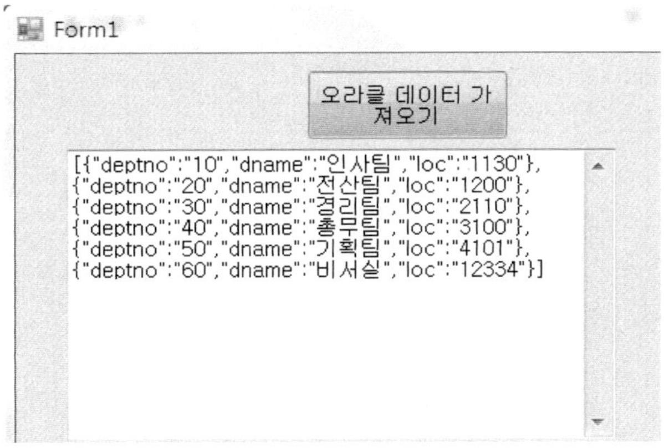

그림 16-9. C# 프로젝트에서 반환받은 JSON 결과

단계 4 반환된 내용과 오라클 서버의 DEPT 테이블 내용이 같은지 확인하기 위하여 SQLDeveloper를 사용하여 그 내용을 확인해보자. [그림 16-9]의 내용과 [그림 16-10]의 내용이 일치함을 확인할 수 있다.

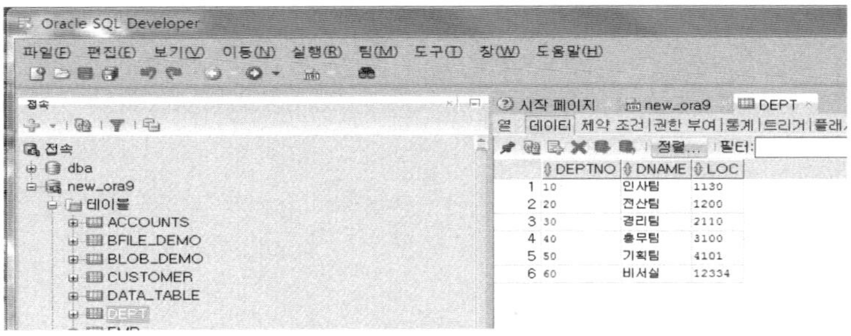

그림 16-10. 오라클 데이터베이스의 DEPT 테이블 내용

클라이언트의 코드로 마이크로 소프트의 문서(MSDN)에서 설명하는 방식은 다음의 방법을 사용한다.

```
// MSDN의 문서에 있는 방법
private async void button2_Click(object sender, EventArgs e)
{
    HttpClient client = new HttpClient( );
    string baseUrl = "http://210.125.xx.xxx:5678"; //
    client.BaseAddress = new Uri(baseUrl);
    client.DefaultRequestHeaders.Accept.Add(new
                    MediaTypeWithQualityHeaderValue("application/json"));
    try
    {
        HttpResponseMessage response = await client.GetAsync("/api/values");
        response.EnsureSuccessStatusCode( ); // Throw 에러 코드
        var dept = await response.Content.ReadAsAsync<IEnumerable<Dept>>( );
        foreach (Dept mydept in dept)
        {
            textBox1.Text = textBox1.Text + mydept.deptno + ... + Environment.NewLine;
        }
    }
    catch (Exception)
    {
        MessageBox.Show("DEPT data not available");
    }
}
```

16.5.2 데이터 쓰기 웹 서비스 구성

오라클에 생성되어 있는 DEPT 테이블에 새로운 데이터를 저장하는 웹 서비스를 구성해보자. 클라이언트에서 DEPT 테이블에 저장할 레코드를 JSON으로 전송하고, 전송 받은 데이터를 오라클에 저장하는 웹 서비스를 구축해보자.

단계 1 다음의 ASP.NET Web API POST 웹 서비스를 구현한다.

```
// POST api/values 전송된 데이터를 oracle DEPT 테이블에 저장
public HttpResponseMessage Post(Dept value)
{
```

```
        int rd;
        using (OracleConnection conn =
            new OracleConnection("DATA SOURCE=ORA9;USER ID=DKHONG;PASSWORD =xxx"))
        {
            conn.Open( );

            string cmdStr = "INSERT INTO DEPT(DEPTNO) VALUES (:aa)";
            OracleCommand cmd = new OracleCommand(cmdStr, conn);

            OracleParameter param1 = new OracleParameter( );
            param1.OracleDbType = OracleDbType.Varchar2;
            param1.ParameterName = "aa";
            cmd.Parameters.Add(param1);
            cmd.Parameters["aa"].Value = value.deptno;

            rd = cmd.ExecuteNonQuery( );
            conn.Close( );
        }
        if (rd > 0) // ExecuteNonQuery가 올바르게 실행 되었으면
        {
            var response = Request.CreateResponse<Dept>(HttpStatusCode.Created, value);
            return response;
        }
        else
            return Request.CreateErrorResponse(HttpStatusCode.BadRequest, "Data not Added");
    }
public class Dept
{
    public string deptno {get; set; }
    public string dname {get; set; }
    public string loc { get; set; }
}
```

단계 2 구현된 웹 서비스를 IIS에 게시한다.

단계 3 클라이언트에 다음의 코드를 사용하는 응용 프로그램을 만들어 웹 서비스를 사용하여 클라이언트에서 오라클로 데이터를 전송할 수 있다.

```
// 데이터 추가 - How to POST data
private async void button3_Click(object sender, EventArgs e)
{
    HttpClient client = new HttpClient( );
    try
    {
        string baseUrl = "http://210.125.xx.xxx:5678"; // IIS 설치된 주소
        client.BaseAddress = new Uri(baseUrl);
        client.DefaultRequestHeaders.Accept.Add(new
                    MediaTypeWithQualityHeaderValue("application/json"));
        // 입력 데이터
        var dept = new Dept( )
        {
            deptno = textBox1.Text;
            dname = textBox2.Text,
            loc = textBox3.Text;
        };
        var response = await client.PostAsJsonAsync("/api/values/", dept);
        response.EnsureSuccessStatusCode( ); // Throw 오류 코드
        MessageBox.Show("Student Added Successfully");
    }
    catch (Exception ex)
    {
        MessageBox.Show("Dept not Added" + ex.Message);
    }
}
```

단계 4 데이터가 올바르게 전송되었는지 오라클 데이터베이스의 DEPT 테이블 내용을 확인한다.

부록

관계형 모델
Oracle Net Configuration Assistant 설정 방법

1 관계형 모델

1.1 관계형 모델 (Relational Model)

관계형 모델은 E. Codd에 의해 제시된 데이터 모델로 테이블 형태의 Relation으로 데이터베이스를 구성하며 비절차식 프로그래밍 언어인 SQL을 사용하는 특징을 가지고 있다. Relation은 테이블 형태를 가진 2차원 구조로 표현되며, 관계형 모델의 핵심을 이루고 있다. 관계형 모델에 사용되는 주요 용어들을 설명하면 다음과 같다.

1.1.1 Schema

스키마는 relation 스키마를 의미하며 relation의 이름과 그 relation이 포함하고 있는 속성들을 의미한다. 다음은 학생 테이블 Students 스키마의 표현이다. 밑줄이 그어져 있는 s_id는 테이블의 주키를 나타낸다.

Students (s_id, s_name, address, phone, ..)

데이터베이스 스키마는 데이터베이스 전체의 스키마로 데이터베이스에 어떤 테이블로 구성되어 있는지를 나타낸다.

1.1.2 Tuple

레코드(record)라고도 하며 테이블의 열(row)을 의미한다. 앞의 Students 테이블에 입력된 튜플의 예는 다음과 같다. 이때 튜플의 값은 스키마의 컬럼 순서에 맞게 입력 되어야 한다. 튜플의 값에서 문자열 값은 작은 인용부호를 사용하여 표현하며, 숫자형 값은 인용부호 없이 표현한다.

('4134567', '홍길동', '달서구 신당동', '053-580-0113', ..)

따라서 이런 튜플의 집합이 테이블을 형성한다.

1.1.3 데이터 타입

관계형 테이블에서 각 컬럼은 가질 수 있는 값의 범위가 정해진다. 따라서 각 컬럼에는 데이터 타입이 지정되어 값의 종류와 범위가 결정된다. 전형적인 데이터 타입은 다음과 같다.

연산이 필요한 곳은 숫자형
NUMBER, INT, INTEGER, SHORTINT, FLOAT, REAL, DOUBLE PRECISION

문자열을 사용하는 곳은 문자형
CHAR(n), VARCHAR(n)

날짜 및 시간 데이터를 사용하는 곳은 날짜형
DATE and TIME

그 외 이미지나 동영상, 큰 문서 등을 저장하는 곳은 LOB 자료형 사용
BLOB, CLOB

1.2 관계형 데이터베이스 설계

실생활에 사용되는 데이터를 컴퓨터상의 형식으로 표현하는 것을 데이터 모델링이라 한다. 관계형 데이터베이스 설계는 실세계의 데이터를 효과적으로 저장하기 위하여 데이터를 정형화된 테이블로 모델링하는 과정이 필요하다.

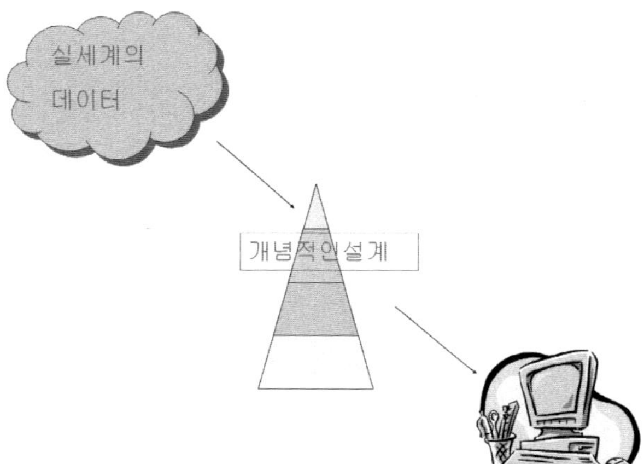

그림 1-1. 실세계의 데이터를 정형화하여 컴퓨터에 저장하는 과정

1.2.1 ER 모델을 사용한 개념적 설계

ER (Entity-Relationship) 모델은 P. Chen에 의해 제안된 설계 방식으로 Entity Set과 그 사이를 연결하는 Relationship으로 데이터 모델링 결과를 그림의 형식으로 표현한다. ER extended, IDEF1X, IE 방식 등의 몇가지 표현 방법이 있지만 국내에서 가장 많이 사용되는 방식은 IE 방식 (Information Engineering)의 표현법이다. ER 방식은 데이터베이스 설계를 그림으로 표현하므로 구성 요소들 간의 연결 관계를 쉽게 알아볼 수 있는 큰 장점이 있다.

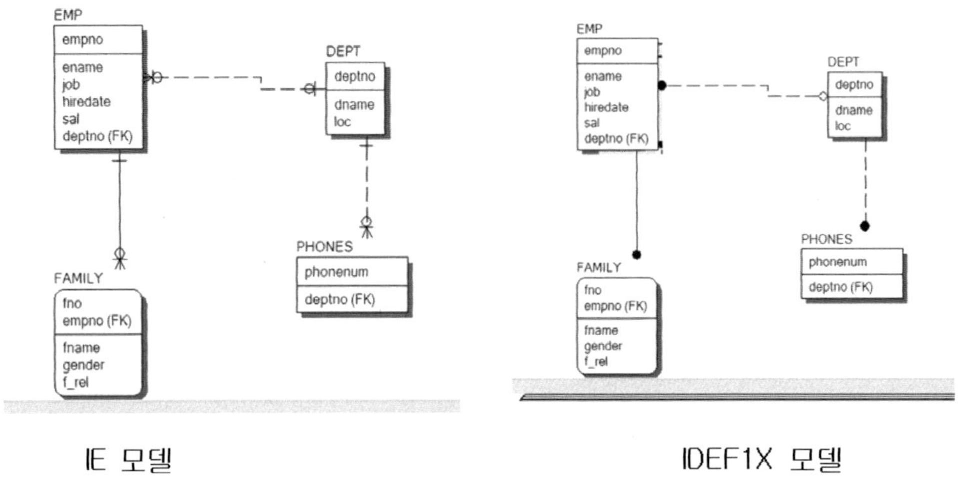

그림 1-2. IE 형식과 IDEF1X 형식의 ER 다이아그램

1.2.2 관계형 데이터베이스 설계

요구 조건을 만족하는 관계형 데이터베이스를 직접 설계하거나 또는 ER 모델을 사용한 개념적 설계 후 ER 다이아그램을 관계형 테이블로 변환하는 방법을 사용하여 관계형 데이터베이스를 설계할 수 있다. 데이터베이스의 규모가 큰 경우 직접 설계는 어려우므로 많은 경우 ER 모델을 사용한 개념적 설계 후 관계형으로 변환하는 과정을 거친다.

관계형 모델은 관계형 테이블만 사용하여 데이터를 표현한다. 설계된 관계형 테이블은 정규형 특히 BCNF (Boyce Codd Normal Form) 형식을 준수하는지 확인하는 과정이 필요하다. BCNF 정규형은 테이블이 함수적 종속성 (Functional Dependency)에 의한 중복 (redundancy), 삭제 이상 (deletion anomaly), 변경 이상 (update anomaly)가 없는 상태를 의미한다. 어떤 테이블이 BCNF가 되기 위해서는 테이블에 비단순 함수 종속성 (nontrivial functional dependency)가 존재할 때 그 함수적 종속성의 왼쪽이 반드시 key를 포함해야 한다 [1].

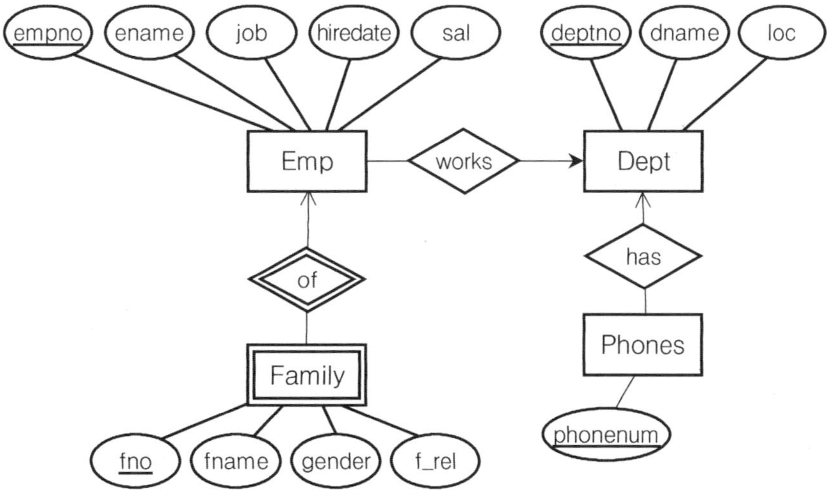

그림 1-3. ER 확장 모델로 표현한 샘플 데이터베이스 스키마

앞의 ER 다이아그램으로 표현된 설계를 관계형 모델의 스키마로 표현하면 다음의 4개의 테이블로 구성된다.

Emp (<u>empno</u>, ename, job, hiredate, sal, deptno)

Dept (<u>deptno</u>, dname, loc)

Family (<u>empno, fno</u>, fname, gender, f_rel)

Phones (<u>phonenum</u>, deptno)

Table: EMP　　New Record　Delete Record

	EMPNO	ENAME	JOB	HIREDATE	SAL	DEPTNO
1	1	김철수	DB	2010/03/01	5000	20
2	2	박동수	통신	2013/03/01	1000	20
3	3	SMITH	세무	2010/03/01	800	30
4	4	JOHN	보안	1997/03/01	1600	20
5	5	TOM	tax	2010/03/01	1250	30
6	6	JONES	network	2005/03/01	2975	20
7	7	MARTIN	salary	2001/03/01	1250	30
8	8	PHIL	세무	1997/03/01	2850	30
9	9	MICHAEL	recruit	2012/03/01	2450	10
10	10	홍길동	관리	1990/03/01	8000	40

Table: DEPT

	DEPTNO	DNAME	LOC
1	10	인사과	1층130호
2	20	개발부서	1층 200호
3	30	재무과	2층 110호
4	40	총무처	3층 100호
5	50	기획처	4층 101호

Table: family　　New Record

	empno	fno	fname	gender	f_rel
1	3	1	Linda	F	wife
2	3	2	Mary	F	daughter
3	6	1	Maggie	F	wife
4	7	1	Carl	M	father
5	8	1	Judy	F	wife
6	8	2	Tom	M	son
7	8	3	Cavin	M	son

Table: PHONES

	phonenum	deptno
1	580-1001	10
2	580-1002	10
3	580-2001	20
4	580-3001	30
5	580-3002	30
6	580-4001	40
7	580-5002	50
8	580-4003	40

그림 1-4. 데이터베이스에 입력 된 샘플 데이터

1.3 SQL(Structured Query Language)

관계형 모델의 장점은 비절차식 언어 SQL을 사용하여 프로그램의 절차를 만드는 부담을 프로그래머에게서 DBMS로 이전 시켜 데이터베이스 프로그램의 과정을 쉽게 만들었다는 있다. SQL은 그 기능에 따라 스키마를 관리하는 DDL(Data Description Language), 그리고 데이터의 입력, 검색 등의 기능을 담당하는 DML (Data Manipulation Language)로 분류된다.

1.3.1 테이블 생성

관계형 테이블의 스키마는 SQL의 DDL을 사용하여 생성한다. 다음의 Emp 테이블을 생성해보자. SQL 형식은 Oracle의 형식을 사용한다.

Emp (<u>empno</u>, ename, job, hiredate, sal, deptno)

```
CREATE TABLE Emp
(
    empno number,
    ename varchar2(20),
    job varchar2(10),
    hiredate date,
    sal number,
    deptno varchar(20),
    primary key(empno)
);
```

테이블에 선언된 키 (key) 또는 주 키 (primary key)는 해당 컬럼의 값이 NULL이 될 수 없으며 중복된 값을 가지지 않게 한다. 또 자동으로 색인 (index)을 생성하여 키 컬럼으로 데이터를 검색할 경우 색인을 이용하여 빠르게 검색할 수 있게한다.

Emp 테이블의 deptno 컬럼 (Emp.deptno)이 가지는 값은 반드시 Dept.deptno 컬럼의 값에 포함되어 있어야 한다. 이것을 참조 무결성 (Referential Integrity)이라 한다. 즉 Emp.deptno의 값은 Dept 테이블에 있는 부서 번호 값에 의해 (10, 20, 30, 40, 50) 중에서 1개를 가져야 한다. 만약 실수로 Emp.deptno의 값으로 60을 입력하면 존재하지 않는 부서의 값을 입력하는 것이 된다. 이런 현상을 방지하기 위한 수단으로 외래키 (foreign key)를 지정하는 방법이 있다.

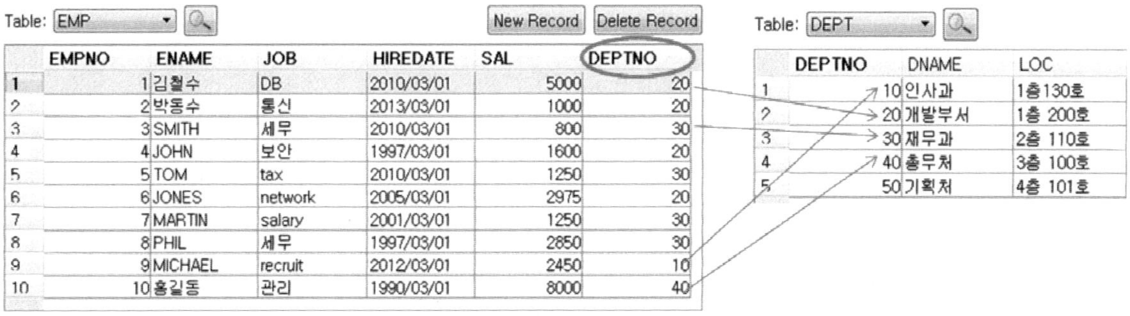

그림 1-5. 참조 무결성

```
CREATE TABLE Emp
(
    empno number,
    ename varchar2(20),
    job varchar2(10),
    hiredate date,
    sal number,
    deptno varchar(20),
    primary key(empno),
    foreign key (deptno) references Dept(deptno)
);
```

Emp.deptno를 Dept.deptno를 참조하는 외래키로 지정함으로써 Emp 테이블에 새로운 레코드를 입력할 때마다 입력 되는 레코드의 Emp.deptno 컬럼의 값은 Dept.deptno에 존재하는 값인지를 확인하고, 존재하지 않는 값이면 입력할 수 없게 오류를 발생시킨다.

1.3.2 테이블 스키마 삭제

데이터베이스에서 테이블을 삭제하면 테이블의 데이터와 테이블 스키마가 모두 삭제된다.

- 형식

```
DROP  TABLE R;
```

예) DROP TABLE Emp;

1.3.3 테이블 스키마의 변경

스키마를 변경할 때 기존의 스키마를 삭제하고, 새로운 스키마를 만드는 것이 부담스러울 경우 다음과 같이 기존의 스키마를 변경하여 사용하여 사용할 수 있다.

- 새로운 attribute를 첨가
- 사용 예

```
ALTER TABLE Emp ADD phone varchar2(16);
```

- 필요치 않는 attribute를 제거
- 사용 예

```
ALTER TABLE Emp DROP COLUMN sal;
```

1.3.4 데이터 입력, 변경 및 삭제

관계형 테이블에 데이터를 입력, 삭제, 변경하는 것은 SQL DML을 사용하여 이루어진다. 데이터베이스의 상태를 변화시키는 연산들을 말하며 레코드 (record, tuple)을 테이블에 첨가하거나 테이블에서 특정 튜플을 제거 또는 테이블의 특정 튜플의 attribute 값들을 변경한다.

데이터를 입력하는 입력 순서는 상관 없지만 만약 외래키가 지정되어 있는 경우 데이터의 입력은 순서를 지켜야 한다. (참조하는 데이터보다 참조되는 데이터를 먼저 입력해야 한다. 예를 들어 앞의 스키마에서 Emp.deptno가 Dept.deptno를 참조하므로 Dept 테이블에 먼저 데이터를 입력해야 한다.)

가. 데이터 입력

```
INSERT INTO R(A1, ·, An) VALUES (v1, ·, vn);
```

```
예) INSERT INTO Dept (deptno, dname, loc)
     VALUES (50, '기획처', '4층 101호');
```

나. 데이터 삭제

```
DELETE FROM R WHERE <condition>;
```

<condition>을 만족하는 모든 tuple들을 R에서 삭제

```
예) DELETE FROM Emp
     WHERE deptno = 10;
```

다. 데이터 변경

테이블에 이미 존재하는 tuple들의 특정 부분의 값을 변경

```
UPDATE R SET <new-value assignment> WHERE<condition>;
<new-value assignment> = <attribute = expression>
```

예) UPDATE Emp
    SET JOB = 'DB'
    WHERE empno = 1;

1.3.5 데이터베이스 자료 검색

데이터베이스에서 자료 검색은 SQL DML의 SELECT 구문으로 이루어진다.

가. Selection

Selection은 테이블에서 특정한 조건을 만족하는 튜플만 선택한다. SQL에서 selection은 쪼 WHERE 구문에서 조건을 명시하며, 조건식은 일반 프로그래밍 언어와 유사한 형식을 가진다. 조건식에서 사용되는 값은 상수, 레코드의 컬럼 등이 사용되며 조건식에서 다양한 산술연산이 가능하다. 문자열인 경우 문자열 결합 연산 "||" 기호를 사용할 수 있다. 또 조건식은 AND, OR, NOT의 부울 연산자 (Boolean operation)를 사용하여 복잡한 조건을 나타낼 수 있다.

```
SELECT ename
FROM EMP
WHERE empno = 1; // 사원번호가 1인 사원

SELECT empno, ename
FROM EMP
WHERE sal >2000; // sal 값이 2000 보다 큰 사원

SELECT empno, ename
FROM EMP
WHERE deptno ='20' AND sal >2000; // 부서번호가 20이며 sal 값이 2000보다 큰 사원
```

나. 문자열 비교

SQL에서 문자열은 'school'과 같이 작은 인용부호를 사용하여 나타낸다. SQL은 대소문자를 구분하지 않지만 인용부호 내부에서는 대소문자를 구분하며, 공백도 1개의 문자로 취급한다. 2개의 문자열 (string) 비교는 같은 위치에 있는 글자들을 비교하는 방법이 사용된다. 먼저 문자열의 크기 비교는 길이가 아니라 사전 순서로 이루어진다. 즉 사전에서 먼저 나타나는 것을 크기가 작은 것으로 간주한다. 따라서 'aaaa' < 'xy' 는 비교 연산에서 TRUE가 된다. 따라서 2개의 문자열이 같다면 길이가 같고, 같은 위치의 문자도 일치해야 한다.

```
SELECT ename
FROM EMP
WHERE JOB = 'DB';
```

앞의 SQL은 '김철수'를 찾아내지만 다음의 SQL 구문들은 그사원을 찾아내지 못한다.

```
SELECT ename
FROM EMP
WHERE JOB = 'db'; // 소문자

SELECT ename
FROM EMP
WHERE JOB = 'D B'; // 중간에 공백이 있음
```

다. 문자열 패턴 검색

문자열 연산에서 많이 사용되는 연산은 패턴 검색이다. 패턴 검색은 어떤 문자열 속에 있는 문자 패턴을 찾는 연산이다. 패턴 연산은 "=" 연산자가 아니라 "LIKE" 연산자를 사용하며, 패턴에는 다음과 같은 특별한 의미를 가진 문자를 사용할 수 있다.

%: any sequence of 0 or more characters
_ : any one character

예)
```
SELECT ename
FROM EMP
WHERE ename LIKE  'J%';  // John과 Jones를 찾는다.
```

라. 결과의 정렬

SQL의 결과는 ORDER BY로 정렬할 수 있다. ORDER BY는 디폴트로 오름차순으로 정렬하며 DESC 키워드를 사용하여 내림차순으로 정렬할 수도 있다.

```
SELECT *
FROM Emp
ORDER BY empno; // 사원번호의 오름차순으로 정렬

SELECT *
FROM EMP
```

```
WHERE deptno = 10
ORDER BY empno DESC; // 부서 10 사원들을 사원번호의 내림차순으로 정렬

SELECT *
FROM Emp
ORDER BY deptno, empno; // 부서번호로 정렬, 같은 부서이면 사원번호의 정렬
```

1.3.6 조인 (JOIN)

다음의 2개의 테이블에서 "인사과"에 근무하는 모든 사원을 검색하는 과정을 살펴보자.

1) 먼저 Dept 테이블에서 "인사과"의 부서번호가 10인 것을 찾아낸다.
2) 다시 Emp 테이블에서 부서번호가 10인 사원을 찾으면 그 사원들이 "인사과"에 근무하는 사원들이다. (답은 MICHAEL)

SQL은 비절차식 언어(nonprocedural language)이므로 이와 같은 절차를 나타낼 수 없다. 그대신 SQL은 JOIN을 사용하여 2개의 테이블을 서로 결합한 것처럼 만들 수 있다.

Table: EMP   New Record   Delete Record

	EMPNO	ENAME	JOB	HIREDATE	SAL	DEPTNO
1	1	김철수	DB	2010/03/01	5000	20
2	2	박동수	통신	2013/03/01	1000	20
3	3	SMITH	세무	2010/03/01	800	30
4	4	JOHN	보안	1997/03/01	1600	20
5	5	TOM	tax	2010/03/01	1250	30
6	6	JONES	network	2005/03/01	2975	20
7	7	MARTIN	salary	2001/03/01	1250	30
8	8	PHIL	세무	1997/03/01	2850	30
9	9	MICHAEL	recruit	2012/03/01	2450	10
10	10	홍길동	관리	1990/03/01	8000	40

Table: DEPT

	DEPTNO	DNAME	LOC
1	10	인사과	1층130호
2	20	개발부서	1층 200호
3	30	재무과	2층 110호
4	40	총무처	3층 100호
5	50	기획처	4층 101호

그림 1-6. 2개의 테이블을 조인

앞의 2개의 테이블을 EMP.deptno = DEPT.deptno 조건으로 조인을 하는 SQL 구문은 다음과 같다. (조인은 프로덕트와 selection으로 표현 가능)

```
SELECT *
FROM EMP, DEPT // 프로덕트
WHERE EMP.deptno = DEPT.deptno; // selection 조건
```

이 JOIN SQL을 실행하면 그 결과는 다음과 같다.

EMPNO	ENAME	JOB	HIRE DATE	SAL	EMP. DEPTMO	DEPT. DEPTNO	DNAME	LOC
1	김철수	DB			20	20	개발부서	1층 200호
2	박동수	통신			20	20	개발부서	1층 200호
4	JOHN	보안			20	20	개발부서	1층 200호
6	JONES	network			20	20	개발부서	1층 200호
3	SMITH	세무			30	30	재무과	2층 110호
5	TOM	tax			30	30	재무과	2층 110호
7	MARTIN	salary			30	30	재무과	2층 110호
8	PHIL	세무			30	30	재무과	2층 110호
9	MICHAEL	recruit			10	10	인사과	1층 130호
10	홍길동	관리			40	40	총무처	3층 100호

이 조인 결과 테이블에서 DNAME = '인사과'를 선택한 후 그 레코드의 ENAME을 구하면 MICHAEL이라는 사원의 이름을 구하게 된다. 따라서 JOIN과 SELECTION을 같이 구현하면 다음과 같다.

```
SELECT ENAME
FROM EMP, DEPT
WHERE EMP.deptno = DEPT.deptno
        AND DNAME = '인사과'; // 조인과 SELECTION을 같이 구현
```

가. 명시적 조인

앞의 설명에서 사용한 테이블 프로덕트와 selection을 사용한 조인과는 달리 JOIN의 또 다른 형식은 다음과 같이 JOIN ON 구문을 사용하는 명시적 조인 연산을 사용하는 방법도 있다.

```
SELECT ENAME
FROM EMP JOIN DEPT ON EMP.deptno = DEPT.deptno
WHERE DNAME = '인사과';
```

명시적 연산은 특히 외부조인 (Outer Join)이 필요할 때 사용된다.

나. 외부 조인

디폴트 조인 연산은 내부조인 (Inner Join)이다. 내부 조인 연산에서 조인 조건에 일치하는 짝이 없는 레코드는 조인 결과에 참여하지 못한다. 다음의 조인 연산은 내부 연산이다.

```
SELECT *
FROM EMP, DEPT // 프로덕트
WHERE EMP.deptno = DEPT.deptno;

SELECT ENAME
FROM EMP JOIN DEPT ON EMP.deptno = DEPT.deptno;
```

따라서 앞의 조인 결과를 보면 DEPT 테이블의 부서번호 50인 '기획처'는 그 부서에 근무하는 사원 데이터가 없어서 조인 결과에 참여하지 못했다. 이렇게 조인 결과에 참여하지 못하는 튜플을 허상 튜플 (Dangling Tuple)이라 한다. 이런 허상 튜플은 때때로 특정 결과에서 혼돈을 일으킬 수도 있어서 이런 것을 방지하기 위한 방안으로 외부조인을 사용한다. 외부 조인은 허상 튜플을 NULL을 사용하여 나타냄으로써 존재는 하지만 단지 조인에 참여하지 못했다는 것을 나타낸다. 앞의 테이블에서 EMP 테이블과 FAMILY 테이블을 사용하여 각 사원들의 가족을 살펴보는 다음의 내부 조인 SQL을 실행해보자.

```
SELECT EMP.ename, FAMILY.fname, f_rel
FROM EMP JOIN FAMILY ON EMP.empno = FAMILY.empno;
```

Emp (<u>empno</u>, ename, job, hiredate, sal, deptno)

Family (<u>empno, fno</u>, fname, gender, f_rel)

Table: EMP

	EMPNO	ENAME	JOB	HIREDATE	SAL	DEPTNO
1	1	김철수	DB	2010/03/01	5000	20
2	2	박동수	통신	2013/03/01	1000	20
3	3	SMITH	세무	2010/03/01	800	30
4	4	JOHN	보안	1997/03/01	1600	20
5	5	TOM	tax	2010/03/01	1250	30
6	6	JONES	network	2005/03/01	2975	20
7	7	MARTIN	salary	2001/03/01	1250	30
8	8	PHIL	세무	1997/03/01	2850	30
9	9	MICHAEL	recruit	2012/03/01	2450	10
10	10	홍길동	관리	1990/03/01	8000	40

Table: family

	empno	fno	fname	gender	f_rel
1	3	1	Linda	F	wife
2	3	2	Mary	F	daughter
3	6	1	Maggie	F	wife
4	7	1	Carl	M	father
5	8	1	Judy	F	wife
6	8	2	Tom	M	son
7	8	3	Cavin	M	son

그림 1-7. 사원과 사원의 가족 테이블

조인의 결과를 살펴보면 사원번호 1, 2, 4, 5, 9, 10 사원은 가족이 없어서 (아마도 미혼)조인 결과에 나타나지 않는다. 이때 조인 결과에 없는 사원은 가족이 없는 사원인지, 아니면 사원이 아닌 것인지 불분명하다. 따라서 이 경우에는 가족이 없는 사원이라는 것을 더 명확히 표시하는 것이 필요하다. 다음의 외부 조인을 실행하여 그 결과를 살펴보자.

```
SELECT EMP.ename, FAMILY.fname, f_rel
FROM EMP LEFT OUTER JOIN FAMILY ON EMP.empno = FAMILY.empno;
```

앞의 조인을 실행하여 결과를 살펴보면 내부조인과 외부조인의 차이를 쉽게 알 수 있을 것이다.

```
A LEFT OUTER JOIN B
A RIGHT OUTER JOIN B
A FULL OUTERJOIN B
```

다. 셀프 조인 (Self join)과 튜플 변수 (Tuple Variables)

일반적으로 조인은 서로 다른 2개의 테이블에서 이루어진다. 하지만 1개의 테이블에서 조인이 이루어지는 경우도 있는데 이런 조인을 셀프 조인 (self join)이라 한다. 검색에서 1개의 테이블에 있는 서로 다른 레코드를 비교해야 하는 경우에 셀프조인을 사용한다. 예를 들어서 같은 부서에 근무하는 사원들을 찾을 경우 EMP 테이블에 있는 레코드들 사이에 deptno 컬럼의 값이 같은지 비교가 이루어져야한다.

```
SELECT EMP1.deptno, EMP1.ename, EMP2.ename

FROM EMP  EMP1, EMP EMP2 // 오라클은 EMP AS EMP1과 같이 사용하지 않는다
WHERE EMP1.deptno = EMP2.deptno
            AND EMP1.empno < EMP2.empno;
```

EMP1과 EMP2는 EMP 테이블에 대한 다른 이름으로 EMP1과 EMP2를 조인하는 것은 같은 테이블 EMP를 셀프 조인하는 것이 된다. 이때 EMP1과 EMP2는 WHERE 절의 비교 연산에서 서로 레코드를 가리키므로 튜플 변수(tuple variable)라고도 한다.

사원번호 10번 사원보다 더 많은 봉급을 받는 사원들을 구하시오. 이것을 셀프 조인을 사용한 SQL로 나타내면 다음과 같다.

```
SELECT EMP1.empno, EMP1.ename
FROM EMP EMP1, EMP EMP2
```

```
WHERE EMP1.sal > EMP2.sal
          AND EMP2.empno = 6 ;
```

1.3.7 SQL의 집합 연산

SQL은 UNION, INERSECT, MINUS의 집합 연산을 제공한다. 집합 연산은 반드시 테이블의 모양이 같은 (union-compatible) 테이블에 대해서만 연산이 가능하다. 그리고 SQL의 다른 연산들과는 달리 결과에서 중복이 있을 경우 중복을 제거한 상태로 출력한다.

```
(SELECT empno, ename
     FROM EMP
     WHERE deptno = 20)
INTERSECT
(SELECT empno, ename
     FROM EMP
     WHERE sal >2000);
```

집합 연산은 중복을 허용하지 않지만 UNION ALL처럼 ALL 키워드를 사용하면 중복을 허용한다.

1.3.8 집단화 (Aggregation)

SQL에서 집단화 함수는 숫자형 데이터를 가지는 컬럼에 적용하여 컬럼의 값에서 다음의 기능을 수행하여 1개의 값을 구하는 함수이다. 대표적인 집단화 함수는 SUM, AVG, MIN, MAX, COUNT이다.

COUNT 컬럼에 있는 값의 개수
SUM 컬럼에 있는 값의 합
AVG 컬럼에 있는 값의 평균
MAX 컬럼에 있는 값 중에서 최대값
MIN 컬럼에 있는 값 중에서 최소값

```
SELECT AVG(sal)
FROM EMP;

SELECT MAX(sal)
FROM EMP;
```

```
SELECT MIN(sal)
FROM EMP;

SELECT COUNT(*)
FROM EMP; // EMP에 있는 레코드의 갯수

SELECT AVG(sal)
FROM EMP
WHERE deptno = 10; // 부서번호 10에 근무하는 사원들의 sal 평균값
```

집단화 함수는 여러 개의 값에 집단화 함수를 적용하여 1개의 값만 반환한다. 하지만 그 값이 어디에 있는지는 알려주지 않는다. MIN 함수를 사용할 경우 최소값은 찾아서 반환하지만 그 값이 어디에 있는지는 반환하지 않는다. 그렇다고 다음과 같이 집단화 함수를 WHERE절에 사용하지는 못한다.

```
SELECT MIN(sal)
FROM EMP
WHERE sal = MIN(sal); // (X)
```

집단화 함수를 이용하여 최소값 또는 최대값을 가진 것을 찾기 위해서는 집단화 함수를 WHERE절에 직접 사용하지 못하므로 다음과 같이 서브쿼리 (subquery)를 사용하는 방법을 사용할 수 있다.

```
SELECT empno
FROM EMP
WHERE sal = (SELECT MIN(sal) FROM EMP);
```

1.3.9 GROUP BY와 HAVING

GROUP BY는 지정된 컬럼의 값이 같은 레코드를 그룹으로 만드는 연산이다. 예를 들어 각 부서별 sal의 합계를 출력하는 SQL을 만들어보자. 먼저 레코드를 deptno의 값이 같은 것 끼리 그룹을 만들고, 각 그룹에서 sal의 합계를 구하면 된다.

```
SELECT deptno, sum(sal)
FROM EMP
GROUP BY deptno;
```

사원들이 실제 근무하는 부서의 종류에는 어떤 것이 있는지 알아보는 SQL은 다음과 같다.

```
SELECT deptno
FROM EMP
GROUP BY deptno;
```

HAVING 절은 반드시 GROUP BY가 선행되어야 하며, 각 그룹의 조건을 검사하는 기능을 수행한다. GROUP BY가 선행되지 않으면 HAVING절은 의미가 없으며 오류를 발생한다. HAVING을 사용하는 예제로 사원이 2명이상 있는 부서에 대해서만 각 부서별 sal의 합계를 구하는 SQL은 다음과 같다.

```
SELECT deptno, sum(sal)
FROM EMP
GROUP BY deptno
HAVING count(empno) >= 2;
```

다음 SQL 구문은 가족이 있는 사원만 나타낸다.

```
SELECT empno, count(f_no)
FROM FAMILY
GROUP BY empno;
```

다음과 같이 조인을 사용하여 각 사원별 가족의 수를 나타내어도 가족이 있는 사원만 결과에 출력된다.

```
SELECT EMP.empno, count(*)
FROM EMP JOIN FAMILY ON EMP.empno = FAMILY.empno
GROUP BY EMP.empno;
```

만약 가족이 없는 사원은 가족이 0명 있다고 출력하려면 다음과 같이 SQL을 사용해야 한다. 이 방법은 각 사원의 가족 숫자를 출력할 때 매우 효과적인 방법이다.

```
SELECT EMP.empno, count(FAMILY.empno)
FROM EMP LEFT OUTER JOIN FAMILY ON EMP.empno = FAMILY.empno
GROUP BY EMP.empno;
```

중첩 질의(Nested Query)

중첩 질의는 1개의 SQL 구문 속에 서브 쿼리(subquery)가 포함되어 있다. 일반적으로 중첩 질의의 실행 순서는 중첩 질의 내부의 서브 쿼리가 먼저 수행되고, 그 다음 바깥쪽으로 실행 순서가 결정된다. 이 경우 서브 쿼리는 독립적으로 실행 가능하게 구성되어 있다. 중첩 질의의 실행 순서는 질의의 모양에 따라 미리 결정되므로 DBMS의 질의 최적화기(Query Optimizer)에 의한 성능 향상의 가능성이 많이 줄어들게 된다. 따라서 실행 순서가 미리 정해져 있는 중첩 질의보다는 조인을 사용한 질의가 일반적으로 더 우수한 성능을 보인다.

사원 전체의 평균 봉급보다 더 많은 봉급을 받는 사원은?

```
SELECT empno, ename
FROM EMP
WHERE sal < (SELECT avg(sal) FROM EMP);
```

이 SQL 구문에서 평균을 구하는 서브쿼리는 항상 먼저 수행되어야 하며, 독립적으로 실행 가능하다. 즉 서브쿼리의 실행이 바깥쪽의 질의에 영향을 받지 않는다.

```
SELECT ename
FROM EMP
WHERE deptno = (SELECT deptno FROM DEPT WHERE deptname = '인사과');
```

조인을 사용하는 SQL로 바꾸면

```
SELECT ename
FROM EMP, DEPT
WHERE deptname = '인사과'
          AND EMP.deptno = DEPT.deptno;
```

특별한 경우가 아니면 대부분의 경우 조인을 사용하는 방식이 더 우수한 성능을 보이므로 조인을 사용하는 방식으로 가능한 경우에는 중첩질의보다는 조인 방식을 사용해야 한다.

Correlated Subquery

correlated subquery는 안쪽의 서브 쿼리가 실행될 때 서브 쿼리 외부의 값을 사용하는 특이한 형태의 서브쿼리를 의미한다. 실행은 이중 루프(일반 프로그래밍 언어에서의 이중 for 구문)가 동작하는 것처럼 외부의 쿼리가 각각의 레코드를 가리키는 동안 내부의 서브 쿼리가 1번씩 실행된다.

예) 사원이 속한 부서의 sal 평균보다 더 많은 봉급을 받는 사원을 구하시오.

각 사원에 대해서 그 사원이 속한 부서의 sal 평균값을 구하고, 사원의 sal 값이 그 평균값 보다 더 큰 값인지 확인하는 과정을 거쳐야 한다.

```
SELECT    EMP1.ename, EMP1.sal
FROM      EMP EMP1
WHERE     sal >
  (SELECT   AVG (sal)
   FROM     EMP EMP2
   WHERE    EMP2.deptno  = EMP1.deptno) ;
```

이 SQL 구문의 동작은 EMP1 레코드 각각에 대해서 내부의 EMP2에 대한 질의가 1번씩 동작한다. 내부의 서브쿼리가 독립적으로 1번만 실행되는 것이 아니라 바깥쪽 질의에서 다른 레코드를 가리킬 때마다 내부의 질의가 계속 반복해서 실행되게 된다.

참고문헌

[1] Hector Garcia-Molina, Jeffery D. Ullman, Jennifer Widom, "Database Systems, The complete book", Prentice Hall, 2002.

2

Oracle Net Configuration Assistant 설정 방법

단계 1 Oracle Net Configuration Assistant 프로그램을 실행한다.

단계 2 [원하는 구성 선택]에서 [로컬 네트 서비스 이름 구성]을 선택한다.

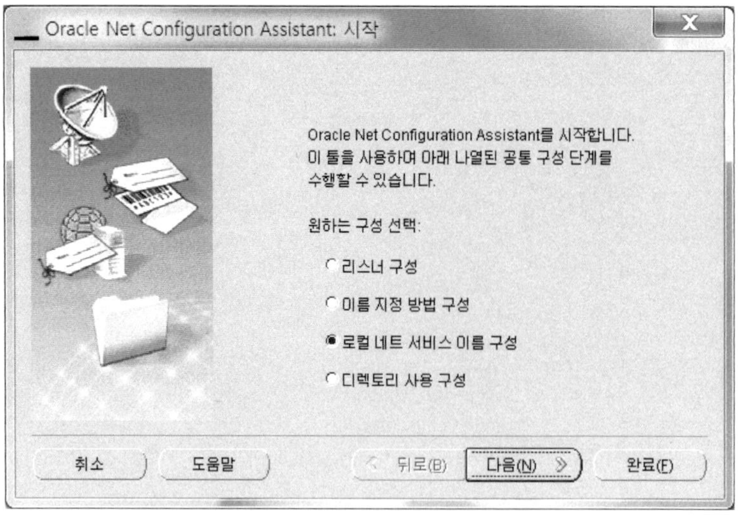

그림 2-1. 로컬 네트 서비스 이름 구성 선택

단계 3 새로운 서비스 이름을 추가하기 위하여 [수행할 작업 선택]에서 [추가]를 선택한다.

단계 4 전역 데이터베이스 이름을 [ORCL]로 지정(데이터베이스 설치 시 정해진 이름)한다.

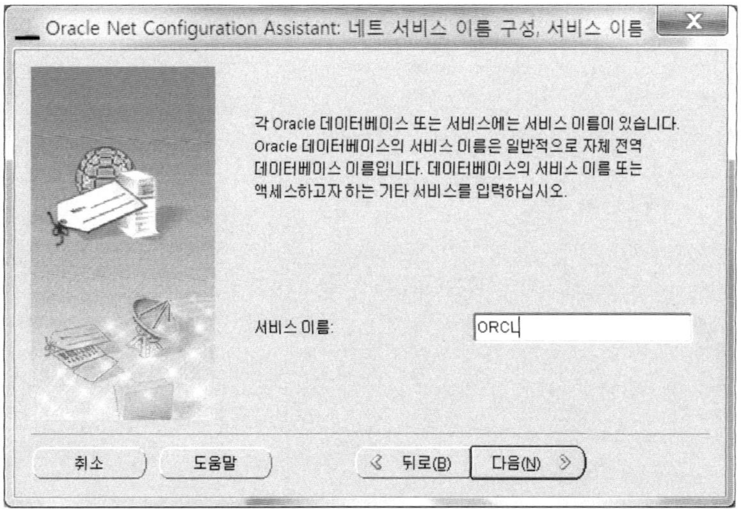

그림 2-2. 전역 데이터베이스 이름 사용

단계 5 네트워크 프로토콜로 [TCP] 지정

단계 6 호스트이름을 현재 오라클 데이터베이스가 설치되어 있는 호스트의 위치로 지정한다. (여기서는 예제로 dbserver.kmu.ac.kr 로 지정) 그리고 표준 포트번호 1521을 사용한다(디폴트 값).

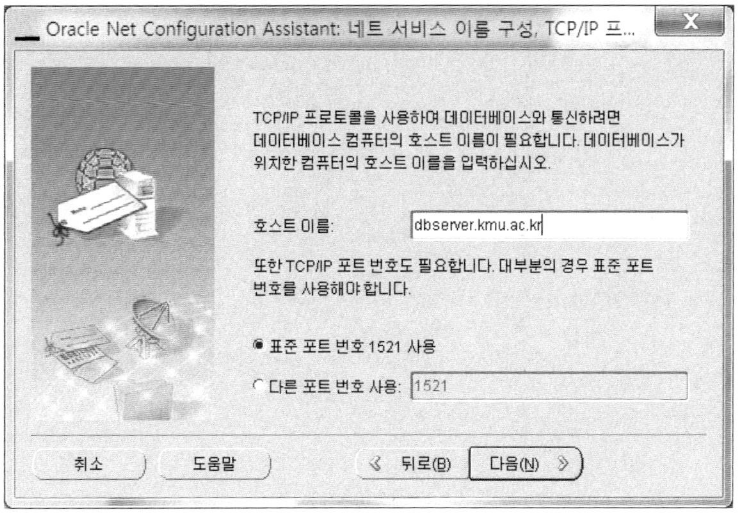

그림 2-3. 호스트와 포트번호 지정

단계 7 [예, 테스트를 수행 합니다.] 를 선택하고 로그인 변경에서 [사용자이름]과 [비밀번호]를 정확히 입력한 후 "접속 중 ...테스트를 성공 했습니다." 메시지 후 다음과 같이 네트 서비스 이름을 지정한다. (- 본인이 기억하는 이름으로)

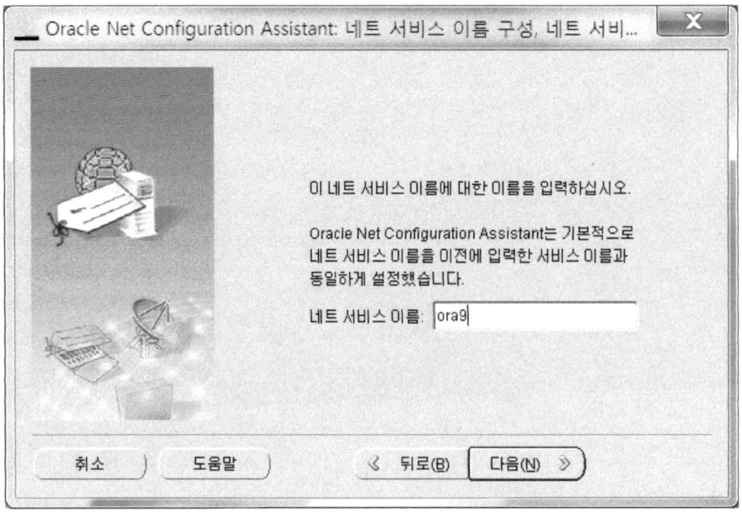

그림 2-4. 서비스 이름 지정

단계 8 설정을 종료한다.

단계 9 tnsnames.ora 파일을 검사하여 다음과 같이 설정되어 있는지 확인한다.

tnsnames.ora 파일 내용

```
# tnsnames.ora Network Configuration File: D:\app\user\product\11.2.0\client_5\network\admin\tnsnames.ora
# Generated by Oracle configuration tools.

ORA9 =
  (DESCRIPTION =
   (ADDRESS_LIST =
     (ADDRESS = (PROTOCOL = TCP)(HOST = dbserver.kmu.ac.kr)(PORT = 1521))
  )
  (CONNECT_DATA =
    (SERVICE_NAME = ORCL)
  )
)
...
```